머리말

2010년 신HSK가 실시된 후 수 많은 교재와 관련 학습자료들이 제작되고 배포되었다. 각각의 특징과 장점을 가지고 있는 훌륭한 작품들이라 여겨진다. 다만 아쉬운 점은 1, 2, 3급 응시자수가 비약적으로 늘고 있지만 4, 5, 6급 학습서에 비해 1, 2, 3급 학습서는 양과 질에서 좀 부족한 점을 느낄 수 있었다. 특히 초학자가 1급부터 시작을 해서 3급까지 동시에 학습할 수 있는 책은 거의 전무한 상태이다.

필자는 20여 년 동안 통번역대학원, HSK, 통역가이드 등 주로 시험대비반 강의를 하였다. 최근에는 서울공자아카데미에서 HSK교사양성과정과 통번역사양성과정을 전담하여 후학양성에 힘쓰고 있던 중 지난 여름 지인의 소개로 익산에 소재한 원광보건대에서 주로 초학자를 대상으로 20일 동안 1,2,3급을 강의하였고 72%가 3급에 합격했다. 특히 주목할 만한 점은 나중에 확인한 일이지만 한 합격생은 공부를 시작하기 전에 한자를 거의 알지 못했다고 한다. 바로 이 경험을 바탕으로 1, 2, 3급을 동시에 학습할 수는 있는 책을 구상하여 출간하게 되었다.

그동안 고급시험반 강의 경험에서 터득한 순간반복청취방법과 3번 쓰기 부록을 추가해 어휘암기력을 극대화할 수 있게 하였고, 어법부분에서 1, 2, 3급의 핵심어법을 간결하고 정확하게 정리하여 각기 다른 색으로 표기하여 단계별 어법 학습효과를 극대화 하였다. 또한 급수별 모의고사를 2회 씩 첨부하여 학습성과 점검에 만전을 기하였다. 특히 1, 2, 3급을 강의하고 싶어도 교재 선별에 어려움을 겪고 있는 강사들이 쉽게 강의법을 숙지해 실전강의를 할 수 있도록 배려하였다.

물론 공부는 학습자 본인이 열심히 해야 좋은 성과를 거둘 수 있지만 초기에 방향을 잘 잡고 가장 적절한 교재 선택을 해야만 금상첨화의 효과를 거둘 수 있다는 것은 주지의 사실이다. 본서는 읽고, 쓰고, 듣고, 말을 해야만 실력이 향상되는 어학의 기본원칙을 엄수하였고 단언하건대 국내에서 유일하게 1급에서 6급까지 모든 급수별 유료실전강의를 한 저자의 경험을 바탕으로 최단기간 학습성과를 낼 수 있도록 제작하였다고 할 수 있다.

나름대로 최선을 다했지만 미진한 부분이 있을 것이니 선후배제현들의 아낌없는 질타와 지도편달을 부탁합니다. 끝으로 좋은 아이디어를 주시고 출판기회를 주신 시사중국어사 엄호열 회장님과 전유진 팀장님을 비롯한 중국어 출판팀 그리고 원고정리를 도와준 유송희 선생, 이유리에게 감사드립니다.

2014 년 05 월

장 석 민

이 책의 활용법

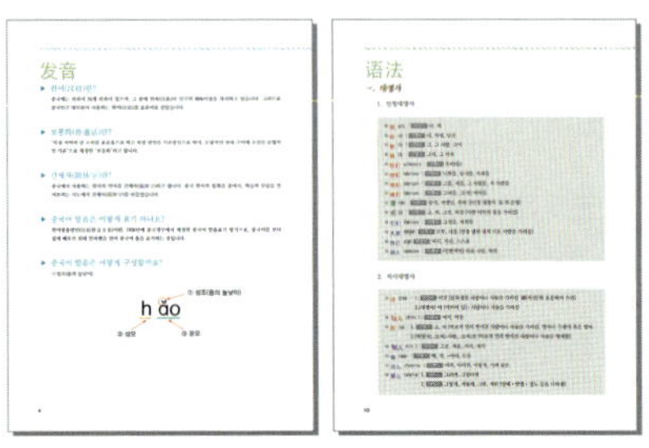

발음 및 어법

중국어를 처음 시작하는 초보 학습자가 발음을 익힐 수 있도록 하였습니다. 또한 간단한 어법을 소개하여 보다 쉽게 중국어 문장을 구사할 수 있도록 하였습니다.

新 HSK 모의고사

각 급수마다 모의고사를 2회분씩 준비하여 新 HSK 시험을 보기 전에 자신의 실력을 점검할 수 있도록 하였습니다.

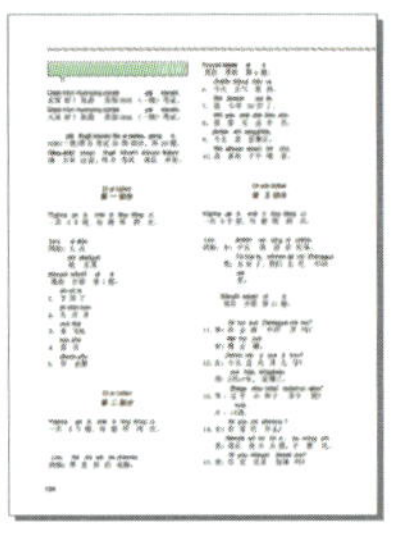

듣기 스크립트

듣기 부분이 취약한 학습자가 음성 파일을 들으며 공부할 수 있도록 하였습니다. 또한 병음을 표기하여 정확한 발음으로 듣고 따라할 수 있도록 하였습니다.

간체자 쓰기

新 HSK 1, 2, 3급에 출제되는 중국어 단어 총 600개를 수록하여 직접 쓰며 외울 수 있도록 하였습니다.

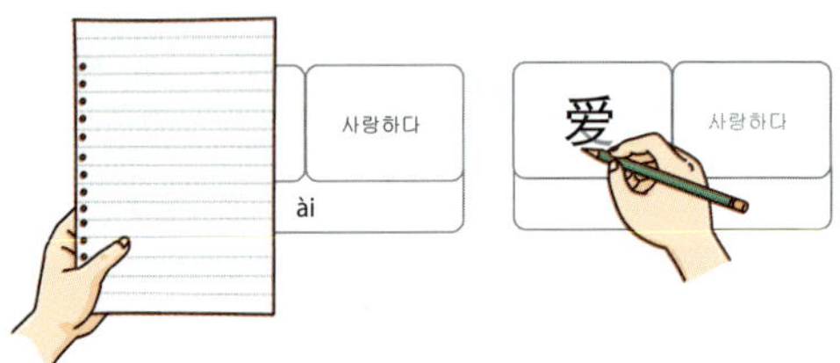

1. 중국어 단어를 쓴다.
2. 1번에서 쓴 중국어 단어를 보고 한글 뜻을 암기하며 쓴다.
3. 한 페이지에 있는 4개의 중국어 단어를 노트로 가리고 한글 뜻만 보며 중국어 단어를 쓴다.
4. 이 과정을 반복하여 총 3회 간체자 쓰기를 연습한다.

20일
초단기
집중

실전 모의고사
新 HSK 3급
초단기 합격하기

20일 초단기 집중 新HSK 3급 합격하기

초판발행 2014년 5월 10일
1 판 4 쇄 2017년 9월 5일

저자 장석민
펴낸이 엄태상
책임 편집 최미진, 전유진, 가석빈, 박은경, 高霞, 하다능
디자인 진지화
마케팅 이상호, 오원택, 이승욱, 전한나, 왕성석
온라인 마케팅 김마선, 심유미, 유근혜

펴낸곳 시사중국어사
주소 서울시 종로구 자하문로 300 시시빌딩
주문 및 교재문의 1588-1582
팩스 (02)3671-0500
홈페이지 www.sisabooks.com
이메일 sisachinabook@hanmail.net
등록일자 1988년 2월 13일
등록번호 제1 - 657호

ISBN 978-89-7364-001-0 13720

차례

머리말 3

이 책의 활용법 4

발음 및 어법 9

HSK 1급 모의고사 33

1급 1회 35

1급 2회 49

HSK 2급 모의고사 63

2급 1회 65

2급 2회 83

HSK 3급 모의고사 101

3급 1회 103

3급 2회 121

듣기 스크립트

1급 139

2급 143

3급 151

해석 및 답안 159

1급 1회 160

1급 2회 173

2급 1회 188

2급 2회 210

3급 1회 234

3급 2회 260

* 이 책의 성조 표기는 汉办에서 공개한 新HSK 를 기준으로 했으므로 일부 국내 사전과 다를 수도 있음을 유의하시기 바랍니다.

채점방식

1.객관식 문제채점방식

신HSK2급을 예로 들면 듣기가 모두 35문제이고 100점 만점에 문제당 2.86이며 독해는 25문제이고 100점 만점에 문제당 4점이다. 예를 들어 청취영역에서 30문제를 맞추었다면 30×2.86=86점이 되고 독해에서 20문제를 맞추었다면 20×4=80점이 된다.

2.주관식 문제채점방식

신HSK3급을 예로 들면 모두 10문제로 100점 만점이며 부분별로 보면 순서 맞추기는 모두 5문제로 문제당 12점이고 60점 만점이며 한자 쓰기는 모두 5제로 문제당 8점이고 40점 만점이다.

(1) 순서 맞추기 문제채점방식

신HSK3급을 예로 들면 (참고로 1.2급은 쓰기영역이 없다)

0 점 : 답안을 쓰지 않은 경우

낮은 점수 : 주어진 단어가 포함되지 않거나 어휘배열이 부정확하거나 틀린 글자가 3개 이상 포함된 경우

중간 점수 : 어휘배열은 정확하나 주어지지 않은 단어가 포함되거나 틀린 글자가 1~2개 포함된 경우

높은 점수 : 주어진 모든 단어가 포함되었고 배열이 정확하며 틀린 글자가 없는 경우

漢辦의 漢語考試服務網의
내용을 근거로 작성함

(2) 한자 쓰기 문제채점방식

3급을 예로 들면

0 점 : 답안을 쓰지 않거나 답안과 전혀 관련이 없는 글자일 경우

중간 점수 : 정답과 비슷하나 틀린 글자일 경우

높은 점수 : 정답과 일치하는 경우

3.총점산출방식

신HSK3급의 경우 만약 듣기 85점, 독해 80점, 쓰기 75점이라면 총점은 85 + 80 + 75 = 240점이 된다.

1,2,3급 필승 학습 비결 curriculum

5일(20시간)동안

01. 부록에 있는 쓰기 학습노트를 이용해 하루에 30개씩 단어쓰기를 한다.
02. 순간반복청취 음원을 이용하여 소리내어 따라하며 어휘를 암기한다.
03. 암기한 어휘를 음원을 들으며 받아쓰기 한다.
04. 빨간색 어법을 숙지한다.
05. 3일(12시간)과 5일(20시간)을 학습한 후 각각 1회씩 모의고사를 푼다.

10일(40시간)동안

01. 부록에 있는 쓰기 학습노트를 이용해 하루에 30개씩 단어쓰기를 한다.
02. 순간반복청취 음원을 이용하여 소리내어 따라하며 어휘를 암기한다.
03. 암기한 어휘를 음원을 들으며 받아쓰기 한다.
04. 녹색 어법까지 숙지한다.
05. 8일(32시간) 10일(40시간) 학습한 후 각각 1회씩 모의고사를 푼다.

20일(80시간)동안

01. 부록에 있는 쓰기 학습노트를 이용해 하루에 30개씩 단어쓰기를 한다.
02. 순간반복청취 음원을 이용하여 소리내어 따라하며 어휘를 암기한다.
03. 암기한 어휘를 음원을 들으며 받아쓰기 한다.
04. 파란색 어법까지 숙지한다.
05. 15일(60시간)과 20일(80시간)을 학습한 후 모의고사를 각각 1회씩 푼다.

발음 및 어법

发音 발음

▶ 한어(汉语)란?

중국에는 민족이 56개 민족이 있으며, 그 중에 한족(汉族)이 인구의 90%이상을 차지하고 있습니다. 따라서 중국 인구의 대부분이 사용하는 한어(汉语)를 표준어로 삼았습니다.

▶ 보통화(普通话)란?

"북경 지역 언어의 소리를 표준음으로 하고 북방 방언을 기초방언으로 하며, 모범적인 현대 구어체 소설을 문법적인 기준"으로 제정한 "보통화"라고 합니다.

▶ 간체자(简体字)란?

중국에서 사용하는 한자의 약자를 간체자(简体字)라고 합니다. 중국 한자의 필획을 줄여서, 학습의 부담을 덜어보려는 시도에서 간체자(简体字)를 만들었습니다.

▶ 중국어 발음은 어떻게 표기 하나요?

한어병음방안(汉语拼音方案)이란, 1958년에 중국정부에서 제정한 중국어 발음표기 방식으로, 중국어를 보다 쉽게 배우기 위해 알파벳을 빌어 중국어 음을 표기하는 것입니다.

▶ 중국어 발음은 어떻게 구성할까요?

①성조(음의 높낮이)

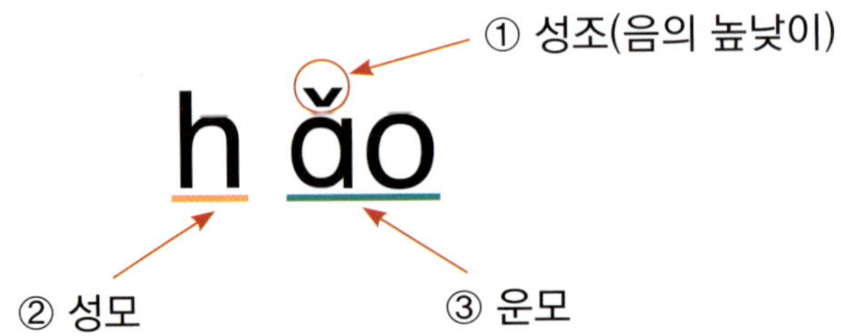

▶ 중국어에는 성조가 있어서 어렵다던데?

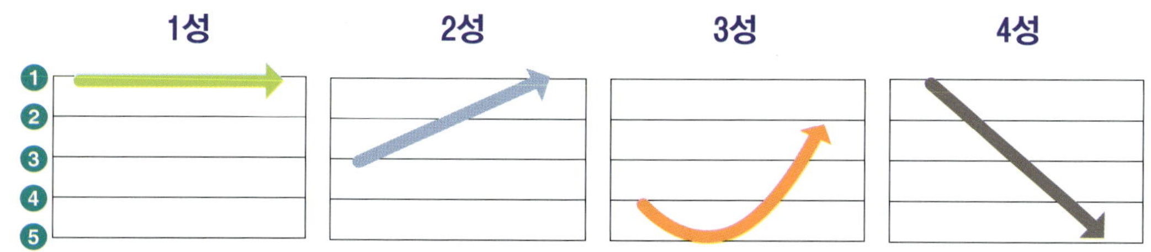

❶ 아주 높은 음 (솔) ❷ 약간 높은 음 ❸ 중간 음 (미) ❹ 약간 낮은 음 ❺ 아주 낮은 음 (도)

▶ 중국어 운모

운모는 기본운모와 결합운모로 나누어지며 우리말의 모음과 비슷한 것으로 중성, 또는 중성과 종성에 해당합니다. 기본 운모는 모두 16개가 있으며, 중국어 발음의 기본이 됩니다.

(단모음: a o e i u ü)

ai	ei	ao	ou		
an	en	ang	eng	ong	er
i + a	i + e	i + ao	i + ou (iu)*		
i + an*	i + ang	i + ong	i + n	i + ng	
u + a	u+ o	u+ ai	u+ ei (ui)*		
u + an	u+ ang	u+ en(un)*	u+ eng		
ü + e	ü + an*	ü + n			
			iang(yang)	uang(wang)	
			ing(ying)	ueng(weng)	
			iong(yong)		

★ j q x + ü = ju qu xu

▶ 중국어 성모

성모는 우리말의 자음과 비슷한 것으로 초성에 해당하며 운모 앞에 사용됩니다. 모두 21개가 있으며 발음하는 방법에 의하여 다음과 같이 분류합니다.

구분	입술 소리	입술과 윗니소리	혀끝 소리	혀뿌리 소리	혓바닥 소리	혀말은 소리	혀와 잇소리
발음위치	윗입술 아랫입술	윗니 아랫입술	혀끝 윗잇몸	혀뿌리 부드러운 입천장	혓바닥 딱딱한 입천장	혀끝 딱딱한 입천장	혀끝 윗니 뒷벽
성모	b(o) p(o) m(o)	f(o)	d(e) t(e) n(e) l(e)	g(e) k(e) h(e)	j(i) q(i) x(i)	zh(i) ch(i) sh(i) r(i)	z(i) c(i) s(i)

▶ 성조변화

• 3성+3성=2성+3성

'很好' 훌륭하다라는 뜻인데요. 很 hěn 好 hǎo 모두 3성입니다.

읽을 때는 hen을 2성으로(hén) 읽고 hao를 3성으로(hǎo) 읽습니다.

• 3성+3성=〉 2성+3성

• 3성+1, 2, 4, 경성=〉 반 3성+1, 2, 4,경성

• 不 성조변화

不는 원래 4성인데 不 뒤에 4성이 오면 2성 발음 표기

예 不是，不会

不(bù)去(qù) 이럴 때는 bu를 2성(bú)으로 읽고 qu(가다)를 4성으로(qù) 읽습니다.

• 一 성조 변화

'一'는 본래 성조는 제1성이지만 제4성 앞에서는 제2성으로 변하고, 제1성, 제2성, 제3성 앞에서는 제4성으로 된다.

• 1성 + 4성=〉 2성 + 4성

• 1성 + 1성/ 2성/ 3성 =〉 4성 + 1성/ 2성/ 3성

一定 dìng이 4성이기 때문에 yi는 2성이 된다. (yídìng)

一天 tiān이 1성이기 때문에 yi는 4성이 된다. (yìtiān)

예 一天(yìtiān) 一年(yìnián) 一口(yìkǒu) 一件(yíjiàn)

• 경성의 성조변화

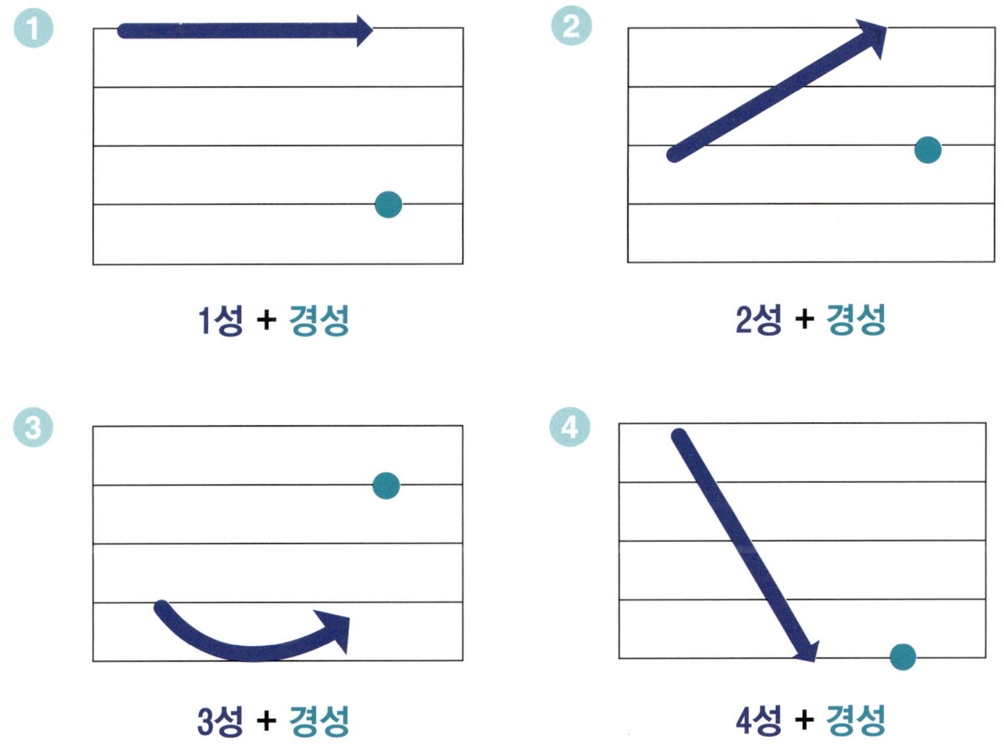

	a	o	e	-i	er	ai	ei	ao	ou	an	en	ang	eng	ong	i	ia	iao	ie
b	ba	bo				bai	bei	bao		ban	ben	bang	beng		bi		biao	bie
p	pa	po				pai	pei	pao	pou	pan	pen	pang	peng		pi		piao	pie
m	ma	mo	me			mai	mei	mao	mou	man	men	mang	meng		mi		miao	mie
f	fa	fo					fei		fou	fan	fen	fang	feng					
d	da		de			dai	dei	dao	dou	dan	den	dang	deng	dong	di		diao	die
t	ta		te			tai		tao	tou	tan		tang	teng	tong	ti		tiao	tie
n	na		ne			nai	nei	nao	nou	nan	nen	nang	neng	nong	ni		niao	nie
l	la		le			lai	lei	lao	lou	lan		lang	leng	long	li	lia	liao	lie
g	ga		ge			gai	gei	gao	gou	gan	gen	gang	geng	gong				
k	ka		ke			kai	kei	kao	kou	kan	ken	kang	keng	kong				
h	ha		he			hai	hei	hao	hou	han	hen	hang	heng	hong				
j															ji	jia	jiao	jie
q															qi	qia	qiao	qie
x															xi	xia	xiao	xie
zh	zha		zhe	zhi		zhai	zhei	zhao	zhou	zhan	zhen	zhang	zheng	zhong				
ch	cha		che	chi		chai		chao	chou	chan	chen	chang	cheng	chong				
sh	sha		she	shi		shai	shei	shao	shou	shan	shen	shang	sheng					
r			re	ri				rao	rou	ran	ren	rang	reng	rong				
z	za		ze	zi		zai	zei	zao	zou	zan	zen	zang	zeng	zong				
c	ca		ce	ci		cai		cao	cou	can	cen	cang	ceng	cong				
s	sa		se	si		sai		sao	sou	san	sen	sang	seng	song				
	a	o	e		er	ai	ei	ao	ou	an	en	ang	eng		yi	ya	yao	ye

	iou	ian	in	iang	ing	iong	u	ua	uo	uai	uei	uan	uen	uang	ueng	ü	üe	üan	ün
		bian	bin		bing		bu												
		pian	pin		ping		pu												
	miu	mian	min		ming		mu												
							fu												
	diu	dian			ding		du		duo		dui	duan	dun						
		tian			ting		tu		tuo		tui	tuan	tun						
	niu	nian	nin	niang	ning		nu		nuo			nuan				nü	nüe		
	liu	lian	lin	liang	ling		lu		luo			luan	lun			lü	lüe		
							gu	gua	guo	guai	gui	guan	gun	guang					
							ku	kua	kuo	kuai	kui	kuan	kun	kuang					
							hu	hua	huo	huai	hui	huan	hun	huang					
	jiu	jian	jin	jiang	jing	jiong										ju	jue	juan	jun
	qiu	qian	qin	qiang	qing	qiong										qu	que	quan	qun
	xiu	xian	xin	xiang	xing	xiong										xu	xue	xuan	xun
							zhu	zhua	zhuo	zhuai	zhui	zhuan	zhun	zhuang					
							chu	chua	chuo	chuai	chui	chuan	chun	chuang					
							shu	shua	shuo	shuai	shui	shuan	shun	shuang					
							ru		ruo		rui	ruan	run						
							zu		zuo		zui	zuan	zun						
							cu		cuo		cui	cuan	cun						
							su		suo		sui	suan	sun						
	you	yan	yin	yang	ying	yong	wu	wa	wo	wai	wei	wan	wen	wang	weng	yu	yue	yuan	yun

- 부분은 한어병음 표기법 또는 발음에 주의해야 할 음절임.
- 부분의 음절은 단독으로 쓰일 때의 표기임.
- 감탄사에 나타나는 특수한 음절(ng, hm, hng 등)은 생략함.

语法 어법

一. 대명사

1. 인칭대명사

- 我 wǒ : 대명사 나, 저
- 你 nǐ : 대명사 너, 자네, 당신
- 他 tā : 대명사 그, 그 사람, 그이
- 她 tā : 대명사 그녀, 그 여자
- 我们 wǒmen : 대명사 우리(들)
- 你们 nǐmen : 대명사 너희들, 당신들, 자네들
- 他们 tāmen : 대명사 그들, 저들, 그 사람들, 저 사람들
- 她们 tāmen : 대명사 그녀들, 그(저) 여자들
- 您 nín : 대명사 당신, 선생님, 귀하 [2인칭 대명사 '你'의 존칭]
- 它 tā : 대명사 그, 저, 그것, 저것 [사람 이외의 것을 가리킴]
- 它们 tāmen : 대명사 그것들, 저것들
- 大家 dàjiā: 대명사 모두, 다들 [일정 범위 내의 모든 사람을 가리킴]
- 自己 zìjǐ: 대명사 자기, 자신, 스스로
- 别人 biérén : 대명사 (일반적인) 다른 사람, 타인

2. 지시대명사

- 这 zhè : 1. 대명사 이것 [불특정한 사람이나 사물을 가리킴 '那(저것)'와 호응하여 쓰임]
  2.[대명사] 이 [가까이 있는 사람이나 사물을 가리킴]
- (这儿 zhèr) : 대명사 여기, 이곳
- 那 nà : 1. 대명사 그, 저 [비교적 멀리 떨어진 사람이나 사물을 가리킴. 양사나 수량사 혹은 명사
  2.[대명사] 그(저) 사람, 그(저)것 [비교적 멀리 떨어진 사람이나 사물을 대체함]
- (那儿 nàr) : 대명사 그곳, 저곳, 거기, 저기
- 每 měi : 대명사 매, 각, ~마다, 모두
- 这么 zhème : 대명사 이런, 이러한, 이렇게, 이와 같은
- 那么 nàme: 1. 접속사 그러면, 그렇다면
  2. 대명사 그렇게, 저렇게, 그런, 저런 [상태・방법・정도 등을 나타냄]

3. 의문대명사

- 谁 shéi : 대명사 누구
- 哪 nǎ : 대명사 무엇, 어느 것
- (哪儿 nǎr) : 대명사 어디, 어느 곳
- 什么 shénme : 1.(단독으로 쓰여) 무엇
  2. 대명사 의문을 나타냄
  3.(명사 앞에 쓰여) 무슨, 어떤, 어느
- 多少 duōshao : 1. 대명사 얼마, 몇
  2. 대명사 얼마 [일정하지 않은 수량을 나타냄]
- 几 jǐ : 1. 수사 몇 [숫자가 그렇게 많지 않을 때 사용함]
  2. 수사 몇 [주로 10 이하의 확실치 않은 수를 물을 때 쓰임]
- 怎么 zěnme : 1. 대명사 어떻게, 어째서, 왜 [방식 • 원인 • 성질 • 사정 등을 물음]
  2. 대명사 어찌 ~하랴, 어떻게 ~하겠니 [반문이나 감탄을 나타냄]
  3. 대명사 어떻게 된 거야. [술어로 쓰여 상황을 물음]
- 怎么样 zěnmeyàng : 1.어떻다, 어떠하다, [주로 의문문으로 쓰임] ☞[怎样(zěnyàng)]
  2. 대명사 별로〔그리〕~다 [주로 부정형과 반문형으로 쓰여 완곡한 어기를 나타냄]
- 为什么 wèishénme: 1. 부사 왜, 무엇 때문에, 어째서 [원인이나 목적을 묻는 데 쓰임]
  2. 명사 왜 [물을 가치가 있는 문제]

二. 수사

1. 시간

shíyī diǎn sìshíwǔ fēn
- 11 点 45 分 11시 45분

èr líng yāo sì nián èr yuè èrshíbā rì
- 2014 年 2 月 28 日 2014년 2월 28일

xīngqīwǔ
- 星期五 금요일

bā diǎn yí kè
- 8 点 1 刻 8시 15분

2. 나이

Wǒ jīnnián èrshíyī suì.

• 我 今年 21 岁。 나는 올해 21살이다.

3. 금액

èrshíwǔ kuài

• 25 块 25위안

bā yuán

• 8 元 8위안

4. 번호

Wǒ de diànhuà shì bā qī sān jiǔ wǔ bā liù bā.

• 我 的 电话 是 87395868。 내 전화번호는 87395868이다.

5. 순서

dì wǔ

• 第 五 제5

6. 중량

wǔ gōngjīn

• 5 公斤 5킬로그램

7. 길이

sān wàn mǐ

• 30000 米 3만 미터

8. 근사치:

sān sì qiān ge

• 三 四 千 个 산사천 개

wǔbǎi duō rén

• 500 多 人 500여 명

三. 양사

1. 수사 뒤에 쓰이는 경우:

yí ge

• 一 个 한 개

wǔ běn
• 5 本 다섯 권
děng yíxià
• 等 一下 잠깐 기다리다
yì shuāng xié
• 一 双 鞋 신발 한 켤레
sān tiáo yú
• 三 条 鱼 생선 세 마리
dì wǔ céng
• 第 5 层 5층
wǔ jiǎo sān fēn
• 5 角 3 分 5자오 3펀
liǎng zhǒng
• 两 种 두 종류

2. 这, 那, 几, 每 뒤에 쓰이는 경우 :
zhège
• 这个 이것
nàxiē
• 那些 그들, 그것들
jǐ běn
• 几 本 몇 권
jǐ cì
• 几 次 몇 회
měi cì
• 每 次 매번

3. 기타
Tāmen zuòle yíhuìr.
• 他们 坐了 一会儿。 그들은 잠시 앉았다.
kuài yìdiǎnr
• 快 一点儿 빨리 좀

四. 부사

1. 부정과 긍정부사
Wǒ bú shì lǎoshī.
• 我 不 是 老师。 나는 교사가 아니다.

Tā méi qù xuéxiào.
• 他 没 去 学校。그는 학교에 가지 않았다.
Nǐ bié qù yóuyǒng le.
• 你 别 去 游泳 了。수영하러 가지 마세요.
Wǒ míngtiān yídìng huílai.
• 我 明天 一定 回来。나는 내일 반드시 돌아온다.
Nǐmen bìxū xiǎng ge hǎo bànfǎ.
• 你们 必须 想 个 好 办法。너희들은 반드시 좋은 방법을 생각해야 한다.

▫ 不 [bù] 부정을 나타냄
▫ 没 [méi] 없다, ~하지 않았다
▫ 别 [bié] ~하지 마라
▫ 一定 [yídìng] 반드시
▫ 必须 [bìxū] 반드시 ~해야 한다

2. 정도부사

Tā hěn gāoxìng.
• 他 很 高兴。그는 매우 기쁘다.
Tài hǎo le!
• 太 好 了！ 잘했다! 아주 좋아!
Nàli de tiānqì fēicháng lěng.
• 那里 的 天气 非常 冷。그곳의 날씨는 아주 춥다.
Wǒ zuì xǐhuan hē niúnǎi.
• 我 最 喜欢 喝 牛奶。나는 우유 마시는 것을 가장 좋아한다.
Míngtiān huì gèng hǎo.
• 明天 会 更 好。내일은 더 잘 될 것이다.
Xuě yuè xià yuè dà.
• 雪 越 下 越 大。눈이 점점 더 많이 내린다.
Zhèr de xīguā tèbié dà.
• 这儿 的 西瓜 特别 大。이곳의 수박은 아주 크다.
Zhège háizi duō(me) kě'ài yā!
• 这个 孩子 多(么) 可爱 呀！ 이 아이는 정말 귀엽구나!
Tā chàng de hǎo jí le!
• 她 唱 得 好 极 了！ 그녀는 노래를 아주 잘 부른다!
Hánguó de dàchéngshì, wǒ jīhū dōu qùguo.
• 韩国 的 大城市, 我 几乎 都 去过。
나는 한국의 대도시를 거의 모두 다 가보았다.

- ㅁ 很 [hěn] 매우
- ㅁ 太 [tài] 최고의, 매우
- ㅁ 非常 [fēicháng] 아주
- ㅁ 最 [zuì] 가장, 최고
- ㅁ 更 [gèng] 더욱
- ㅁ 越 [yuè] ~할수록
- ㅁ 特别 [tèbié] 특별하다
- ㅁ 多么 [duōme] 얼마나
- ㅁ 多 [duō] 얼마나
- ㅁ 极 [jí] 아주
- ㅁ 几乎 [jīhū] 거의

3. 범위부사

Wǒmen dōu kànjiàn nàge xuésheng le.
- 我们 都 看见 那个 学生 了。우리는 모두 그 학생을 보았다.

Tāmen yìqǐ qù yīyuàn le.
- 他们 一起 去 医院 了。그들은 함께 병원에 갔다.

Zhèxiē yào yígòng wǔbǎi kuài.
- 这些 药 一共 500 块。이 약들은 모두 500위안이다.

Wǒ zhǐ qùguo yícì Shànghǎi.
- 我 只 去过 一次 上海。나는 상하이를 단지 한 번 가보았다.

- ㅁ 都 [dōu] 모두
- ㅁ 一起 [yìqǐ] 같이
- ㅁ 一共 [yígòng] 모두
- ㅁ 只 [zhǐ] 단지

4. 시간부사

Tāmen zhèngzài kàn shū.
- 他们 正在 看 书。그들은 책을 보고 있다.

Wǒmen yǐjīng dào yīyuàn le.
- 我们 已经 到 医院 了。우리들은 이미 병원에 도착했다.

Tāmen xià xīngqī jiù huílai le.
- 她们 下星期 就 回来 了。그녀들은 다음 주면 곧 돌아온다.

Wǒ xiān shuō jǐ jù.
- 我 先 说 几 句。내가 먼저 몇 마디 하겠다.

Tā wǎnshang shí diǎn cái xiàbān.
- 他 晚上 10 点 才 下班。그는 저녁 10시가 되어야 비로소 퇴근한다.

Tā de chéngjì yìzhí hěn hǎo.
- 她 的 成绩 一直 很 好。그녀의 성적은 줄곧 좋았다.

Tā zǒngshì hěn máng.
- 他 总是 很 忙。그는 항상 바쁘다.

Qǐng ānjìng, hūnlǐ mǎshang kāishǐ.
• 请 安静，婚礼 马上 开始。조용해 주세요. 결혼식이 곧 시작되요.

- 正在 [zhèngzài] 지금 ~하고 있다
- 已经 [yǐjing] 이미
- 就 [jiù] 바로
- 先 [xiān] 먼저
- 一直 [yìzhí] 계속, 줄곧
- 总是 [zǒngshì] 늘
- 马上 [mǎshàng] 곧

5. 어기부사

Wǒ yě yǒu nánpéngyou.
• 我 也 有 男朋友。나도 남자 친구가 있다.

Tā hái méiyǒu nánpéngyou.
• 她 还 没有 男朋友。그녀는 아직 남자 친구가 없다.

Tā de nǚpéngyou zhēn piàoliang.
• 他 的 女朋友 真 漂亮。그의 여자 친구는 정말 예쁘다.

Bǐsài zhōngyú jiéshù le.
• 比赛 终于 结束 了。경기가 드디어 끝났다.

Zhè dàotí qíshí hěn nán.
• 这 道题 其实 很 难。이 문제는 사실 어렵다.

Nà yàng zuò dāngrán kěyǐ.
• 那 样 做 当然 可以。그렇게 하는 것은 당연히 괜찮다.

- 也 [yě] ~도
- 还 [hái] 아직
- 真 [zhēn] 정말로
- 终于 [zhōngyú] 마침내
- 其实 [qíshí] 사실
- 当然 [dāngrán] 당연하다

6. 빈도부사

Huānyíng míngnián zài lái!
• 欢迎 明年 再 来！내년에 또 오시기를 환영합니다!

Jīntiān wǒmen yòu chídào le.
• 今天 我们 又 迟到 了。우리 오늘 또 지각했다.

Zuìjìn tā jīngcháng qù yóuyǒng.
• 最近 他 经常 去 游泳。요즘 그는 항상 수영하러 간다.

- 再 [zài] 다시
- 又 [yòu] 또
- 经常 [jīngcháng] 항상

五. 접속사

Wǒ hé tā shì hǎo péngyou.
- 我 和 他 是 好 朋友。 나와 그는 좋은 친구이다.

Yīnwèi xiàxuě, suǒyǐ tā méi qù dǎ lánqiú.
- 因为 下雪，所以 他 没 去 打 篮球。
  눈이 와서 그는 농구하러 가지 않았다.

Tā jiǔshí suì le, dànshì shēntǐ hěn hǎo.
- 他 90 岁 了，但是 身体 很 好。
  그 분은 90세 인데도 몸이 튼튼하시다.

Tā suīrán niánjì dà le, dànshì hěn jiànkāng.
- 他 虽然 年纪 大 了，但是 很 健康。
  그 분은 비록 연세가 많으시지만 건강하시다.

Tā huì shuō Yīngyǔ, érqiě shuō de hěn hǎo.
- 她 会 说 英语，而且 说 得 很 好。
  그녀는 영어를 할 줄 알뿐 아니라 아주 잘 한다.

Xiān chī fàn, ránhòu qù zuò yùndòng.
- 先 吃 饭，然后 去 做 运动。
  먼저 밥을 먹고 그런 후에 운동가자.

Rúguǒ dàjiā dōu tóngyì, jiù zhèyàng juédìng le.
- 如果 大家 都 同意，就 这样 决定 了。
  만약에 모두들 동의한다면 이렇게 결정하겠다.

Tā yìbiān shàngwǎng, yìbiān hē kāfēi.
- 他 一边 上网， 一边 喝 咖啡。
  그는 인터넷을 하면서 커피를 마신다.

Gěi wǒ fā diànzǐyóujiàn, huòzhě dǎ diànhuà dōu kěyǐ.
- 给 我 发 电子邮件， 或者 打 电话 都 可以。
  나에게 이메일이나 전화를 주세요.

Wǒmen shì zuò gōnggòng qìchē háishi zuò dìtiě?
- 我们 是 坐 公共汽车 还是 坐 地铁?
  우리 버스 탈까 아니면 지하철 탈까?

- □ 和 [hé] ~와(과)
- □ 因为 [yīnwèi] ~때문에
- □ 但是 [dànshì] 그러나
- □ 虽然 [suīrán] 비록 ~하지만
- □ 而且 [érqiě] 게다가
- □ 然后 [ránhòu] 그런 후에
- □ 如果 [rúguǒ] 만약
- □ 一边 [yìbiān] 한 편으로 ~하다
- □ 或者 [huòzhě] 혹은
- □ 还是 [háishi] 아니면

六. 개사

Wǒ zhù zài Shǒu'ěr.

• 我 住 在 首尔。 나는 서울에 산다.

Tā cóng Měiguó huílai le.

• 他 从 美国 回来 了。 그는 미국에서 돌아왔다.

Tāmen duì wǒ hěn hǎo.

• 他们 对 我 很 好。 그들은 나에게 잘해준다.

Tā bǐ wǒ gāo.

• 他 比 我 高。 그는 나보다 크다.

Xiàng yòu zǒu.

• 向 右 走。 오른쪽으로 도세요.

Xuéxiào lí wǒ jiā hěn yuǎn.

• 学校 离 我 家 很 远。 학교는 우리 집에서 멀다.

Nǐ gēn wǒ yìqǐ qù ba.

• 你 跟 我 一起 去 吧。 당신 나와 함께 갑시다.

Bú yào wèi wǒmen dānxīn.

• 不 要 为 我们 担心。 우리들 때문에 걱정하지 마세요.

Wèile jiějué huánjìng wūrǎn wèntí, rénmen xiǎngle hěn duō bànfǎ.

• 为了 解决 环境 污染 问题, 人们 想了 很 多 办法。
환경오염 문제를 해결하기 위해 사람들은 많은 방법을 생각했다.

Chúle chànggē, tā hái xǐhuan tiàowǔ.

• 除了 唱歌, 她 还 喜欢 跳舞。
노래 부르는 것 외에 그녀는 춤을 추는 것도 좋아한다.

Qǐng bǎ diànshì dǎkāi.

• 请 把 电视 打开。 텔레비전을 켜세요.

Niǎo bèi xiǎo māo chī le.

• 鸟 被 小 猫 吃 了。 새가 고양이에게 잡아먹혔다.

Guānyú Rìběn lìshǐ, wǒ zhīdào de hěn shǎo.

• 关于 日本 历史, 我 知道 得 很 少。
일본 역사에 관해 나는 아는 것이 적다.

- 在 [zài] ~에
- 从 [cóng] ~(으)로부터
- 对 [duì] ~에게
- 比 [bǐ] ~에 비해
- 向 [xiàng] ~(으)로
- 离 [lí] ~(으)로부터
- 跟 [gēn] ~와(과)
- 为 [wèi] ~때문에
- 为了 [wèile] ~을(를) 하기 위해
- 除了 [chúle] ~외에
- 把 [bǎ] ~을(를)
- 被 [bèi] ~에게 ~당하다
- 关于 [guānyú] ~에 관해서

七. 조동사

Wǒ huì zuò Zhōngguó cài.
• 我 会 做 中国 菜。 나는 중국요리를 할 줄 안다.

Nǐ shénme shíhou néng lái?
• 你 什么 时候 能 来? 당신 언제 올 수 있습니까?

Xiànzài nǐmen kěyǐ zǒu le.
• 现在 你们 可以 走 了。 당신들은 지금 가도 됩니다.

Wǒ yào xué Hányǔ.
• 我 要 学 韩语。 나는 한국어를 배울 것이다.

Míngtiān kěnéng xiàxuě.
• 明天 可能 下雪。 내일은 아마도 눈이 올 것이다.

Wǒmen yīnggāi zài zhōumò kāi ge huì.
• 我们 应该 在 周末 开 个 会。 우리는 주말에 회의를 해야 한다.

Nǐ yuànyì hé wǒ jiéhūn ma?
• 你 愿意 和 我 结婚 吗? 나와 결혼해 줄래?

Nǐ gǎn qímǎ ma?
• 你 敢 骑马 吗? 당신이 감히 말을 탈 수 있어요?

□ 会 [huì] ~을(를) 할 줄 안다	□ 可能 [kěnéng] 아마도
□ 能 [néng] ~을(를) 할 수 있다	□ 应该 [yīnggāi] ~해야 한다
□ 可以 [kěyǐ] ~을(를) 할 수 있다	□ 愿意 [yuànyì] ~하길 바라다
□ 要 [yào] ~을(를) 할 것이다	□ 敢 [gǎn] 과감하게 ~하다

八. 조사

1. 구조조사 :

Wǒ de diànnǎo hěn piányi.
• 我 的 电脑 很 便宜。내 컴퓨터는 매우 싸다.

Wǒ mǎile yìxiē hē de.
• 我 买了 一些 喝 的。 나는 마실 것을 조금 샀다.

Nàbian zài mǎi yīfu de shì wǒ qīzi.
• 那边 在 买 衣服 的 是 我 妻子。 저쪽에서 옷을 사고 있는 사람이 내 아내다.

Tā zuòde bú duì.
• 他 做得 不 对。 그는 잘못했다.

Nǐ kànde jiàn ma?
• 你 看得 见 吗? 당신 보입니까?

Tā shuō Hànyǔ shuōde hěn hǎo.
• 他 说 汉语 说得 很 好。그는 중국어를 잘한다.
Qǐng nǐ mànmàn de zǒu.
• 请 你 慢慢 地 走。좀 천천히 가세요.
Qǐng nǐ hǎohāor de xiūxi yíxià.
• 请 你 好好儿 地 休息 一下。편히 쉬세요.
Wǒ de zhàngfu gāoxìng de zǒu le.
• 我 的 丈夫 高兴 地 走 了。내 남편이 기뻐하며 갔다.

ㅁ 的 [de] 1. 관형어 뒤에 쓰여, 관형어와 중심어 사이가 종속 관계임을 나타냄
2. 관형어 뒤에 쓰여, 관형어와 중심어 사이가 일반적인 수식 관계임을 나타냄

ㅁ 得 [de] 1. 동사 뒤에 쓰여 가능을 나타냄. [부정을 할 때는 '不得'를 사용함]
예) 她去得，我为什么去不得? 그녀가 갈 수 있다면, 내가 왜 갈 수 없겠는가?
2. 동사나 형용사 뒤에 쓰여 결과나 정도를 나타내는 보어와 연결시킴
예) 她说得很好。그녀는 말을 잘한다.
3. 동사와 보어 사이에 쓰여 가능을 나타냄. [부정을 할 때는 '得'를 '不'로 바꿈]
예) 看得到 보았다, 看不到 보지 못했다.

ㅁ 地 [de] 1. 상황어로 쓰이는 단어나 구 뒤에 쓰여, 그 단어나 구가 동사 또는 형용사와 같은 중심어를 수식하고 있음을 나타냄

2. 어기조사 :

Tā qù xuéxiào le.
• 他 去 学校 了。그는 학교에 갔다.
Tāmen qù xuéxiào le.
• 他们 去 学校 了。그들은 학교에 갔다.
Nǐ shì sījī ma?
• 你 是 司机 吗? 당신은 운전 기사입니까?
Tā shì jīnglǐ ma?
• 她 是 经理 吗? 그녀가 매니저입니까?
Nǐmen qù xuéxiào ma?
• 你们 去 学校 吗? 너희들 학교 가니?
Nǐ zài nǎr ne?
• 你 在 哪儿 呢? 너 어디에 있니?
Tāmen zài nǎr ne?
• 他们 在 哪儿 呢? 그들은 어느 곳에 있니?
Nǐ xiǎng hē shénme ne?
• 你 想 喝 什么 呢? 너 무엇을 마실래?

Xiànzài kuài shí'èr diǎnle ba?

• 现在 快 12 点了 吧? 지금 곧 12시 되어가지?

Wǒmen yìqǐ qù chīfàn ba.

• 我们 一起 去 吃饭 吧. 우리 함께 식사하러 갑시다.

ㅁ 了 [le] 1.동사 또는 형용사 뒤에 쓰여 동작 또는 변화가 이미 완료되었음을 나타냄
2.실제로 이미 발생한 동작이나 변화에 사용됨

ㅁ 吗 [ma] 1.문장 끝에 쓰여 의문의 어기를 나타냄
2.문장 끝에 쓰여 반문의 어기를 나타냄

ㅁ 呢 [ne] 1. 서술문 뒤에 쓰여 동작이나 상황이 지속됨을 나타냄
2.선택 의문문 끝에 쓰여 강조를 나타냄 [만약 선택 항목이 둘인 경우 두 항목 뒤에 씀]

ㅁ 吧 [ba] 1.문장 맨 끝에 쓰여, 상의・제의・청유・기대・명령 등의 어기를 나타냄
2.문장 맨 끝에 쓰여, 가늠・추측의 어기를 나타냄
3.문장 맨 끝에 쓰여, 동의・허가의 어기를 나타냄

3. 동태조사 :

Tā xiàozhe duì wǒ shuō : "wǒ ài nǐ."

• 她 笑着 对 我 说: "我 爱 你。" 그녀는 웃으며 나에게 사랑한다고 말했다.

Wǒ mǎile yíge bēizi.

• 我 买了 一个 杯子。 나는 잔을 하나 샀다.

Wǒ xuéguo Rìyǔ.

• 我 学过 日语。 나는 일본어를 배운 적이 있다.

ㅁ 着 [zhe] 1. ~하고 있다. ~하고 있는 중이다 [동사 뒤에 쓰여 동작이 진행되고 있음을 나타냄]
2. 동작의 상태가 계속 유지하게 된 것을 나타냄. – 아/어 있다.
예) 他一直站着。그는 계속 서 있다.

ㅁ 了 [le] 동사 또는 형용사 뒤에 쓰여 동작 또는 변화가 이미 완료되었음을 나타냄

ㅁ 过 [guo] 1. 동사 뒤에 쓰여 동작의 완료를 나타냄
2. [조사] ~한 적이 있다 [동사 뒤에 쓰여 어떤 동작이나 변화가 일찍이 발생하였음을 나타냄]

九. 감탄사

Wéi, nǐ hǎo.

• 喂, 你 好。 여보세요, 안녕하세요.

Nǐ zhēn piàoliang a!
• 你 真 漂亮 啊！ 너 정말 예쁘다!

□ 喂 [wéi] (전화상에서) 여보세요
□ 啊 [a] 문장 끝에 쓰여 감탄 • 찬탄을 나타냄

十.동사의 중첩

Nǐ qù wènwen tā.
• 你 去 问问 她。 너 그녀에게 가서 물어봐.
Ràng wǒ kàn yi kàn.
• 让 我 看 一 看。 내가 한번 봅시다.

□ 问问, 看一看과 같이 동사를 중첩시켜 '한번 ~해봐라'라는 의미를 갖게 한다.

十一. 서술문(평서문)

1. 긍정문

Míngtiān shì xīngqīwǔ.
• 明天 是 星期五。 내일은 금요일이다.
Wǒ rènshi tā.
• 我 认识 他。 나는 그를 안다.
Tiānqì hěn hǎo.
• 天气 很 好。 날씨가 좋다.

2. 부정문

Tā bú zài fàndiàn.
• 她 不 在 饭店。 그녀는 호텔에 없다.
Tāmen méi qù kàn diànyǐng.
• 他们 没 去 看 电影。 그들은 영화보러 가지 않았다.
Nǐ bié qù yóuyǒng le.
• 你 别 去 游泳 了。 너 수영하러 가지 마라.

- 不 [bù] 부정을 나타냄
- 没 [méi] 없다, ~하지 않았다
- 别 [bié] ~하지 마라

十二. 의문문

Zhè shì nǐ de diànnǎo ma?
- 这 是 你 的 电脑 吗? 이거 네 컴퓨터야?

Wǒ shì yīshēng, nǐ ne?
- 我 是 医生, 你 呢? 나는 의사인데 당신은요?

Nǐ shì Hánguó rén ba?
- 你 是 韩国人 吧? 너 한국인이지?

Nàge rén shì shéi?
- 那个 人 是 谁? 그 사람이 누구지?

Zhèxiē shǒubiǎo, nǐ xǐhuan nǎ yí ge?
- 这些 手表, 你 喜欢 哪 一 个? 이 시계 중에 너 어느 것 좋아해?

Nǐ xiǎng qù nǎr?
- 你 想 去 哪儿? 너 어디 가고 싶어?

Nǐ ài chī shénme Zhōngguó cài?
- 你 爱 吃 什么 中国 菜? 너 어떤 중국 요리 좋아하니?

Nǐmen xuéxiào yǒu duōshao lǎoshī?
- 你们 学校 有 多少 老师? 너희 학교 선생님은 몇 분이야?

Nǐ jǐ suì le?
- 你 几 岁 了? 너 몇 살이니?

Nǐ zěnme le?
- 你 怎么 了? 너 어떻게 된거야?

Zhège bēizi zěnmeyàng?
- 这个 杯子 怎么样? 이 잔 어때?

Nǐ wèishénme méi lái?
- 你 为什么 没 来? 너 왜 안왔니?

Cóng zhèr dào xuéxiào yǒu duō yuǎn?
- 从 这儿 到 学校 有 多 远? 여기에서 학교까지 얼마나 멀어?

- 谁 [shéi] 누구
- 哪 [nǎ] 무엇
- 哪儿 [nǎr] 어디
- 什么 [shénme] 어떤
- 多少 [duōshao] 얼마, 몇
- 几 [jǐ] 몇
- 怎么 [zěnme] 어떻게, 왜
- 为什么 [wèishénme] 왜
- 怎么样 [zěnmeyàng] 어떻다, 어떠하다
- 多 [duō] 얼마나

3. 긍정과 부정의문문

Nǐ hē bù hē kāfēi?
- 你 喝 不 喝 咖啡? 커피 마실래?

Nǐ juédìngle méiyǒu?
- 你 决定了 没有? 너 결정했니?

Wǒmen yìqǐ chī, hǎo ma?
- 我们 一起 吃, 好 吗? 우리 같이 먹을래?

Nín yào wǔ zhāng piào, duì ma?
- 您 要 5 张 票, 对 吗? 표 다섯 장 맞죠?

Wǎnshang chī miàntiár, kěyǐ ma?
- 晚上 吃 面条儿, 可以 吗? 저녁에 국수 먹을까?

Nǐ hē kāfēi háishi hē chá?
- 你 喝 咖啡 还是 喝 茶? 너 커피 마실래 아니면 차 마실래?

十三. 명령문

Qǐng zuò.
- 请 坐。 앉으세요.

Bié shuō huà.
- 别 说 话。 말하지 마세요.

Búyào hē tàiduō.
- 不要 喝 太多。 너무 많이 마시지 마세요.

十四. 감탄문

Tài hǎo le!
- 太 好 了! 잘했다! 잘됐다!

Zhēn piàoliang!
- 真 漂亮! 정말 예쁘다!

Tā pǎode duō(me) kuài a!
- 他 跑得 多(么) 快 啊! 그는 정말 빨리 달리는구나!

Hǎo jí le!
- 好 极 了! 정말 훌륭하군!

十五. 특수문형

1. 是문형

Tā shì wǒ de tóngxué.

• 他 是 我 的 同学。 그는 나의 학우이다.

2. 有문형

Yìtiān yǒu èrshísì xiǎoshí.

• 一天 有 24 小时。 하루는 24시간이다.

3. 是…的문형

Wǒ shì xīngqīsān lái de.

• 我 是 星期三 来 的。 나는 수요일에 왔다.

Zhè shì zài jīchǎng mǎi de.

• 这 是 在 机场 买 的。 이것은 공항에서 산 것이다.

Tā shì zuò chūzūchē lái de.

• 他 是 坐 出租车 来 的。 그는 택시를 타고 왔다.

4. 비교문형

Jīntiān bǐ zuótiān lěng.

• 今天 比 昨天 冷。 오늘은 어제보다 춥다.

Wǒ hé tā yíyàng gāo.

• 我 和 他 一样 高。 나와 그는 키가 같다.

Tā gēn wǒ yíyàng gāo.

• 他 跟 我 一样 高。 그는 나와 키가 같다.

Shànghǎi méiyǒu Shǒu'ěr nàme lěng.

• 上海 没有 首尔 那么 冷。 상하이는 서울만큼 춥지 않다.

Běijīng yǒu Shǒu'ěr zhème rè.

• 北京 有 首尔 这么 热。 베이징은 서울처럼 덥다.

5. 把문형

Wǒ bǎ yùndòngxié xǐ le.

• 我 把 运动鞋 洗 了。 나는 운동화를 빨았다.

6. 피동문형

Xínglǐxiāng bèi chūzūchē sījī názǒu le.

• 行李箱 被 出租车 司机 拿走 了。 여행용 가방이 택시기사에 의해 옮겨졌다.

7. 연동문형

Tā měi tiān zuò dìtiě shàngbān.

• 他 每天 坐 地铁 上班。 그는 매일 지하철을 타고 출근한다.

8. 존현문형

Zhuōzishang fàngzhe liǎng běn shū.

• 桌子上 放着 两 本 书。 테이블 위에 책 두 권이 놓여져 있다.

9. 겸어문형

Xiǎo Zhāng jiào wǒ qù tā jiā wánr.

• 小张 叫 我 去 他 家 玩儿。 샤오장이 나보고 그의 집에 와서 놀라고 한다.

十六. 동작의 상태

Tāmen zài kàn diànshì ne.

• 他们 在 看 电视 呢。 그들은 텔레비전을 보고 있다.

Tāmen zhèngzài tī zúqiú.

• 他们 正在 踢 足球。 그들은 지금 축구를 하고 있다.

Tā mǎile yìjīn píngguǒ.

• 他 买了 一斤 苹果。 그는 사과 한 근을 샀다.

Wǒ kànguo zhè běn shū.

• 我 看过 这 本 书。 나는 이 책을 본 적이 있다.

Fēijī yào qǐfēi le.

• 飞机 要 起飞 了。 비행기가 곧 이륙한다.

Wàimiàn xiàzhe xuě.

• 外面 下着 雪。 밖에 눈이 오고 있다.

- ▫ 在…呢 행위의 진행을 나타냄
- ▫ 正在 행위의 진행을 나타냄
- ▫ 了 행위의 완성을 나타냄
- ▫ 要…了 행위 또는 변화가 곧 발생함을 나타냄
- ▫ 着 행위 또는 상태의 지속을 나타냄
- ▫ 过 행위자의 경험을 나타냄

HSK 1급

시험 TIP 新HSK 1급

- 듣기 20문제, 독해 20문제로 총 40문제이며 한어병음이 표기된다.
- 듣기 100점, 독해 100점으로 총 200점 만점이며 총점이 120점 이상이면 합격이다.
- 총 시험시간은 응시자 개인정보(수험번호, 이름 등) 작성시간까지 포함하여 약 40분이다.

시험 내용		문항 수		시험 시간
1. 듣기	제 1부분	5	20문항	약 15분
	제 2부분	5		
	제 3부분	5		
	제 4부분	5		
듣기 영역에 대한 답안 작성시간				3분
2. 독해	제 1부분	5	20문항	약 17분
	제 2부분	5		
	제 3부분	5		
	제 4부분	5		
총계	**/**	**40문항**		**약 35분**

新汉语水平考试
HSK（一级）
模拟试题（一）

注　意

一、　HSK（一级）分两部分：

　　1. 听力（20题，约15分钟）

　　2. 阅读（20题，15分钟）

二、　答案先写在试卷上，最后5分钟再写在答题卡上。

三、　全部考试约40分钟（含考生填写个人信息时间5分钟）。

一、听 力

第一部分

第 1-5 题

例如:		×
		√
1.		
2.		
3.		
4.		
5.		

第二部分

第 6-10 题

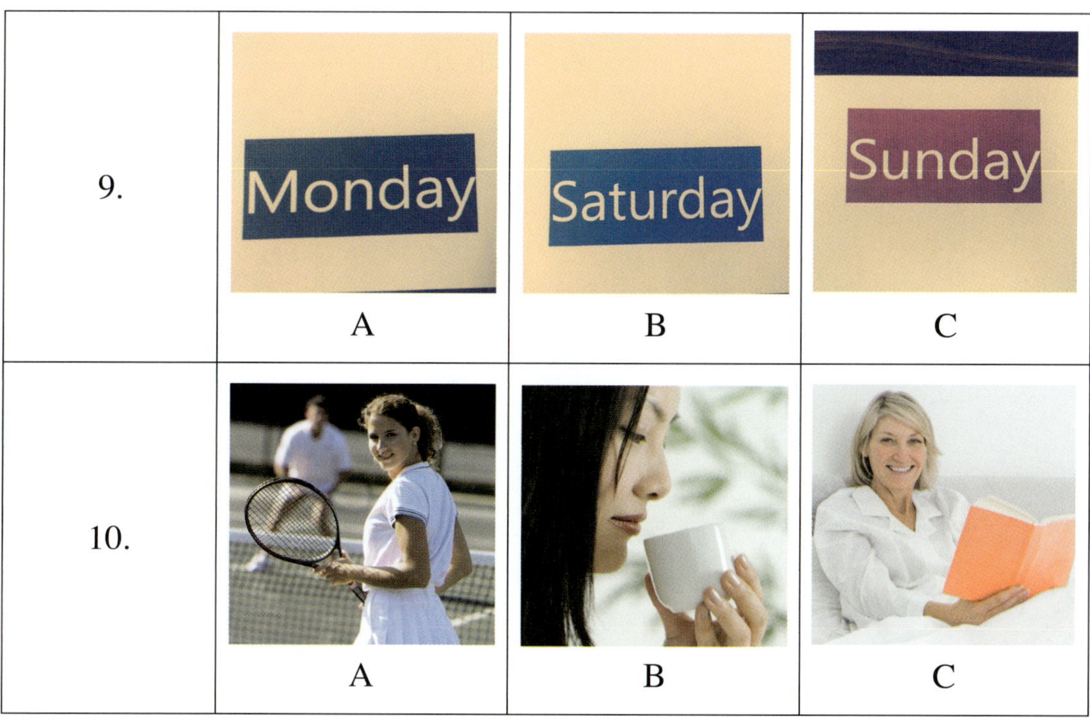
9.
Monday
Saturday
Sunday
A
B
C
10.
A
B
C

第三部分

第 11-15 题

A

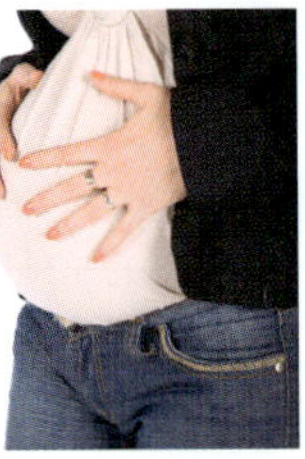

B

C

D

E

F

例如：女：Jīntiān wǒ qǐng nǐ chī fàn.
今天 我 请 你 吃 饭。

男：Tài hǎo le, wǒmen qù chī Zhōngguó cài.
太 好 了，我们 去 吃 中国 菜。

F

11. ☐

12. ☐

13. ☐

14. ☐

15. ☐

第四部分

第 16-20 题

Xiàwǔ wǒ qù shāngdiàn, wǒ xiǎng mǎi yìxiē shuǐguǒ.
例如：下午 我 去 商店， 我 想 买 一些 水果。

Tā xiàwǔ qù nǎli?
问：他 下午 去 哪里？

A shāngdiàn 商店 ✓　　B yīyuàn 医院　　C xuéxiào 学校

16. A kàn diànyǐng 看 电影　　B qù fànguǎn 去 饭馆　　C kàn yīshēng 看 医生

17. A shí'èr suì 十二 岁　　B èrshíwǔ suì 二十五 岁　　C qīshí suì 七十 岁

18. A shāngdiàn 商店　　B xuéxiào 学校　　C yīyuàn 医院

19. A kàn diànshì 看 电视　　B kàn shū 看 书　　C zuò fàn 做 饭

20. A Běijīng 北京　　B xuéxiào 学校　　C yīyuàn 医院

二、阅 读

第一部分

第 21-25 题

例如：		fēijī 飞机	√
		yīfu 衣服	×
21.		chá 茶	
22.		hē 喝	
23.	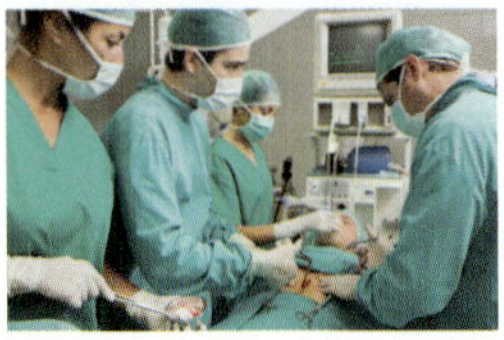	xuéxiào 学校	
24.		xiǎo gǒu 小 狗	
25.		hěn piàoliang 很 漂亮	

第二部分

第 26-30 题

A

B

C

D

E

F

Wǒ hěn xǐhuan chī píngguǒ.
例如：我 很 喜欢 吃 苹果。 F

Tā zài xuéxiào xuéxí.
26. 他 在 学校 学习。

Wǒ xiǎng shuìjiào le, zàijiàn!
27. 我 想 睡觉 了，再见！

Yí ge zài zhuōzi shàngmiàn, yí ge zài yǐzi xiàmiàn.
28. 一个 在 桌子 上面， 一个 在 椅子 下面。

Zhāng xiǎojiě mǎile hěn duō dōngxi.
29. 张 小姐 买了 很 多 东西。

Tā shì wǒ de érzi.
30. 他 是 我 的 儿子。

第三部分

第 31-35 题

例如:	Tiānqì zěnmeyàng? 天气 怎么样?	F	A	Huì. 会。
31.	Nǐ wǎnshang yìbān shénme shíhou shuìjiào? 你 晚上 一般 什么 时候 睡觉?		B	Běijīng. 北京。
32.	Jīntiān nǐ hěn piàoliang. 今天 你 很 漂亮。		C	Shídiǎn zuǒyòu. 十点 左右。
33.	Nǐ xiǎng chī shénme shuǐguǒ? 你 想 吃 什么 水果?		D	Píngguǒ. 苹果。
34.	Nǐ huì xiě Hànzì ma? 你 会 写 汉字 吗?		E	Xièxie! 谢谢!
35.	Míngtiān nǐ yào qù nǎr? 明天 你 要 去 哪儿?		F	Bù hǎo, xiàyǔ le. 不 好, 下雨 了。

第四部分

第 36-40 题

A	B	C	D	E	F
diànhuà 电话	kànjiàn 看见	chá 茶	huǒchē 火车	qǐng 请	xiě 写

例如：Wǒ huì shuō Hànyǔ, bú huì (F) Hànzì.
我 会 说 汉语，不 会（ F ）汉字。

36. Nǐ xǐhuan hē shénme ( )?
你 喜欢 喝 什么（ ）？

37. Xiàwǔ wǒ gěi nǐ dǎ ( ).
下午 我 给 你 打（ ）。

38. Wǒ shì zuò ( ) lái de.
我 是 坐（ ）来 的。

39. 女：Míngtiān wǒ ( ) nǐ chī fàn.
明天 我（ ）你 吃 饭。

男：Hǎo, xièxie.
好，谢谢。

40. 男：Nǐ ( ) wǒ de bēizi le ma?
你（ ）我 的 杯子 了 吗？

女：Méiyǒu.
没有。

HSK一级模拟试题（一）答案及考点解析

一、听力

第一部分

1. ×　2. √　3. √　4. ×
5. √

第二部分

6. C　7. B　8. A　9. C
10. B

第三部分

11. B　12. C　13. E　14. A
15. D

第四部分

16. A　17. B　18. C　19. B
20. C

二、阅读

第一部分

21. ×　22. √　23. ×　24. √
25. ×

第二部分

26. A　27. B　28. D　29. C
30. E

第三部分

31. C　32. E　33. D　34. A
35. B

第四部分

36. C　37. A　38. D　39. E
40. B

HSK(一级)答题卡

新 汉 语 水 平 考 试
HSK（一级）答题卡

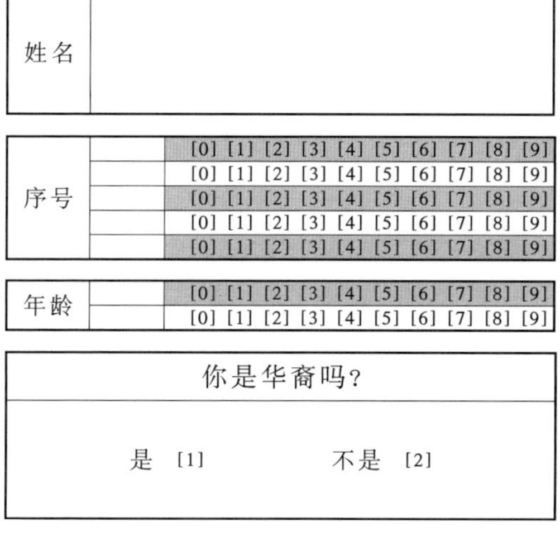

姓名	

序号	
	[0] [1] [2] [3] [4] [5] [6] [7] [8] [9]
	[0] [1] [2] [3] [4] [5] [6] [7] [8] [9]
	[0] [1] [2] [3] [4] [5] [6] [7] [8] [9]
	[0] [1] [2] [3] [4] [5] [6] [7] [8] [9]
	[0] [1] [2] [3] [4] [5] [6] [7] [8] [9]

年龄	
	[0] [1] [2] [3] [4] [5] [6] [7] [8] [9]
	[0] [1] [2] [3] [4] [5] [6] [7] [8] [9]

你是华裔吗？

是 [1]　　不是 [2]

国籍	
	[0] [1] [2] [3] [4] [5] [6] [7] [8] [9]
	[0] [1] [2] [3] [4] [5] [6] [7] [8] [9]
	[0] [1] [2] [3] [4] [5] [6] [7] [8] [9]

性别	男 [1]　　女 [2]

考点	
	[0] [1] [2] [3] [4] [5] [6] [7] [8] [9]
	[0] [1] [2] [3] [4] [5] [6] [7] [8] [9]
	[0] [1] [2] [3] [4] [5] [6] [7] [8] [9]

学习汉语的时间：

3个月以下 [1]	3个月—6个月 [2]
6个月—1年 [3]	1年—18个月 [4]
18个月—2年 [5]	2年以上 [6]

注意	请用2B铅笔这样写：▬

一、听　力

1. [√] [×]	6. [A] [B] [C]	11. [A] [B] [C] [D] [E] [F]	16. [A] [B] [C]
2. [√] [×]	7. [A] [B] [C]	12. [A] [B] [C] [D] [E] [F]	17. [A] [B] [C]
3. [√] [×]	8. [A] [B] [C]	13. [A] [B] [C] [D] [E] [F]	18. [A] [B] [C]
4. [√] [×]	9. [A] [B] [C]	14. [A] [B] [C] [D] [E] [F]	19. [A] [B] [C]
5. [√] [×]	10. [A] [B] [C]	15. [A] [B] [C] [D] [E] [F]	20. [A] [B] [C]

二、阅　读

21. [√] [×]	26. [A] [B] [C] [D] [E] [F]	31. [A] [B] [C] [D] [E] [F]	36. [A] [B] [C] [D] [E] [F]
22. [√] [×]	27. [A] [B] [C] [D] [E] [F]	32. [A] [B] [C] [D] [E] [F]	37. [A] [B] [C] [D] [E] [F]
23. [√] [×]	28. [A] [B] [C] [D] [E] [F]	33. [A] [B] [C] [D] [E] [F]	38. [A] [B] [C] [D] [E] [F]
24. [√] [×]	29. [A] [B] [C] [D] [E] [F]	34. [A] [B] [C] [D] [E] [F]	39. [A] [B] [C] [D] [E] [F]
25. [√] [×]	30. [A] [B] [C] [D] [E] [F]	35. [A] [B] [C] [D] [E] [F]	40. [A] [B] [C] [D] [E] [F]

HSK(一级)成绩报告

新 汉 语 水 平 考 试
Chinese Proficiency Test

HSK（一级）成绩报告

HSK（Level 1）Examination Score Report

姓名（Name）：________________

性别（Gender）：________ 国籍（Nationality）：________________

考试时间（Examination Date）：________ 年（Year）______ 月（Month）______ 日（Day）

编号（No.）：________________

	满分（Full Score）	你的分数（Your Score）
听力（Listening）	100	
阅读（Reading）	100	
总分（Total Score）	200	

总分120分为合格（Passing Score：120）

主 任
Director ________________ 国家汉办
Hanban

HANBAN

中国 · 北京
Beijing · China

新汉语水平考试
HSK（一级）
模拟试题（二）

注 意

一、 HSK（一级）分两部分：

1. 听力（20题，约15分钟）

2. 阅读（20题，15分钟）

二、 答案先写在试卷上，最后5分钟再写在答题卡上。

三、 全部考试约40分钟（含考生填写个人信息时间5分钟）。

一、听 力

第一部分

第 1-5 题

例如：		√
		×
1.	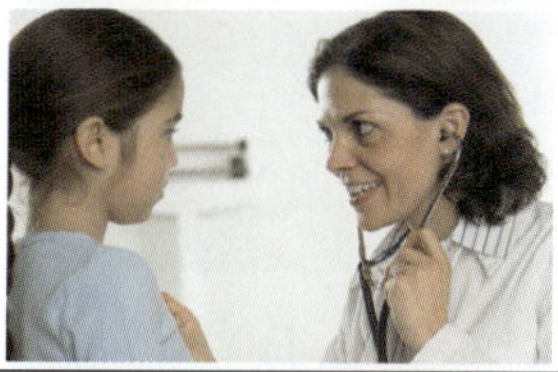	
2.		
3.		
4.		
5.		

第二部分

第 6-10 题

例如:	 A	 B ✓	 C
6.	 A	 B	 C
7.	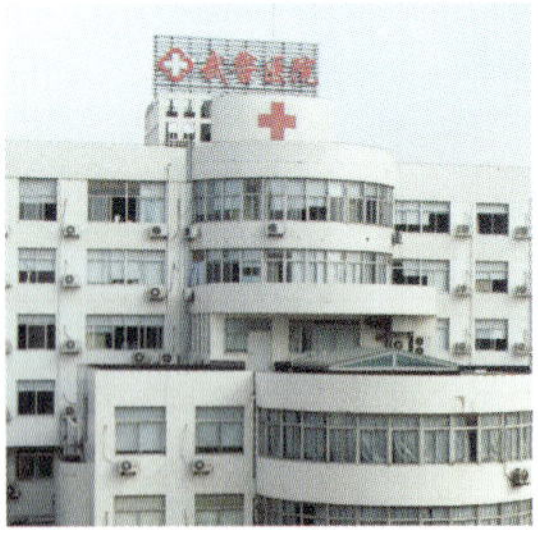 A	 B	 C
8.	 A	 B	 C

9.	A	B	C
10.	A	B	C

第三部分

第 11-15 题

A

B

C

D

E

F

例如：女：你 好！（Nǐ hǎo!）

男：你 好！很 高兴 认识 你。（Nǐ hǎo! Hěn gāoxìng rènshi nǐ.） F

11.

12.

13.

14.

15.

第四部分

第 16-20 题

例如：Xiàwǔ wǒ qù shāngdiàn, wǒ xiǎng mǎi yìxiē shuǐguǒ.
下午 我 去 商店， 我 想 买 一些 水果。

Tā xiàwǔ qù nǎli?
问：他 下午 去 哪里？

A shāngdiàn 商店 ✓	B yīyuàn 医院	C xuéxiào 学校

16.	A xīngqīyī 星期一	B xīngqīsān 星期三	C xīngqītiān 星期天
17.	A yí suì 一 岁	B liǎng suì 两 岁	C sān suì 三 岁
18.	A liǎng ge 两 个	B sān ge 三 个	C sì ge 四 个
19.	A Hànyǔ 汉语	B Hányǔ 韩语	C Yīngyǔ 英语
20.	A shuǐguǒ 水果	B píngguǒ 苹果	C mǐfàn 米饭

二、阅 读

第一部分

第 21-25 题

例如：		zhuōzi 桌子	√
		xiǎojiě 小姐	×
21.		diànnǎo 电脑	
22.		shuōhuà 说话	
23.		fēijī 飞机	
24.		shū 书	
25.		yīyuàn 医院	

第二部分

第 26-30 题

A

B

C

D

E

F

	Wǒ hěn xǐhuan xiǎo gǒu.	
例如：	我 很 喜欢 小 狗。	F
	Wǒ xiǎng mǎi yì běn shū.	
26.	我 想 买 一 本 书。	
	Xiànzài zài xiàyǔ ne.	
27.	现在 在 下雨 呢。	
	Wǒ zài fànguǎnr, nǐmen jǐ diǎn néng lái?	
28.	我 在 饭馆儿，你们 几 点 能 来？	
	Wǒ de diànnǎo zěnme le!	
29.	我 的 电脑 怎么 了！	
	Zhāng xiānsheng zài shāngdiàn mǎi dōngxi ne.	
30.	张 先生 在 商店 买 东西 呢。	

第三部分

第 31-35 题

例如： Tiānqì zěnmeyàng? 天气 怎么样？	F	A	Hěn hǎo. 很 好。
31. Nǐ shénme shíhou qù xuéxiào? 你 什么 时候 去 学校？		B	Bā diǎn. 八 点。
32. Nǐ xiànzài zài nǎr? 你 现在 在 哪儿？		C	Shāngdiàn. 商店。
33. Zhège yǐzi duōshao qián? 这个 椅子 多少 钱？		D	Shí suì. 十 岁。
34. Jīntiān tiānqì zěnmeyàng? 今天 天气 怎么样？		E	Sìshí kuài. 四十 块。
35. Nǐ érzi jīnnián duō dà le? 你 儿子 今年 多 大 了？		F	Bù hǎo, xiàyǔ le. 不 好，下雨 了。

第四部分

第 36-40 题

A	B	C	D	E	F
jǐ diǎn 几点	zàijiàn 再见	tīng 听	huílai 回来	zài 在	zhù 住

　　　Tā　shì　Zhōngguó rén,　　　　　zài　Běijīng.
例如：他　是　中国人，（　F　）在　北京。

　　Nǐ　xǐhuan　　　　　shénme　yīnyuè?
36. 你　喜欢（　　　）什么　音乐？

　　Zuótiān　wǎnshang　nǐ　　　　　shuìjiào　le?
37. 昨天　晚上　你（　　　）睡觉　了？

　　Wéi,　Wáng　lǎoshī　　　　　ma?
38. 喂，王　老师（　　　）吗？

　　　Nǐ　shénme　shíhou
39. 女：你　什么　时候（　　　）？
　　　Liù　diǎn　zuǒyòu.
　　男：六　点　左右。

　　　Míngtiān　wǒ　zài　huǒchēzhàn　děng　nǐ,
40. 男：明天　我　在　火车站　等　你，（　　　）。
　　　Hǎo,　míngtiān　jiàn.
　　女：好，明天　见。

HSK一级模拟试题（二）答案及考点解析

一、听力

第一部分

1. √　2. √　3. ×　4. √
5. ×

第二部分

6. A　7. C　8. B　9. C
10. A

第三部分

11. A　12. B　13. D　14. E
15. C

第四部分

16. A　17. C　18. B　19. A
20. C

二、阅读

第一部分

21. √　22. √　23. ×　24. ×
25. ×

第二部分

26. B　27. C　28. A　29. E
30. D

第三部分

31. B　32. C　33. E　34. A
35. D

第四部分

36. C　37. A　38. E　39. D
40. B

HSK(一级)答题卡

新 汉 语 水 平 考 试
HSK(一级)答题卡

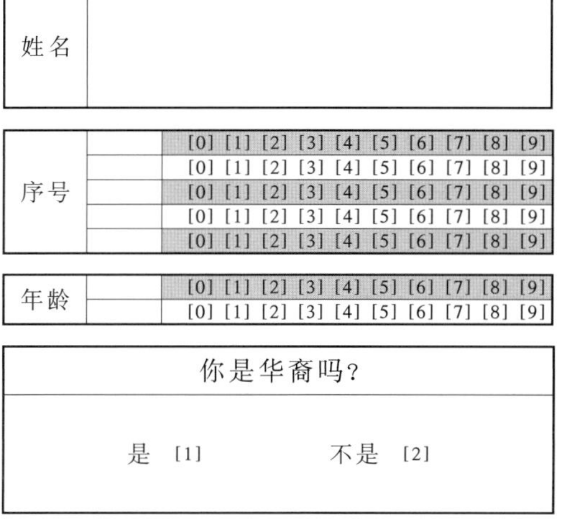

姓名	

序号		
		[0] [1] [2] [3] [4] [5] [6] [7] [8] [9]
		[0] [1] [2] [3] [4] [5] [6] [7] [8] [9]
		[0] [1] [2] [3] [4] [5] [6] [7] [8] [9]
		[0] [1] [2] [3] [4] [5] [6] [7] [8] [9]
		[0] [1] [2] [3] [4] [5] [6] [7] [8] [9]

年龄		
		[0] [1] [2] [3] [4] [5] [6] [7] [8] [9]
		[0] [1] [2] [3] [4] [5] [6] [7] [8] [9]

你是华裔吗?

是 [1]　　不是 [2]

国籍		
		[0] [1] [2] [3] [4] [5] [6] [7] [8] [9]
		[0] [1] [2] [3] [4] [5] [6] [7] [8] [9]
		[0] [1] [2] [3] [4] [5] [6] [7] [8] [9]

性别	男 [1]	女 [2]

考点		
		[0] [1] [2] [3] [4] [5] [6] [7] [8] [9]
		[0] [1] [2] [3] [4] [5] [6] [7] [8] [9]
		[0] [1] [2] [3] [4] [5] [6] [7] [8] [9]

学习汉语的时间:

3个月以下 [1]	3个月—6个月 [2]
6个月—1年 [3]	1年—18个月 [4]
18个月—2年 [5]	2年以上 [6]

注意	请用2B铅笔这样写: ▬

一、听 力

1. [√] [×]	6. [A] [B] [C]	11. [A] [B] [C] [D] [E] [F]	16. [A] [B] [C]
2. [√] [×]	7. [A] [B] [C]	12. [A] [B] [C] [D] [E] [F]	17. [A] [B] [C]
3. [√] [×]	8. [A] [B] [C]	13. [A] [B] [C] [D] [E] [F]	18. [A] [B] [C]
4. [√] [×]	9. [A] [B] [C]	14. [A] [B] [C] [D] [E] [F]	19. [A] [B] [C]
5. [√] [×]	10. [A] [B] [C]	15. [A] [B] [C] [D] [E] [F]	20. [A] [B] [C]

二、阅 读

21. [√] [×]	26. [A] [B] [C] [D] [E] [F]	31. [A] [B] [C] [D] [E] [F]	36. [A] [B] [C] [D] [E] [F]
22. [√] [×]	27. [A] [B] [C] [D] [E] [F]	32. [A] [B] [C] [D] [E] [F]	37. [A] [B] [C] [D] [E] [F]
23. [√] [×]	28. [A] [B] [C] [D] [E] [F]	33. [A] [B] [C] [D] [E] [F]	38. [A] [B] [C] [D] [E] [F]
24. [√] [×]	29. [A] [B] [C] [D] [E] [F]	34. [A] [B] [C] [D] [E] [F]	39. [A] [B] [C] [D] [E] [F]
25. [√] [×]	30. [A] [B] [C] [D] [E] [F]	35. [A] [B] [C] [D] [E] [F]	40. [A] [B] [C] [D] [E] [F]

HSK(一级)成绩报告

新 汉 语 水 平 考 试
Chinese Proficiency Test

HSK（一级）成绩报告
HSK（Level 1）Examination Score Report

姓名（Name）：______________________

性别（Gender）：__________ 国籍（Nationality）：__________

考试时间（Examination Date）：________ 年（Year）______ 月（Month）______ 日（Day）

编号（No.）：______________________

	满分（Full Score）	你的分数（Your Score）
听力（Listening）	100	
阅读（Reading）	100	
总分（Total Score）	200	

总分120分为合格（Passing Score：120）

主 任
Director ______________

国家汉办
Hanban

HANBAN

中国 · 北京
Beijing · China

HSK 2급

시험 TIP 新HSK 2급

- 듣기 35문제, 독해 25문제로 총 60문제이며 한어병음이 표기된다.
- 듣기 100점, 독해 100점으로 총 200점 만점이며 총점이 120점 이상이면 합격이다.
- 총 시험시간은 응시자 개인정보(수험번호, 이름 등) 작성시간까지 포함하여 약 55분이다.

시험 내용		문항 수		시험 시간
1. 듣기	제 1부분	10	35 문항	약 25분
	제 2부분	10		
	제 3부분	10		
	제 4부분	5		
듣기 영역에 대한 답안 작성시간				3분
2. 독해	제 1부분	5	25 문항	약 22분
	제 2부분	5		
	제 3부분	5		
	제 4부분	10		
총계	/	**60문항**		**약 55분**

新汉语水平考试
HSK（二级）
模拟试题（一）

注　　意

一、　HSK（二级）分两部分：

　　1．听力（35题，约25分钟）

　　2．阅读（25题，20分钟）

二、　答案先写在试卷上，最后5分钟再写在答题卡上。

三、　全部考试约55分钟（含考生填写个人信息时间5分钟）。

一、听 力

第一部分

第 1-10 题

例如：		×
		√
1.		
2.		
3.		
4.		
5.		

6.	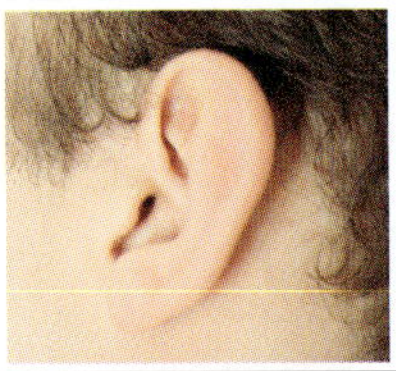	
7.		
8.		
9.		
10.		

第二部分

第 11-15 题

A

B

C

D

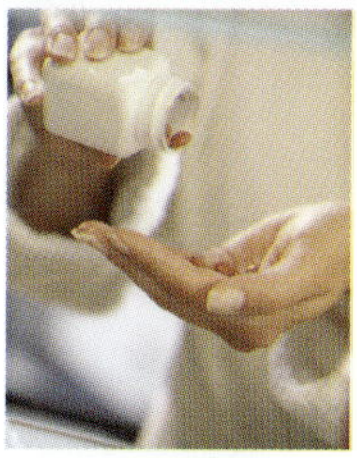

E

F

Nǐ xǐhuan shénme yùndòng?
例如：男：你 喜欢 什么 运动？

Wǒ zuì xǐhuan tī zúqiú.
女：我 最 喜欢 踢 足球。 [F]

11. [ ]

12. [ ]

13. [ ]

14. [ ]

15. [ ]

第 16-20 题

A

B

C

D

E

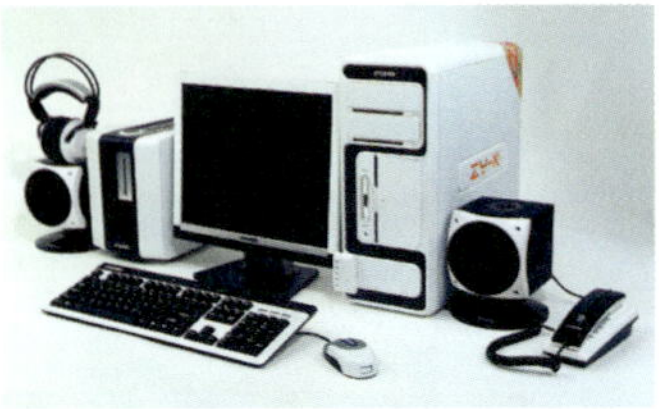

16. ☐

17. ☐

18. ☐

19. ☐

20. ☐

第三部分

第 21-30 题

例如：男：小王，这里有几个杯子，哪个是你的？
(Xiǎo Wáng, zhèli yǒu jǐ ge bēizi, nǎge shì nǐ de?)

女：左边那个红色的是我的。
(Zuǒbian nàge hóngsè de shì wǒ de.)

问：小王的杯子是什么颜色的？
(Xiǎo Wáng de bēizi shì shénme yánsè de?)

A 红色 (hóngsè) ✓　　B 黑色 (hēisè)　　C 白色 (báisè)

21. A 睡觉 (shuìjiào)　　B 运动 (yùndòng)　　C 学习 (xuéxí)

22. A 妈妈 (māma)　　B 爸爸 (bàba)　　C 弟弟 (dìdi)

23. A 跳舞 (tiàowǔ)　　B 唱歌 (chànggē)　　C 抽烟 (chōuyān)

24. A 锻炼身体 (duànliàn shēntǐ)　　B 看书 (kàn shū)　　C 吃饭 (chī fàn)

25. A 她要喝咖啡 (tā yào hē kāfēi)　　B 她要喝茶 (tā yào hē chá)　　C 她不喝 (tā bù hē)

26. A 请坐在椅子上 (qǐng zuòzài yǐzishang)　　B 再多玩一会儿 (zài duō wán yíhuìr)　　C 明天见 (míngtiān jiàn)

27. A 女朋友 (nǚpéngyou)　　B 妻子 (qīzi)　　C 妹妹 (mèimei)

28. A 黄色 (huángsè)　　B 黑色 (hēisè)　　C 白色 (báisè)

29. A 晴天 (qíngtiān)　　B 雨天 (yǔtiān)　　C 阴天 (yīntiān)

30. A 21:30　　B 22:30　　C 23:30

第四部分

第 31-35 题

Qǐng zài zhèr xiě nín de míngzi.
例如：女：请 在 这儿 写 您 的 名字。

Shì zhèr ma?
男：是 这儿 吗？

Bú shì, shì zhèr.
女：不 是，是 这儿。

Hǎo, xièxie.
男：好，谢谢。

Nán de yào xiě shénme?
问：男 的 要 写 什么？

A míngzi 名字 ✓　B shíjiān 时间　C fángjiān hào 房间 号

31. A ge rén 3个 人　B ge rén 4个 人　C ge rén 5个 人

32. A kuài 45块　B kuài 50块　C kuài 55块

33. A 10:30　B 12:30　C 14:30

34. A shāngdiàn de pángbiān 商店 的 旁边　B shāngdiàn de hòumiàn 商店 的 后面　C xuéxiào de pángbiān 学校 的 旁边

35. A yào qǐng tā chī fàn 要 请 他 吃 饭
B yào tōngzhī tā yìxiē shìqing 要 通知 他 一些 事情
C qiú bāngmáng 求 帮忙

二、阅 读

第一部分

第 36-40 题

A

B

C

D

E

F

Měi ge xīngqīliù, wǒ dōu qù dǎ lánqiú.
例如：每 个 星期六，我 都 去 打 篮球。 [F]

Bàba zhèng zuòzài shāfāshang kàn bàozhǐ ne.
36. 爸爸 正 坐在 沙发上 看 报纸 呢。 [ ]

Nǐ yào hē kāfēi, háishi yào hē chá?
37. 你 要 喝 咖啡，还是 要 喝 茶？ [ ]

Wǒ de shǒubiǎo bú jiàn le, nǐ kànjiàn le ma?
38. 我 的 手表 不 见 了，你 看见 了 吗？ [ ]

Bú xiàyǔ le, tiān qíng le.
39. 不 下雨 了，天 晴 了。 [ ]

Wǒ gǎnmào fāshāo le, zhěngtiān zài jiā méiyǒu chūqu.
40. 我 感冒 发烧 了，整天 在 家 没有 出去。 [ ]

第二部分

第 41-45 题

mǎi		yǐjīng		piàoliang		kuài		chūzūchē		dǒng
A	买	B	已经	C	漂亮	D	块	E	出租车	F	懂

Nǐ mànman shuō, wǒ néng tīng
例如：你 慢慢 说，我 能 听（ F ）。

Qù nàge dìfang háishi zuò gèng kuài.
41. 去 那个 地方 还是 坐（　　）更 快。

Wǒ zài shāngdiàn le yìxiē jīdàn hé niúnǎi.
42. 我 在 商店（　　）了 一些 鸡蛋 和 牛奶。

Nǐ xiě Hànzì xiěde hěn
43. 你 写 汉字 写得 很（　　）。

Zhè shǒubiǎo shì hěn guì de.
44. 这（　　）手表 是 很 贵 的。

Nǐ hái zài gōngzuò ma?
45. 女：你 还 在 工作 吗？

Bù, xiànzài wǒ bú gàn le.
男：不，现在 我（　　）不 干 了。

第三部分

第 46-50 题

Xiànzài shì diǎn fēn, tāmen yǐjing yóule fēnzhōng le.
例如：现在 是 11 点 30分， 他们 已经 游了 20 分钟 了。

Tāmen diǎn fēn kāishǐ yóuyǒng.
★ 他们 11点 10分 开始 游泳。 （ √ ）

Xiànzài kuài shíyī diǎn le, tā wán diànnǎo yǐjing wánle liǎng ge xiǎoshí.
46. 现在 快 十一 点 了，他 玩 电脑 已经 玩了 两 个 小时。

Tā diǎn kāishǐ wán diànnǎo.
★ 他10点 开始 玩 电脑。 （ ）

Wǒ mǎile sān jīn píngguǒ, píngguǒ shì sì kuài qián yì jīn.
47. 我 买了 三 斤 苹果， 苹果 是 四 块 钱 一 斤。

Tā mǎile kuài qián de píngguǒ.
★ 他 买了 12 块 钱 的 苹果。 （ ）

Tā cóng dàxué yīniánjí kāishǐ xué Hànyǔ, yǐjīng xuéle liǎngnián.
48. 他 从 大学 一年级 开始 学 汉语，已经 学了 两年。

Xiànzài tā shì dàxué sìniánjí.
★ 现在 他 是 大学 四年级。 （ ）

49\. Xīngqītiān wǒ hé péngyou yìqǐ qù kàn diànyǐng,
星期天 我和 朋友 一起去 看 电影，
dànshì piào yǐjīng mài guāng le, méi néng kàn chéng.
但是 票 已经 卖 光 了，没 能 看 成。
Tāmen xīngqītiān kànle yí bù diànyǐng.
★ 他们 星期天 看了 一 部 电影。 （ ）

50\. Dì-yī cì lái Zhōngguó de shíhou, wǒ yìdiǎn dōu tīng bu dǒng Hànyǔ,
第一 次 来 中国 的 时候，我 一点 都 听 不 懂 汉语，
dàn xiànzài wǒ néng tīngdǒng Zhōngguó xīnwén le.
但 现在 我 能 听懂 中国 新闻 了。
Tā de Zhōngwén shuǐpíng jìnbùle hěn duō
★ 他 的 中文 水平 进步了 很 多。 （ ）

第四部分

第 51-55 题

A Shì de, qǐng zài zhèli xiě.
是的，请 在 这里 写。

B Nǐ zhàngfu shì zuò shénme de?
你 丈夫 是 做 什么 的？

C Nà, ràng tā shénme yě búyào zuò, duō xiūxi.
那，让 他 什么 也 不要 做，多 休息。

D Shèngdànjié kuàilè!
圣诞节 快乐！

E Duìbùqǐ, nàtiān wǒ yǒu shì.
对不起，那天 我 有 事。

F Tā zài nǎr ne? Nǐ kànjiàn tā le ma?
她 在 哪儿 呢？你 看见 她 了 吗？

例如：Tā hái zài jiàoshìli xuéxí.
她 还 在 教室里 学习。 [F]

51. Míngtiān shì yuè rì.
明天 是 12月 25日。 [ ]

52. Tā jīnnián hé tā dìdi yìqǐ kāile yí ge fànguǎnr.
他 今年 和 他 弟弟 一起 开了 一 个 饭馆儿。 [ ]

53. Yào xiě wǒ de míngzi ma?
要 写 我 的 名字 吗？ [ ]

54. Xīngqīsì wǒmen yìqǐ qù kàn diànyǐng, hǎo bu hǎo?
星期四 我们 一起 去 看 电影，好 不 好？ [ ]

55. Tā mángle yìtiān de gōngzuò, xiànzài hěn lèi.
他 忙了 一天 的 工作，现在 很 累。 [ ]

第 56-60 题

A　Wǒ xǐhuan wǒmen bān de Xiǎo Lǐ.
我 喜欢 我们 班 的 小李。

B　Zhuōzishang nàge bú shì nǐ de ma?
桌子上 那个 不 是 你 的 吗?

C　Dànshì māma shuō hěn hǎochī, tā chīle hěn duō.
但是 妈妈 说 很 好吃，她 吃了 很 多。

D　Wǒmen yīnggāi jiào tā dàjiě.
我们 应该 叫 她 大姐。

E　Wǒ míngtiān zhǔnbèi qù páshān.
我 明天 准备 去 爬山。

56.　Jīntiān shì wǒ dì-yī cì zuò cài
今天 是 我 第一 次 做 菜。 □

57.　Nǐ shì shuō nàbian dǎ lánqiú de nàge nán tóngxué ma?
你 是 说 那边 打 篮球 的 那个 男 同学 吗? □

58.　Tā bǐ wǒmen dà bā suì.
她 比 我们 大 八 岁。 □

59.　Wǒ xīwàng míngtiān shì qíngtiān.
我 希望 明天 是 晴天。 □

60.　Nǐ kànjiàn wǒ de bēizi le ma?
你 看见 我 的 杯子 了 吗? □

HSK二级模拟试题（一）答案及考点解析

一、听力

第一部分

1. √ 2. √ 3. × 4. √
5. × 6. × 7. √ 8. √
9. √ 10. ×

第二部分

11. B 12. C 13. E 14. D
15. A 16. D 17. C 18. E
19. A 20. B

第三部分

21. A 22. B 23. C 24. A
25. C 26. B 27. B 28. C
29. C 30. B

第四部分

31. A 32. A 33. B 34. C
35. C

二、阅读

第一部分

36. D 37. B 38. A 39. C
40. E

第二部分

41. E 42. A 43. C 44. D
45. B

第三部分

46. × 47. √ 48. × 49. ×
50. √

第四部分

51. D 52. B 53. A 54. E
55. C 56. C 57. A 58. D
59. E 60. B

HSK(二级)答题卡

新 汉 语 水 平 考 试
HSK(二级)答题卡

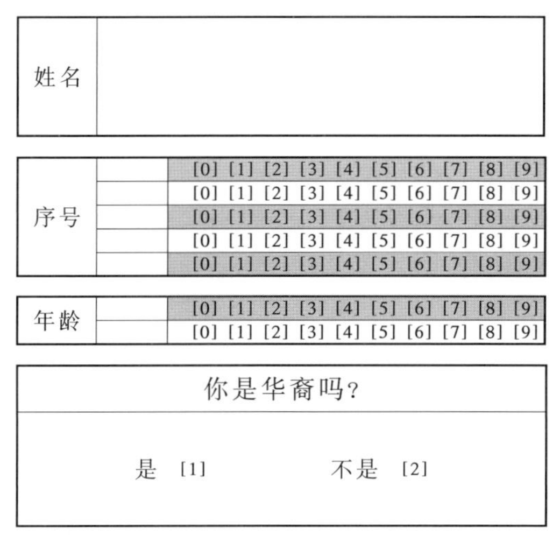
姓名

序号
[0] [1] [2] [3] [4] [5] [6] [7] [8] [9]
[0] [1] [2] [3] [4] [5] [6] [7] [8] [9]
[0] [1] [2] [3] [4] [5] [6] [7] [8] [9]
[0] [1] [2] [3] [4] [5] [6] [7] [8] [9]
[0] [1] [2] [3] [4] [5] [6] [7] [8] [9]

年龄
[0] [1] [2] [3] [4] [5] [6] [7] [8] [9]
[0] [1] [2] [3] [4] [5] [6] [7] [8] [9]

你是华裔吗?

是 [1]　　不是 [2]

国籍
[0] [1] [2] [3] [4] [5] [6] [7] [8] [9]
[0] [1] [2] [3] [4] [5] [6] [7] [8] [9]
[0] [1] [2] [3] [4] [5] [6] [7] [8] [9]

性别　男 [1]　　女 [2]

考点
[0] [1] [2] [3] [4] [5] [6] [7] [8] [9]
[0] [1] [2] [3] [4] [5] [6] [7] [8] [9]
[0] [1] [2] [3] [4] [5] [6] [7] [8] [9]

学习汉语的时间:

6个月以下 [1]　　6个月—1年 [2]
1年—18个月 [3]　　18个月—2年 [4]
2年—3年 [5]　　3年以上 [6]

注意　请用2B铅笔这样写: ▬

一、听　力

1. [√] [×]
2. [√] [×]
3. [√] [×]
4. [√] [×]
5. [√] [×]

6. [√] [×]
7. [√] [×]
8. [√] [×]
9. [√] [×]
10. [√] [×]

11. [A] [B] [C] [D] [E] [F]
12. [A] [B] [C] [D] [E] [F]
13. [A] [B] [C] [D] [E] [F]
14. [A] [B] [C] [D] [E] [F]
15. [A] [B] [C] [D] [E] [F]

16. [A] [B] [C] [D] [E] [F]
17. [A] [B] [C] [D] [E] [F]
18. [A] [B] [C] [D] [E] [F]
19. [A] [B] [C] [D] [E] [F]
20. [A] [B] [C] [D] [E] [F]

21. [A] [B] [C]
22. [A] [B] [C]
23. [A] [B] [C]
24. [A] [B] [C]
25. [A] [B] [C]

26. [A] [B] [C]
27. [A] [B] [C]
28. [A] [B] [C]
29. [A] [B] [C]
30. [A] [B] [C]

31. [A] [B] [C]
32. [A] [B] [C]
33. [A] [B] [C]
34. [A] [B] [C]
35. [A] [B] [C]

二、阅　读

36. [A] [B] [C] [D] [E] [F]
37. [A] [B] [C] [D] [E] [F]
38. [A] [B] [C] [D] [E] [F]
39. [A] [B] [C] [D] [E] [F]
40. [A] [B] [C] [D] [E] [F]

41. [A] [B] [C] [D] [E] [F]
42. [A] [B] [C] [D] [E] [F]
43. [A] [B] [C] [D] [E] [F]
44. [A] [B] [C] [D] [E] [F]
45. [A] [B] [C] [D] [E] [F]

46. [√] [×]
47. [√] [×]
48. [√] [×]
49. [√] [×]
50. [√] [×]

51. [A] [B] [C] [D] [E] [F]
52. [A] [B] [C] [D] [E] [F]
53. [A] [B] [C] [D] [E] [F]
54. [A] [B] [C] [D] [E] [F]
55. [A] [B] [C] [D] [E] [F]

56. [A] [B] [C] [D] [E] [F]
57. [A] [B] [C] [D] [E] [F]
58. [A] [B] [C] [D] [E] [F]
59. [A] [B] [C] [D] [E] [F]
60. [A] [B] [C] [D] [E] [F]

HSK(二级)成绩报告

新 汉 语 水 平 考 试
Chinese Proficiency Test

HSK（二级）成绩报告
HSK (Level 2) Examination Score Report

姓名（Name）：________________

性别（Gender）：________ 国籍（Nationality）：________

考试时间（Examination Date）：______ 年（Year）____ 月（Month）____ 日（Day）

编号（No.）：________________

	满分（Full Score）	你的分数（Your Score）
听力（Listening）	100	
阅读（Reading）	100	
总分（Total Score）	200	

总分120分为合格（Passing Score：120）

主 任
Director

国家汉办
Hanban
HANBAN

中国 • 北京
Beijing • China

新汉语水平考试
HSK（二级）
模拟试题（二）

注　　意

一、　HSK（二级）分两部分：

　　1．听力（35题，约25分钟）

　　2．阅读（25题，20分钟）

二、　答案先写在试卷上，最后5分钟再写在答题卡上。

三、　全部考试约55分钟（含考生填写个人信息时间5分钟）。

一、听 力

第一部分

第 1-10 题

例如:		√
		×
1.		
2.		
3.		
4.		
5.		

6.		
7.		
8.		
9.		
10.		

第二部分

第 11-15 题

A

B

C

D

E

F

例如：男：你 喜欢 什么 运动？（Nǐ xǐhuan shénme yùndòng?）

女：我 最 喜欢 踢 足球。（Wǒ zuì xǐhuan tī zúqiú.） F

11. ☐

12. ☐

13. ☐

14. ☐

15. ☐

第 16-20 题

A

B

C

D

E

16. □

17. □

18. □

19. □

20. □

第三部分

第 21-30 题

Xiǎo Wáng, zhèli yǒu jǐ ge bēizi, nǎge shì nǐ de?
例如：男：小王， 这里 有 几 个 杯子，哪个 是 你 的？
Zuǒbian nàge hóngsè de shì wǒ de.
女：左边 那个 红色 的 是 我 的。
Xiǎo Wáng de bēizi shì shénme yánsè de?
问：小王 的 杯子 是 什么 颜色 的？

hóngsè / hēisè / báisè
A 红色 ✓　B 黑色　C 白色

xīngqī'èr / xīngqīsān / xīngqīsì
21. A 星期二　B 星期三　C 星期四

hěn yuǎn / hěn dà / hěn hǎokàn
22. A 很 远　B 很 大　C 很 好看

hǎo qǐlái le / gèng lìhai le / méiyǒu biànhuà
23. A 好 起来 了　B 更 厉害 了　C 没有 变化

xiān chī fàn / xiān xǐshǒu / xiān hē shuǐ
24. A 先 吃 饭　B 先 洗手　C 先 喝 水

zìjǐ shēngbìng le / dài dìdi qù Yīyuàn / shuì lǎnjiào
25. A 自己 生病 了　B 带 弟弟 去 医院　C 睡 懒觉

yǐjīng juédìng le / bù zhīdào / xūyào zài kǎolǜ
26. A 已经 决定 了　B 不 知道　C 需要 再 考虑

sān ge rén / sì ge rén / wǔ ge rén
27. A 三 个 人　B 四 个 人　C 五 个 人

zhǐyǒu yìngzuò piào
28. A 只有 硬座 票

zhǐ shèngxià yì zhāng piào
B 只 剩下 一 张 票

méiyǒu dào Běijīng de piào le
C 没有 到 北京 的 票 了

29. A 5 分 (fēn) B 10 分 (fēn) C 15 分 (fēn)

30. A 因为 工作 需要 (yīnwèi gōngzuò xūyào)

B 想 要 交 中国 朋友 (xiǎng yào jiāo Zhōngguó péngyou)

C 因为 迷 上 了 中国 连续剧 (yīnwèi mí shàng le Zhōngguó liánxùjù)

第四部分

第 31-35 题

例如：女：Qǐng zài zhèr xiě nín de míngzi.
请在这儿写您的名字。

男：Shì zhèr ma?
是这儿吗？

女：Bú shì, shì zhèr.
不是，是这儿。

男：Hǎo, xièxie.
好，谢谢。

问：Nán de yào xiě shénme?
男的要写什么？

A míngzi 名字 ✓　　B shíjiān 时间　　C fángjiān hào 房间号

31. A nán de de jiā 男的的家　　B kāfēitīng 咖啡厅　　C nǚ de de jiā 女的的家

32. A cóng méi láiguo 从没来过　　B yí cì 一次　　C sān cì 三次

33. A wǎnshang 6 diǎn bàn 晚上 6 点半　　B wǎnshang 7 diǎn 晚上 7 点　　C wǎnshang 7 diǎn bàn 晚上 7 点半

34. A 8 kuài qián 8 块钱　　B 11 kuài qián 11 块钱　　C 13 kuài qián 13 块钱

35. A 3 ge yuè 3 个月　　B 6 ge yuè 6 个月　　C 1 nián 1 年

二、阅 读

第一部分

第 36-40 题

A

B

C

D

E

F

Měi ge xīngqīliù, wǒ dōu qù dǎ lánqiú.
例如：每 个 星期六， 我 都 去 打 篮球。 F

Wǒ de shǒujī méi diàn le, xiànzài bù néng jiē diànhuà.
36. 我 的 手机 没 电 了，现在 不 能 接 电话。

Wǒ yǒu yì zhī māo, tā jīnnián liǎng suì le.
37. 我 有 一 只 猫，它 今年 两 岁 了。

Wǒ měi tiān qí zìxíngchē qù shàngxué.
38. 我 每天 骑 自行车 去 上学。

Zuótiān wǒ kāichē sòng tā huí jiā le.
39. 昨天 我 开车 送 他 回 家 了。

Kàn diànshì bú yào kàn tài jiǔ le, duì yǎnjing bù hǎo
40. 看 电视 不 要 看 太 久 了，对 眼睛 不 好。

第二部分

第 41-45 题

yào　　　piányi　　　kǎoshì　　　qǐng　　　huì　　　dǒng
A 药　　B 便宜　　C 考试　　D 请　　E 会　　F 懂

　　Nǐ　mànman　shuō,　wǒ　néng　tīng
例如：你　慢慢　说，　我　能　听（ F ）。

Tā gāoxìng de shuō: "zhè cì　　　　wǒ kǎole dì-yī míng!"
41. 他 高兴 地 说："这 次（　　）我 考了 第一 名！"

Jīntiān shì nǐ de shēngrì, wǒ　　　　nǐ chī hǎochī de.
42. 今天 是 你 的 生日，我（　　）你 吃 好吃 的。

Nǐ　　　　zuò Zhōngguó cài ma?
43. 你（　　）做 中国 菜 吗？

Néng bu néng　　　　yìdiǎnr?
44. 能 不 能（　　）一点儿？

Jīntiān shēntǐ zěnmeyàng?
45. 男：今天 身体 怎么样？

Zuówǎn chī　　　　xiūxile yíhuìr, xiànzài hǎo duō le.
女：昨晚 吃（　　）休息了 一会儿，现在 好 多 了。

第三部分

第 46-50 题

Xiànzài shì diǎn fēn, tāmen yǐjing yóule fēnzhōng le.
例如：现在 是 11 点 30分，他们 已经 游了 20 分钟 了。

Tāmen diǎn fēn kāishǐ yóuyǒng.
★ 他们 11点 10分 开始 游泳。 （ √ ）

Wǒ xiǎng mǎi yí liàng zìxíngchē, kěshì xiànzài mǎi buqǐ.
46. 我 想 买 一 辆 自行车，可是 现在 买 不起。

Tā bù zhīdào zài nǎr néng mǎi zìxíngchē.
★ 他 不 知道 在 哪儿 能 买 自行车。 （ ）

Cóng xuéxiào ménkǒu yìzhí wǎngqián zǒu, dàole shízìlùkǒu, zài wǎng zuǒ
47. 从 学校 门口 一直 往前 走，到了 十字路口，再 往 左

guǎi, nàr jiù shì wǒ jiā.
拐，那儿 就 是 我 家。

Tā jiā zài xuéxiào fùjìn.
★ 他 家 在 学校 附近。 （ ）

Xiǎo de shíhou, wǒ xǐhuan hē niúnǎi, dànshì xiànzài wǒ jīngcháng hē kělè,
48. 小 的 时候，我 喜欢 喝 牛奶，但是 现在 我 经常 喝 可乐，

bú zài hē niúnǎi le.
不 再 喝 牛奶 了 。

Xiànzài tā hái xǐhuan hē niúnǎi.
★ 现在 他 还 喜欢 喝 牛奶。 （ ）

49. Wǒ rènshi Zhāng lǎoshī de tàitai, tā yě rènshi wǒ. Yǐqián wǒmen jiànguo yí cì miàn.
我 认识 张 老师 的 太太，她 也 认识 我。以前 我们 见过 一 次 面。

Tā hé Zhāng lǎoshī de tàitai hùxiāng rènshi.
★ 他 和 张 老师 的 太太 互相 认识。 (　　)

50. Qùnián dōngtiān xiàle yì chǎng dàxuě, kěshì jīnnián méiyǒu xiàguo dàxuě.
去年 冬天 下了 一 场 大雪，可是 今年 没有 下过 大雪。

Jīnnián dōngtiān xiàle yì chǎng dàxuě.
★ 今年 冬天 下了 一 场 大雪。 (　　)

第四部分

第 51-55 题

Duì, shì zuótiān lái de.
A 对，是 昨天 来 的。

Wǒ yào zuò gōnggòng qìchē qù.
B 我 要 坐 公共汽车 去。

Tā bú huì shuō Hànyǔ.
C 他 不 会 说 汉语。

Tā zài yì jiā gōngsī gōngzuò.
D 他 在 一 家 公司 工作。

Wā, nǐ jiā zhēn piàoliang!
E 哇，你 家 真 漂亮！

Tā zài nǎr ne? Nǐ kànjiàn tā le ma?
F 她 在 哪儿 呢？你 看见 她 了 吗？

Tā hái zài jiàoshìli xuéxí.
例如：她 还 在 教室里 学习。 [F]

Tā cónglái méiyǒu xuéguo Zhōngwén.
51. 他 从来 没有 学过 中文。 [ ]

Dào le, zhè jiù shì wǒ jiā.
52. 到 了，这 就 是 我 家。 [ ]

Tīngshuō nǐmen gōngsī xīn láile liǎnggerén.
53. 听说 你们 公司 新 来了 两个人。 [ ]

Běijīng Huǒchēzhàn lí zhèr hěn yuǎn.
54. 北京 火车站 离 这儿 很 远。 [ ]

Wǒ dìdi bú shì xuésheng.
55. 我 弟弟 不 是 学生。 [ ]

第 56-60 题

A Wǒ yào bāng tā zuò wǎnfàn.
我要帮她做晚饭。

B Gǎitiān wǒ xiǎng hé dàjiā yìqǐ lái chángchang.
改天我想和大家一起来尝尝。

C Tā sòng Xiǎo Zhāng huíjiā qù le.
他送小张回家去了。

D Qián liǎngtiān yìzhí guāfēng xiàyǔ.
前两天一直刮风下雨。

E Tā gèzi yě tǐng gāo de.
她个子也挺高的。

56. Māma ràng wǒ qù shāngdiàn mǎi yìxiē cài.
妈妈让我去商店买一些菜。 ☐

57. Tā de yǎnjing yòuhēi yòudà.
她的眼睛又黑又大。 ☐

58. Tīngshuō zhè jiā cānguǎn de cài hěn hǎochī.
听说这家餐馆的菜很好吃。 ☐

59. Jīntiān zǎoshang tiānqì zhōngyú jiàn qíng le.
今天早上天气终于见晴了。 ☐

60. Xiǎo Lǐ zài nǎr ne? Nǐ kànjiàn tā le ma?
小李在哪儿呢？你看见他了吗？ ☐

HSK二级模拟试题（二）答案及考点解析

一、听力

第一部分

1. ×　2. ×　3. √　4. √
5. √　6. ×　7. √　8. √
9. ×　10. √

第二部分

11. C　12. B　13. E　14. A
15. D　16. B　17. A　18. C
19. D　20. E

第三部分

21. C　22. C　23. A　24. B
25. B　26. C　27. B　28. C
29. A　30. C

第四部分

31. C　32. B　33. A　34. C
35. B

二、阅读

第一部分

36. A　37. E　38. D　39. B
40. C

第二部分

41. C　42. D　43. E　44. B
45. A

第三部分

46. ×　47. √　48. ×　49. √
50. ×

第四部分

51. C　52. E　53. A　54. B
55. D　56. A　57. E　58. B
59. D　60. C

HSK(二级)答题卡

新 汉 语 水 平 考 试
HSK(二级)答题卡

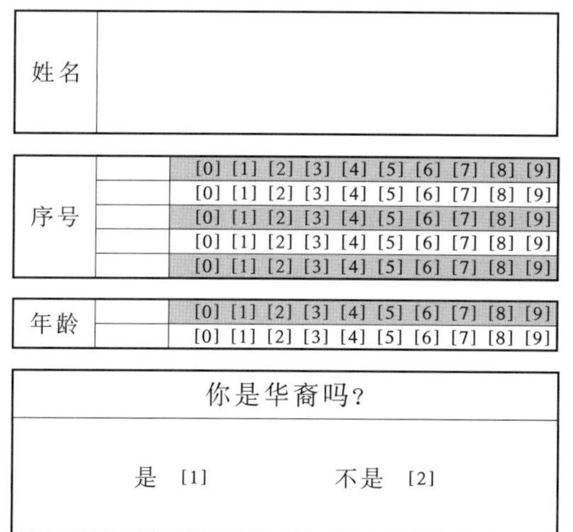

姓名	

序号	
	[0] [1] [2] [3] [4] [5] [6] [7] [8] [9]
	[0] [1] [2] [3] [4] [5] [6] [7] [8] [9]
	[0] [1] [2] [3] [4] [5] [6] [7] [8] [9]
	[0] [1] [2] [3] [4] [5] [6] [7] [8] [9]
	[0] [1] [2] [3] [4] [5] [6] [7] [8] [9]

年龄	
	[0] [1] [2] [3] [4] [5] [6] [7] [8] [9]
	[0] [1] [2] [3] [4] [5] [6] [7] [8] [9]

你是华裔吗?

是 [1]　　不是 [2]

国籍	
	[0] [1] [2] [3] [4] [5] [6] [7] [8] [9]
	[0] [1] [2] [3] [4] [5] [6] [7] [8] [9]
	[0] [1] [2] [3] [4] [5] [6] [7] [8] [9]

性别	男 [1]　　女 [2]

考点	
	[0] [1] [2] [3] [4] [5] [6] [7] [8] [9]
	[0] [1] [2] [3] [4] [5] [6] [7] [8] [9]
	[0] [1] [2] [3] [4] [5] [6] [7] [8] [9]

学习汉语的时间:

6个月以下 [1]　　6个月—1年 [2]

1年—18个月 [3]　　18个月—2年 [4]

2年—3年 [5]　　3年以上 [6]

注意	请用2B铅笔这样写: ▬

一、听 力

1. [√] [×]
2. [√] [×]
3. [√] [×]
4. [√] [×]
5. [√] [×]
6. [√] [×]
7. [√] [×]
8. [√] [×]
9. [√] [×]
10. [√] [×]
11. [A] [B] [C] [D] [E] [F]
12. [A] [B] [C] [D] [E] [F]
13. [A] [B] [C] [D] [E] [F]
14. [A] [B] [C] [D] [E] [F]
15. [A] [B] [C] [D] [E] [F]
16. [A] [B] [C] [D] [E] [F]
17. [A] [B] [C] [D] [E] [F]
18. [A] [B] [C] [D] [E] [F]
19. [A] [B] [C] [D] [E] [F]
20. [A] [B] [C] [D] [E] [F]
21. [A] [B] [C]
22. [A] [B] [C]
23. [A] [B] [C]
24. [A] [B] [C]
25. [A] [B] [C]
26. [A] [B] [C]
27. [A] [B] [C]
28. [A] [B] [C]
29. [A] [B] [C]
30. [A] [B] [C]
31. [A] [B] [C]
32. [A] [B] [C]
33. [A] [B] [C]
34. [A] [B] [C]
35. [A] [B] [C]

二、阅 读

36. [A] [B] [C] [D] [E] [F]
37. [A] [B] [C] [D] [E] [F]
38. [A] [B] [C] [D] [E] [F]
39. [A] [B] [C] [D] [E] [F]
40. [A] [B] [C] [D] [E] [F]
41. [A] [B] [C] [D] [E] [F]
42. [A] [B] [C] [D] [E] [F]
43. [A] [B] [C] [D] [E] [F]
44. [A] [B] [C] [D] [E] [F]
45. [A] [B] [C] [D] [E] [F]
46. [√] [×]
47. [√] [×]
48. [√] [×]
49. [√] [×]
50. [√] [×]
51. [A] [B] [C] [D] [E] [F]
52. [A] [B] [C] [D] [E] [F]
53. [A] [B] [C] [D] [E] [F]
54. [A] [B] [C] [D] [E] [F]
55. [A] [B] [C] [D] [E] [F]
56. [A] [B] [C] [D] [E] [F]
57. [A] [B] [C] [D] [E] [F]
58. [A] [B] [C] [D] [E] [F]
59. [A] [B] [C] [D] [E] [F]
60. [A] [B] [C] [D] [E] [F]

HSK(二级)成绩报告

新 汉 语 水 平 考 试
Chinese Proficiency Test

HSK（二级）成绩报告
HSK (Level 2) Examination Score Report

姓名（Name）：________________

性别（Gender）：________ 国籍（Nationality）：________________

考试时间（Examination Date）：________ 年（Year）______ 月（Month）______ 日（Day）

编号（No.）：________________

	满分（Full Score）	你的分数（Your Score）
听力（Listening）	100	
阅读（Reading）	100	
总分（Total Score）	200	

总分120分为合格（Passing Score：120）

主 任
Director ________________ 国家汉办
Hanban
HANBAN

中国 • 北京
Beijing • China

HSK 3급

시험 TIP 新HSK 3급

- 듣기 40문제, 독해 30문제, 쓰기 10문제로 총 80문제이다.
- 듣기 100점, 독해 100점, 쓰기 100점으로 총 300점 만점이며 총점이 180점 이상이면 합격이다.
- 총 시험시간은 응시자 개인정보(수험번호, 이름 등) 작성시간까지 포함하여 약 90분이다.

시험 내용		문항 수		시험 시간
1. 듣기	제 1부분	10	40 문항	약 35분
	제 2부분	10		
	제 3부분	10		
	제 4부분	10		
듣기 영역에 대한 답안 작성시간				5분
2. 독해	제 1부분	10	30 문항	약 30분
	제 2부분	10		
	제 3부분	10		
3. 쓰기	제 1부분	5	10 문항	약 15분
	제 2부분	5		
총계	/	**80문항**		**약 90분**

新汉语水平考试
HSK（三级）
模拟试题（一）

注　意

一、　HSK（三级）分三部分：

　　1. 听力（40题，约35分钟）

　　2. 阅读（30题，25分钟）

　　3. 书写（10题，15分钟）

二、　答案先写在试卷上，最后10分钟再写在答题卡上。

三、　全部考试约90分钟（含考生填写个人信息时间5分钟）。

一、听力

第一部分

第 1-5 题

A B C D E F

例如：男：喂，请问张经理在吗？

女：他在开会，您半个小时以后再打，好吗？ D

1.

2.

3.

4.

5.

第 6-10 题

A

B

C

D

E

6.

7.

8.

9.

10.

第二部分

第 11－20 题

例如：　为了让自己更健康，他每天都花一个小时去锻炼身体。

★ 他希望自己身体很健康。　（ √ ）

今天我想早点儿回家。看了看手表，才5点。过了一会儿再看表，还是5点，我这才发现我的手表不走了。

★ 那块儿手表不是他的。　（ × ）

11. ★ 他的发音比中国人差了很多。　（　　）

12. ★ 他们经常见面。　（　　）

13. ★ 他们快要结婚了。　（　　）

14. ★ 老师没有认出我。　（　　）

15. ★ 他要和一位先生换座位。　（　　）

16. ★ 他的中文写作水平一直都很好。　（　　）

17. ★ 当我们跑步时，我们的心脏会跳得更快。　（　　）

18. ★ 中国的茶叶品种多样。　（　　）

19. ★ 服装对人们没有什么影响。　（　　）

20. ★ 他今天差点儿出了车祸。　（　　）

第三部分

第 21–30 题

例如： 男：小王，帮我开一下门，好吗？谢谢！
女：没问题。您去超市了？买了这么多东西。
问：男的想让小王做什么？

A 开门 ✓ B 拿东西 C 去超市买东西

21. A 不适合自己 B 价格太贵了 C 颜色不好看

22. A 玩电脑 B 上课 C 打电话

23. A 13:30 B 14:15 C 12:45

24. A 菜不好吃 B 服务态度差 C 太远了

25. A 中秋节 B 春节 C 清明节

26. A 男的的家 B 在路上 C 女的的家

27. A 很严格 B 很亲切 C 不关心他们

28. A 学校 B 医院 C 公司

29. A 足球 B 篮球 C 乒乓球

30. A 不太满意 B 很满意 C 不太清楚

第四部分

第 31－40 题

例如： 女：晚饭做好了，准备吃饭了。
男：等一会儿，比赛还有三分钟就结束了。
女：快点儿吧，一起吃，菜冷了就不好吃了。
男：你先吃，我马上就看完了。
问：男的在做什么？

A 洗澡　　B 吃饭　　C 看电视 ✓

31. A 看电影　　B 看电视　　C 看表演

32. A 帽子　　B 衣服　　C 鞋子

33. A 电梯坏了　　B 锻炼身体　　C 参加比赛

34. A 玩电脑　　B 学习　　C 做运动

35. A 问路　　B 交朋友　　C 买东西

36. A 女的的妈妈　　B 男的的妈妈　　C 他们的同学

37. A 吃饭　　B 逛街　　C 做菜

38. A 很难　　B 一般　　C 很简单

39. A 公园人太多了　　B 衣服被弄脏了　　C 丢了狗

40. A 小李　　B 男的　　C 女的

二、阅 读

第一部分

第 41-45 题

A　是啊。你看，什么颜色的都有。

B　对不起，我差点儿忘了。

C　可是今天晚上我和男朋友有约，怎么能不出去呢？

D　我看白色衬衫和蓝色外衣很搭配。

E　我们是不是应该先给他们打电话解释情况？

F　当然。我们先坐公共汽车，然后换地铁。

例如：　你知道怎么去那儿吗？　（ F ）

41. 路上堵车堵得很厉害，恐怕我们要迟到了。　（　　）

42. 明天我要参加一个朋友的婚礼，你说什么颜色的衣服最配我？　（　　）

43. 听说台风要来了，今天你尽可能不要出去。　（　　）

44. 这个花园里的花开得很漂亮吧。　（　　）

45. 会议一分钟后就要开始了，请关闭你的手机。　（　　）

第 46－50 题

A　不要难过，我们一定会再见的。

B　妈，您放心，我会好好照顾自己的。

C　我在北京留学了两年。

D　早餐一般吃面包、鸡蛋和豆浆。

E　怎么办呢？我们赶快去报警吧。

46. 马上就要离开学校了，我的心里真的很难受。　（　）

47. 你一个人出门在外，让我非常担心。　（　）

48. 你一般吃什么早餐？　（　）

49. 你的普通话很标准。你是在哪儿学的汉语？　（　）

50. 不好了！我的钱包不见了。　（　）

第二部分

第 51-55 题

A 条　　B 台　　C 关于　　D 复习　　E 根据　　F 声音

例如： 她说话的（ F ）多好听啊！

51. 我想买一（　　）笔记本电脑，你有什么好的推荐?

52. 这种说法是没有科学（　　）的。

53. 马上就要考试了，要好好（　　）功课了。

54. 这是一本（　　）中国历史文化的书。

55. 我还记得，我的家乡有一（　　）小河流过。

第 56-60 题

A 参加　　B 该　　C 好看的　　D 公斤　　E 忙　　F 爱好

例如： A：你有什么（ F ）？
B：我喜欢体育。

56. A：几天没见你，瘦多了。
B：我减肥成功了，一个月减了三（　　）。

57. A：我觉得这件衣服挺（　　），不过有点贵。
B：你喜欢的话，我买给你吧。

58. A：你能帮我一个(　　)吗?
B：什么事? 你说吧，只要我办得到，就一定帮你。

59. A：我的电脑又出问题了！
B：你的电脑也（　　）换一换了吧。

60. A：上周我（　　）了唱歌比赛。
B：是吗? 得奖了没?

第三部分

第 61–70 题

例如： 您是来参加今天会议的吗？您来早了一点儿，现在才八点半。您先进来坐吧。

★ 会议最可能几点开始？

A 8点　　B 8点半　　C 9点 ✓

61. 按照中医理论，一年四季饮用什么茶，除了根据各人的身体情况外，还要看季节的变化。一般以春天喝花茶，夏天喝绿茶，秋天喝乌龙茶，冬天喝红茶为好。

★ 夏天喝什么茶好？

A 绿茶　　B 乌龙茶　　C 红茶

62. 我想向大家建议，除了工作以外，应该有些自己的业余爱好：可以放松自己，让生活更丰富。

★ 他建议我们要有：

A 金钱　　B 爱好　　C 朋友

63. 想要减肥的人，早餐一定要吃好，可以吃少，但绝对要吃。不吃早餐造成的结果是在午餐的时候或者在其他非进餐时间吃零食。

★ 想要减肥的人，一定要：

A 多喝水　　B 吃早餐　　C 早点睡

64. 春节是中国最重要的传统节日。中国人过春节的时候，喜欢送红包。就像西方人过圣诞，喜欢送礼物一样。

★ 中国人过春节，喜欢送：

A 红包　　B 卡片　　C 食物

65. 中国是一个餐饮文化大国，因为环境、气候、文化传统以及民族习俗的不同，所以形成了各种各样的饮食习惯。它一共有“八大菜系”。

★ 中国菜系有：

A 三个　　B 四个　　C 八个

66. 在生活中，人人都会有失败的经历，但是失败可以使我们更加坚强，就像“失败是成功之母”的道理所说的一样。

★ 失败可以使我们：

A 开心　　B 失落　　C 坚强

67. 今天太累了，我一回到家就倒在床上睡着了，一直睡到九点多。醒来后我才发现，自己连衣服也没脱，饭也没吃。

★ 她一直睡到：

A 晚上九点多　　B 午夜　　C 第二天凌晨

68. 电脑给人们的工作和生活带来了很多方便。在电脑上，我们可以很快地找到自己所需要的东西，还可以得到很多知识。

★ 电脑对人们：

A 很重要　　B 有害　　C 没用

69. 昨天接到了一个很久没联系过的大学同学的电话，这又让我想起了大学生活和那些我所喜爱的同学们。

★ 他昨天接到了谁的电话？

A 陌生人　　B 大学老师　　C 大学同学

70. 秋天的天气，早晚温差比较大，而且，空气也越来越干燥。所以，大家都要记得多穿件外衣，多喝点水。

★ 这句话在说明：

A 春天　　B 秋天　　C 冬天

三、书写

第一部分

第 71－75 题

例如： 小船　上　一　河　条　有

河上有一条小船。

71. 爱好　你的　什么　是

　　______________________________

72. 就　如果　你　给我　有时间，　打　电话　个

　　______________________________

73. 有点　因为　没　昨天　所以　睡好，　累　今天

　　______________________________

74. 妈妈　东西　我　商店　去　让　买

　　______________________________

75. 学习　一边　音乐　听，　一边

　　______________________________

第二部分

第 76-80 题

guān
例如： 没（ 关 ）系，别难过，高兴点儿。

shì
76. 明天我有语文和数学考（　　）。

tiáo
77. 天气很热，我们开开空（　　）吧。

huán
78. 为了解决（　　）境问题，我们应该好好想想办法。

qǐng
79. 大家（　　）安静，老师在讲话呢。

jìng
80. 看书的时候，一定要戴眼（　　）。

HSK三级模拟试题（一）答案及考点解析

一、听力

第一部分

1. F　2. A　3. C　4. E
5. B　6. A　7. E　8. B
9. D　10. C

第二部分

11. ×　12. ×　13. √　14. ×
15. √　16. ×　17. √　18. √
19. ×　20. √

第三部分

21. C　22. C　23. B　24. B
25. A　26. C　27. A　28. B
29. B　30. A

第四部分

31. C　32. C　33. A　34. B
35. A　36. A　37. B　38. C
39. B　40. A

二、阅读

第一部分

41. E　42. D　43. C　44. A
45. B　46. A　47. B　48. D
49. C　50. E

第二部分

51. B　52. E　53. D　54. C
55. A　56. D　57. C　58. E
59. B　60. A

第三部分

61. A　62. B　63. B　64. A
65. C　66. C　67. A　68. A
69. C　70. B

三、书写

第一部分

71. 你的爱好是什么?
72. 如果你有时间，就给我打个电话。
73. 因为昨天没睡好，所以今天有点累。
74. 妈妈让我去商店买东西。
75. 一边听音乐，一边学习。

第二部分

76. 试
77. 调
78. 环
79. 请
80. 镜

HSK（三级）答题卡

新 汉 语 水 平 考 试
HSK（三级）答题卡

姓名	

国籍	[0] [1] [2] [3] [4] [5] [6] [7] [8] [9]
	[0] [1] [2] [3] [4] [5] [6] [7] [8] [9]
	[0] [1] [2] [3] [4] [5] [6] [7] [8] [9]

性别	男 [1] 女 [2]

序号	[0] [1] [2] [3] [4] [5] [6] [7] [8] [9]
	[0] [1] [2] [3] [4] [5] [6] [7] [8] [9]
	[0] [1] [2] [3] [4] [5] [6] [7] [8] [9]
	[0] [1] [2] [3] [4] [5] [6] [7] [8] [9]
	[0] [1] [2] [3] [4] [5] [6] [7] [8] [9]

考点	[0] [1] [2] [3] [4] [5] [6] [7] [8] [9]
	[0] [1] [2] [3] [4] [5] [6] [7] [8] [9]
	[0] [1] [2] [3] [4] [5] [6] [7] [8] [9]

年龄	[0] [1] [2] [3] [4] [5] [6] [7] [8] [9]
	[0] [1] [2] [3] [4] [5] [6] [7] [8] [9]

你是华裔吗？

是 [1] 不是 [2]

学习汉语的时间：

2年以下 [1] 2年-3年 [2] 3年-4年 [3] 4年-5年 [4] 5年以上 [5]

注意 请用2B铅笔这样写：▬

一、听力

1. [A] [B] [C] [D]
2. [A] [B] [C] [D]
3. [A] [B] [C] [D]
4. [A] [B] [C] [D]
5. [A] [B] [C] [D]
6. [A] [B] [C] [D]
7. [A] [B] [C] [D]
8. [A] [B] [C] [D]
9. [A] [B] [C] [D]
10. [A] [B] [C] [D]

11. [√] [×]
12. [√] [×]
13. [√] [×]
14. [√] [×]
15. [√] [×]
16. [√] [×]
17. [√] [×]
18. [√] [×]
19. [√] [×]
20. [√] [×]
21. [A] [B] [C]
22. [A] [B] [C]
23. [A] [B] [C]
24. [A] [B] [C]
25. [A] [B] [C]

26. [A] [B] [C]
27. [A] [B] [C]
28. [A] [B] [C]
29. [A] [B] [C]
30. [A] [B] [C]
31. [A] [B] [C]
32. [A] [B] [C]
33. [A] [B] [C]
34. [A] [B] [C]
35. [A] [B] [C]
36. [A] [B] [C]
37. [A] [B] [C]
38. [A] [B] [C]
39. [A] [B] [C]
40. [A] [B] [C]

二、听力

41. [A] [B] [C] [D] [F]
42. [A] [B] [C] [D] [F]
43. [A] [B] [C] [D] [F]
44. [A] [B] [C] [D] [F]
45. [A] [B] [C] [D] [F]
46. [A] [B] [C] [D] [F]
47. [A] [B] [C] [D] [F]
48. [A] [B] [C] [D] [F]
49. [A] [B] [C] [D] [F]
50. [A] [B] [C] [D] [F]

51 [A] [B] [C] [D] [F]
52 [A] [B] [C] [D] [F]
53 [A] [B] [C] [D] [F]
54 [A] [B] [C] [D] [F]
55 [A] [B] [C] [D] [F]
56 [A] [B] [C] [D] [F]
57 [A] [B] [C] [D] [F]
58 [A] [B] [C] [D] [F]
59 [A] [B] [C] [D] [F]
60 [A] [B] [C] [D] [F]

61 [A] [B] [C]
62 [A] [B] [C]
63 [A] [B] [C]
64 [A] [B] [C]
65 [A] [B] [C]
66 [A] [B] [C]
67 [A] [B] [C]
68 [A] [B] [C]
69 [A] [B] [C]
70 [A] [B] [C]

三、书写

71. ____________________
72. ____________________
73. ____________________
74. ____________________
75. ____________________

76. □ 77. □ 78. □ 79. □ 80. □

HSK（三级）成绩报告

新 汉 语 水 平 考 试
Chinese Proficiency Test

HSK（三级）成绩报告
HSK (Level 3) Examination Score Report

姓名（Name）：________________

性别（Gender）：________ 国籍（Nationality）：________

考试时间（Examination Date）：______年（Year）____月（Month）____日（Day）

编号（No.）：________________

	满分（Full Score）	你的分数（Your Score）
听力（Listening）	100	
阅读（Reading）	100	
书写（Writing）	100	
总分（Total Score）	300	

总分180分为合格（Passing Score：180）

主 任
Director ________________

国家汉办
Hanban

HANBAN

中国 · 北京
Beijing • China

新汉语水平考试
HSK（三级）
模拟试题（二）

注　意

一、　HSK（三级）分三部分：

1. 听力（40题，约35分钟）
2. 阅读（30题，25分钟）
3. 书写（10题，15分钟）

二、　答案先写在试卷上，最后10分钟再写在答题卡上。

三、　全部考试约90分钟（含考生填写个人信息时间5分钟）。

一、听力

第一部分

第 1–5 题

A

B

C

D

E

F

例如：　男：喂，请问张经理在吗？

女：他在开会，您半个小时以后再打，好吗？　　D

1.

2.

3.

4.

5.

第 6–10 题

A

B

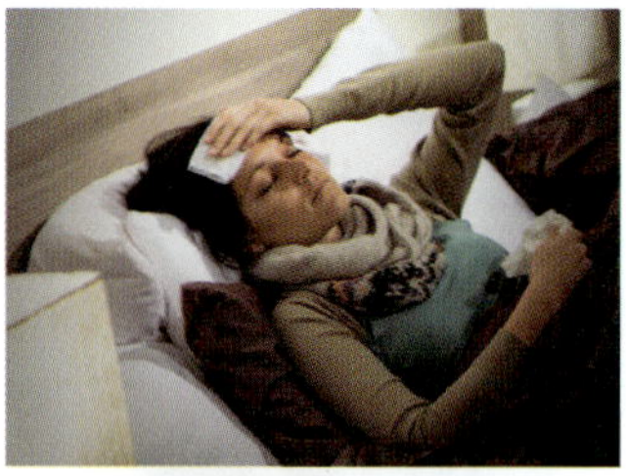

C

D

E

6.

7.

8.

9.

10.

第二部分

第 11－20 题

例如： 为了让自己更健康，他每天都花一个小时去锻炼身体。

★ 他希望自己身体很健康。 （ √ ）

今天我想早点儿回家。看了看手表，才5点。过了一会儿再看表，还是5点，我这才发现我的手表不走了。

★ 那块儿手表不是他的。 （ × ）

11. ★ 他小时候害怕去医院。 （ ）

12. ★ 今天总共花了二十块钱。 （ ）

13. ★ 中国女性的社会地位不太高。 （ ）

14. ★ 上海人很时髦。 （ ）

15. ★ 树上一共有两只鸟。 （ ）

16. ★ 他从来没有离开过家。 （ ）

17. ★ 他的爸爸现在还经常加班。 （ ）

18. ★ 外语发音很容易学会。 （ ）

19. ★ 很多事情都会很快被我们忘记。 （ ）

20. ★ 说话时，应该想到什么就说什么。 （ ）

第三部分

第 21－30 题

例如： 男：小王，帮我开一下门，好吗？谢谢！
女：没问题。您去超市了？买了这么多东西。
问：男的想让小王做什么？

A 开门 ✓　　B 拿东西　　C 去超市买东西

21. A 一朵花　　B 一本书　　C 一件衣服

22. A 米饭　　B 面条　　C 面包

23. A 羽毛球　　B 足球　　C 篮球

24. A 餐馆　　B 公司　　C 学校

25. A 朋友　　B 师生　　C 恋人

26. A 出门　　B 吃饭　　C 睡觉

27. A 工作很忙　　B 看错了时间　　C 手机坏了

28. A 太松了　　B 正合适　　C 太小了

29. A 很不好　　B 很好　　C 互相不认识

30. A 非常满意　　B 比较满意　　C 完全不满意

第四部分

第 31－40 题

例如： 女：晚饭做好了，准备吃饭了。

男：等一会儿，比赛还有三分钟就结束了。

女：快点儿吧，一起吃，菜冷了就不好吃了。

男：你先吃，我马上就看完了。

问：男的在做什么？

A 洗澡　　B 吃饭　　C 看电视 √

31. A 风景不美　　B 名气不大　　C 交通不方便

32. A 机场　　B 牙科　　C 餐馆

33. A 减肥　　B 生病　　C 不太饿

34. A 商店　　B 公司　　C 书店

35. A 春节　　B 中秋节　　C 清明节

36. A 开玩笑　　B 认真　　C 生气

37. A 在公司工作　　B 去爬山　　C 和同学见面

38. A 半年　　B 一年　　C 两年

39. A 电影院　　B 图书馆　　C 网吧

40. A 女的的家　　B 公园　　C 男的的家

二、阅 读

第一部分

第 41–45 题

A　不好意思，公交车在路上发生了车祸，所以我就改坐地铁来了。

B　今天我发现妹妹偷穿了我的衣服。

C　我也还没看过，要不今天晚上我们一起去看，怎么样？

D　放假了。你有什么打算吗？

E　我知道，他的作品我几乎全都看过。

F　当然。我们先坐公共汽车，然后换地铁。

例如：　你知道怎么去那儿吗？　　（ F ）

41. 这部电影好不好看？　　（　　）

42. 在中国，赵本山的小品很有名。　　（　　）

43. 你怎么现在才来呀？　　（　　）

44. 期末考试终于结束了！　　（　　）

45. 你怎么了？有什么不高兴的事？　　（　　）

第 46－50 题

A 好像住着一对年轻的夫妻，可是白天我从来没见过他们。

B 不行，宝宝在房间里睡觉呢。

C 没问题！你要搬到什么地方？

D 你还是去医院检查一下吧。

E 虽然身体很累，但内心还是很开心的。

46. 你每周都在这里做志愿者累不累？ （ ）

47. 我觉得最近有点消化不良。 （ ）

48. 如果你愿意的话，下周可不可以来帮我搬家？ （ ）

49. 你能把电视声音放大一点吗？ （ ）

50. 你知道你家隔壁住的是谁吗？ （ ）

第二部分

第 51-55 题

A 作用　　B 被　　C 世界　　D 道　　E 终于　　F 声音

例如： 她说话的（ F ）多好听啊！

51. 我的手机（　　）人偷走了，怎么办呢?

52. 我去国外旅游的时候才发现，这个（　　）真大！

53. 其实，睡眠对人体健康有很重要的（　　）。

54. 这次期末考试，我错了一（　　）题，所以没有得满分。

55. 我给他解释了半天，他（　　）明白过来了。

第 56-60 题

A 不好意思　　B 关系　　C 然后　　D 比　　E 聪明　　F 爱好

例如：A：你有什么（ F ）？
B：我喜欢体育。

56. A：这是我姐姐的照片。
B：真人（　　）照片还漂亮啊！

57. A：今天路上有点堵车，来晚了，（　　）！
B：没关系。来，请坐。

58. A：最近你和他的（　　）怎么样？
B：没什么问题，这么多年，他一直都对我很好。

59. A：这孩子很（　　），老师教他什么他很快就能记住。
B：我觉得他是个天才。

60. A：这次旅游你是怎么安排的？
B：我打算先到上海，（　　）再飞往北京。

第三部分

第 61－70 题

例如： 您是来参加今天会议的吗？您来早了一点儿，现在才八点半。您先进来坐吧。

★ 会议最可能几点开始？

A 8点　　B 8点半　　C 9点 ✓

61. 周末，我和老公都比较早下班。去接了孩子后，我们一家三口先去饭馆吃晚饭，再坐车回家休息。

★ 根据这段话，可以知道，他们家庭：

A 很幸福　　B 经常吵架　　C 互相不关心

62. 这些年，中国经济虽然取得了快速发展，但是环境污染问题也越来越严重。“保护环境，人人有责。”所以我们应该想办法早日解决这个问题。

★ 经济发展带来了：

A 环保问题　　B 金钱问题　　C 男女平等问题

63. “民以食为天”，这句话可以表示中国饮食文化的最大特点。因为中国人向来注重饮食，“吃”对中国人的文化心理产生了深刻影响。

★ 根据这段话，中国人向来注重：

A 面子　　B 衣着　　C 饮食

64. 各位同学们，今天是开学第一天，我们班转来了一名新同学，大家热烈欢迎他！

★ 开学第一天：

A 学校停课了　　B 老师留了作业　　C 来了一个新同学

65. 中国是一个多民族，多语言的国家，有56个民族，共有80种以上的语言。中国主要有七大方言区，每个方言都各有各的特色。

★ 中国主要有几个方言区？

A 七个　　B 四个　　C 三个

66. 今天弟弟过生日，爸爸下班买了蛋糕回来，妈妈把它切成小块给我们吃。蛋糕又香又甜，我们一下子就把它吃光了。

★ 今天是谁的生日？

A 爸爸　　B 弟弟　　C 我自己

67. 第29届奥林匹克运动会曾于2008年8月8日至24日在中国首都北京举行，有2万多名运动员、教练员和官员参加了北京奥运会。

★ 北京奥运会一共举行了几天？

A 五千多　　B 两万多　　C 十万多

68. 我觉得老李这个人很不错。初次见他的时候，我还以为他是一个很严肃，难以接近的人。可是时间一长，我就发现其实他挺幽默、热情的，是一个爱笑的人。

★ 他觉得老李是一个：

A 严肃的人　　B 难以接近的人　　C 热情的人

69. 一放假，我就跟几个朋友一起到南方旅行。对我们来说，南方的风景到处都很漂亮。到了该回来的时候，我还真舍不得离开。

★ 他认为南方地区怎么样？

A 有点不习惯　　B 很美　　C 不再想去

70. 我的铅笔不见了，你能不能把你的铅笔给我用一下？我用完马上还给你。

★ 他要借的东西是：

A 铅笔　　B 桌子　　C 教科书

三、书写

第一部分

第 71－75 题

例如： 小船　上　一　河　条　有

河上有一条小船。

71. 对　我　这家　餐馆　很满意　服务　的

72. 我　今天　妈妈　做饭　了　帮

73. 只　去过　我　北京　一次

74. 你的　这　双　是　吗　鞋子

75. 把　打开　请　门　你

第二部分

第 76-80 题

例如： 没（ 关 guān ）系，别难过，高兴点儿。

76. 这个店是新开的，看起来很干（ jìng ）。

77. 你对这里的环境习（ guàn ）了没有？

78. 每天努力学习，一定能（ tí ）高自己的汉语水平。

79. 对这次考试的结果，我还是很（ mǎn ）意的。

80. 今天我参加了一场比（ sài ）。

HSK三级模拟试题（一）答案及考点解析

一、听力

第一部分

1. B　2. F　3. A　4. C
5. E　6. B　7. D　8. A
9. C　10. E

第二部分

11. √　12. √　13. ×　14. √
15. ×　16. √　17. ×　18. ×
19. √　20. ×

第三部分

21. B　22. B　23. C　24. A
25. A　26. A　27. C　28. C
29. B　30. B

第四部分

31. C　32. B　33. A　34. C
35. A　36 A　37. B　38. B
39. B　40. C

二、阅读

第一部分

41. C　42. E　43. A　44. D
45. B　46. E　47. D　48. C
49. B　50. A

第二部分

51. B　52. C　53. A　54. D
55. E　56. D　57. A　58. B
59. E　60. C

第三部分

61. A　62. A　63. C　64. C
65. A　66. B　67. B　68. C
69. B　70. A

三、书写

第一部分

71. 我对这家餐馆的服务很满意。
72. 今天我帮妈妈做饭了。
73. 我只去过一次北京。
74. 这双鞋子是你的吗?
75. 请你把门打开。

第二部分

76. 净
77. 惯
78. 提
79. 满
80. 赛

HSK（三级）答题卡

新 汉 语 水 平 考 试
HSK（三级）答题卡

姓名	

国籍	[0] [1] [2] [3] [4] [5] [6] [7] [8] [9]
	[0] [1] [2] [3] [4] [5] [6] [7] [8] [9]
	[0] [1] [2] [3] [4] [5] [6] [7] [8] [9]

性别	男 [1] 女 [2]

序号	[0] [1] [2] [3] [4] [5] [6] [7] [8] [9]
	[0] [1] [2] [3] [4] [5] [6] [7] [8] [9]
	[0] [1] [2] [3] [4] [5] [6] [7] [8] [9]
	[0] [1] [2] [3] [4] [5] [6] [7] [8] [9]
	[0] [1] [2] [3] [4] [5] [6] [7] [8] [9]

考点	[0] [1] [2] [3] [4] [5] [6] [7] [8] [9]
	[0] [1] [2] [3] [4] [5] [6] [7] [8] [9]
	[0] [1] [2] [3] [4] [5] [6] [7] [8] [9]

你是华裔吗？

是 [1]　　不是 [2]

年龄	[0] [1] [2] [3] [4] [5] [6] [7] [8] [9]
	[0] [1] [2] [3] [4] [5] [6] [7] [8] [9]

学习汉语的时间：

2年以下 [1]　2年–3年 [2]　3年–4年 [3]　4年–5年 [4]　5年以上 [5]

注意　请用2B铅笔这样写：▬

一、听力

1.	[A] [B] [C] [D]	6.	[A] [B] [C] [D]
2.	[A] [B] [C] [D]	7.	[A] [B] [C] [D]
3.	[A] [B] [C] [D]	8.	[A] [B] [C] [D]
4.	[A] [B] [C] [D]	9.	[A] [B] [C] [D]
5.	[A] [B] [C] [D]	10.	[A] [B] [C] [D]

11.	[√] [×]	16.	[√] [×]	21.	[A] [B] [C]
12.	[√] [×]	17.	[√] [×]	22.	[A] [B] [C]
13.	[√] [×]	18.	[√] [×]	23.	[A] [B] [C]
14.	[√] [×]	19.	[√] [×]	24.	[A] [B] [C]
15.	[√] [×]	20.	[√] [×]	25.	[A] [B] [C]
26.	[A] [B] [C]	31.	[A] [B] [C]	36.	[A] [B] [C]
27.	[A] [B] [C]	32.	[A] [B] [C]	37.	[A] [B] [C]
28.	[A] [B] [C]	33.	[A] [B] [C]	38.	[A] [B] [C]
29.	[A] [B] [C]	34.	[A] [B] [C]	39.	[A] [B] [C]
30.	[A] [B] [C]	35.	[A] [B] [C]	40.	[A] [B] [C]

二、听力

41.	[A] [B] [C] [D] [F]	46.	[A] [B] [C] [D] [F]
42.	[A] [B] [C] [D] [F]	47.	[A] [B] [C] [D] [F]
43.	[A] [B] [C] [D] [F]	48.	[A] [B] [C] [D] [F]
44.	[A] [B] [C] [D] [F]	49.	[A] [B] [C] [D] [F]
45.	[A] [B] [C] [D] [F]	50.	[A] [B] [C] [D] [F]
51	[A] [B] [C] [D] [F]	56	[A] [B] [C] [D] [F]
52	[A] [B] [C] [D] [F]	57	[A] [B] [C] [D] [F]
53	[A] [B] [C] [D] [F]	58	[A] [B] [C] [D] [F]
54	[A] [B] [C] [D] [F]	59	[A] [B] [C] [D] [F]
55	[A] [B] [C] [D] [F]	60	[A] [B] [C] [D] [F]
61	[A] [B] [C]	66	[A] [B] [C]
62	[A] [B] [C]	67	[A] [B] [C]
63	[A] [B] [C]	68	[A] [B] [C]
64	[A] [B] [C]	69	[A] [B] [C]
65	[A] [B] [C]	70	[A] [B] [C]

三、书写

71. ____________________
72. ____________________
73. ____________________
74. ____________________
75. ____________________

76. ☐　77. ☐　78. ☐　79. ☐　80. ☐

HSK（三级）成绩报告

新 汉 语 水 平 考 试
Chinese Proficiency Test

HSK（三级）成绩报告
HSK (Level 3) Examination Score Report

姓名（Name）：＿＿＿＿＿＿＿＿

性别（Gender）：＿＿＿＿ 国籍（Nationality）：＿＿＿＿

考试时间（Examination Date）：＿＿＿＿年（Year）＿＿月（Month）＿＿日（Day）

编号（No.）：＿＿＿＿＿＿＿＿

	满分（Full Score）	你的分数（Your Score）
听力（Listening）	100	
阅读（Reading）	100	
书写（Writing）	100	
总分（Total Score）	300	

总分180分为合格（Passing Score：180）

主 任
Director ＿＿＿＿＿＿　国家汉办
Hanban

中国 · 北京
Beijing • China

1급 듣기 스크립트

1급 1회

Dàjiā hǎo! Huānyíng cānjiā yījí kǎoshì.
大家好！欢迎参加 HSK（一级）考试。
Dàjiā hǎo! Huānyíng cānjiā yījí kǎoshì.
大家好！欢迎参加 HSK（一级）考试。
Dàjiā hǎo! Huānyíng cānjiā yījí kǎoshì.
大家好！欢迎参加 HSK（一级）考试。

yījí tīnglì kǎoshì fēn sì bùfen, gòng tí.
HSK(一级)听力考试分四部分，共 20 题。
Qǐng dàjiā zhùyì, tīnglì kǎoshì xiànzài kāishǐ.
请大家注意，听力考试现在开始。

Dì-yī bùfen
第一部分

Yígòng ge tí, měi tí tīng liǎng cì.
一共 5 个题，每题听两次。

Lìrú: qī diǎn
例如：七点
chī shuǐguǒ
吃水果

Xiànzài kāishǐ dì tí:
现在开始第 1 题：

xiàyǔ le
1. 下雨了
jiǔ diǎn bàn
2. 九点半
zuò fēijī
3. 坐飞机
kàn shū
4. 看书
chuān yīfu
5. 穿衣服

Dì-èr bùfen
第二部分

Yígòng ge tí, měi tí tīng liǎng cì.
一共 5 个题，每题听两次。

Lìrú: Nà shì wǒ de diànnǎo.
例如：那是我的电脑。
Xiànzài kāishǐ dì tí
现在开始第 6 题：
Jīntiān tiānqì hěn rè.
6. 今天天气很热。
Wǒ jīnnián suì le.
7. 我今年 70 岁了。
Wǒ yào mǎi zhè běn shū.
8. 我要买这本书。
Jīntiān shì xīngqītiān.
9. 今天是星期天。
Wǒ xǐhuan xiàwǔ hē chá.
10. 我喜欢下午喝茶。

Dì-sān bùfen
第三部分

Yígòng ge tí, měi tí tīng liǎng cì.
一共 5 个题，每题听两次。

Lìrú: Jīntiān wǒ qǐng nǐ chī fàn.
例如：女：今天我请你吃饭。
Tài hǎo le, wǒmen qù chī
男：太好了，我们去吃
Zhōngguó cài.
中国菜。

Xiànzài kāishǐ dì tí:
现在开始第 11 题：

Nǐ huì zuò Zhōngguó cài ma?
11. 男：你会做中国菜吗？
Wǒ huì zuò.
女：我会做。
Jīntiān shì jǐ yuè jǐ hào?
12. 女：今天是几月几号？
yuè hào, xīngqīsān.
男：3月19号，星期三。
Zhège xiǎo bēizi duōshao qián?
13. 男：这个小杯子多少钱？
kuài.
女：10块。
Nǐ yào chī shénme ?
14. 女：你要吃什么？
Xiànzài wǒ bú tài è, bù xiǎng chī.
男：现在我不太饿，不想吃。

Nǐ yǒu xiōngdì jiěmèi ma?
15. 男：你 有 兄弟姐妹 吗？

Yǒu, wǒ yǒu yí ge jiějie.
女：有，我 有 一 个 姐姐。

Dì-sì bùfen
第四 部分

Yígòng ge tí, měi tí tīng liǎng cì.
一共 5 个 题，每 题 听 两 次。

Lìrú: Xiàwǔ wǒ qù shāngdiàn, wǒ xiǎng mǎi
例如：下午 我 去 商店，我 想 买
yìxiē shuǐguǒ.
一些 水果。
Tā xiàwǔ qù nǎli?
问：他 下午 去 哪里？

Xiànzài kāishǐ dì tí:
现在 开始 第 16 题：

Xiàwǔ wǒ hé péngyou yìqǐ qù kàn diànyǐng.
16. 下午 我 和 朋友 一起 去 看 电影。
Xiàwǔ tāmen yào zuò shénme?
问：下午 他们 要 做 什么？
Wǒ jīnnián èrshíwǔ suì le, bǐ nǐ dà sān suì.
17. 我 今年 二十五 岁 了，比 你 大 三 岁。
Tā jīnnián duō dà le?
问：他 今年 多 大 了？
Wǒ yǒu yí ge gēge, tā zài yīyuàn gōngzuò.
18. 我 有 一 个 哥哥，他 在 医院 工作。
Tā de gēge zài nǎli gōngzuò?
问：他 的 哥哥 在 哪里 工作？
Wǒ xǐhuan kàn shū, zhèxiē dōu shì wǒ de shū.
19. 我 喜欢 看 书，这些 都 是 我 的 书。
Tā xǐhuan kàn shénme?
问：他 喜欢 看 什么？
Tā bú zài xuéxiào, tā qù yīyuàn le.
20. 他 不 在 学校，他 去 医院 了。
Tā qù nǎr le?
问：他 去 哪儿 了？

Tīnglì kǎoshì xiànzài jiéshù.
听力 考试 现在 结束。

Dàjiā hǎo! Huānyíng cānjiā yījí kǎoshì.
大家 好！欢迎 参加 HSK （一级）考试。
Dàjiā hǎo! Huānyíng cānjiā yījí kǎoshì.
大家 好！欢迎 参加 HSK （一级）考试。
Dàjiā hǎo! Huānyíng cānjiā yījí kǎoshì.
大家 好！欢迎 参加 HSK （一级）考试。

yījí tīnglì kǎoshì fēn sì bùfen, gòng tí.
HSK(一级)听力 考试 分 四 部分，共 20 题。
Qǐng dàjiā zhùyì, tīnglì kǎoshì xiànzài kāishǐ.
请 大家 注意，听力 考试 现在 开始。

Dì-yī bùfen
第一 部分

Yígòng ge tí, měi tí tīng liǎng cì.
一共 5 个 题，每 题 听 两 次。

Lìrú: hěn lěng
例如：很 冷
zài fànguǎn
在 饭馆

Xiànzài kāishǐ dì tí:
现在 开始 第 1 题：

kàn yīshēng
1. 看 医生
chī fàn
2. 吃 饭
zuò fēijī
3. 坐 飞机
mǎi shuǐguǒ
4. 买 水果
zhuōzi hé yǐzi
5. 桌子 和 椅子

Dì-èr bùfen
第二 部分

Yígòng ge tí, měi tí tīng liǎng cì.
一共 5 个 题，每 题 听 两 次。

Lìrú: Nà shì wǒ de shǒutào.
例如：那 是 我 的 手套。

Xiànzài kāishǐ dì tí:
现在 开始 第 6 题：

Wǒ huì shuō Hànyǔ.
6．我 会 说 汉语。

Tā qù qìchēzhàn le.
7．他 去 汽车站 了。

Nǐ zěnme le, bù gāoxìng le?
8．你 怎么 了，不 高兴 了？

Jīntiān shì nián yuè rì, xīngqīwǔ.
9．今天 是 2014 年 7 月 29日，星期五。

Zhè shì wǒ de xiǎomāo.
10．这 是 我 的 小猫。

Dì-sān bùfen
第三 部分

Yígòng ge tí, měi tí tīng liǎng cì.
一共 5 个 题，每 题 听 两 次。

Lìrú: Nǐ hǎo!
例如：女：你 好！

Nǐ hǎo! Hěn gāoxìng rènshi nǐ.
男：你 好！很 高兴 认识 你。

Xiànzài kāishǐ dì tí:
现在 开始 第 11 题：

Jīntiān nǐ hěn piàoliang.
11．男：今天 你 很 漂亮。

Xièxie.
女：谢谢。

Nǐ jiā zài nǎr?
12．女：你 家 在 哪儿？

Wǒ jiā zài xuéxiào hòumiàn.
男：我 家 在 学校 后面。

Xiàwǔ nǐ yào zuò shénme?
13．男：下午 你 要 做 什么？

Wǒ yào qù shāngdiàn mǎi dōngxi.
女：我 要 去 商店 买 东西。

Nǐ duō dà le?
14．女：你 多 大 了？

Wǒ bǐ nǐ xiǎo yí suì.
男：我 比 你 小 一 岁。

Míngtiān wǒ qǐng nǐ chī Zhōngguó cài.
15．男：明天 我 请 你 吃 中国 菜。

Xièxie! Wǒ hěn xǐhuan chī Zhōngguó cài.
女：谢谢！我 很 喜欢 吃 中国 菜。

Dì-sì bùfen
第四 部分

Yígòng ge tí, měi tí tīng liǎng cì.
一共 5 个 题，每 题 听 两 次。

Lìrú: Xiàwǔ wǒ qù shāngdiàn, wǒ xiǎng mǎi
例如：下午 我 去 商店，我 想 买

yìxiē shuǐguǒ.
一些 水果。

Tā xiàwǔ qù nǎli?
问：他 下午 去 哪里？

Xiànzài kāishǐ dì tí:
现在 开始 第 16 题：

Jīntiān shì yuè rì, xīngqīyī.
16．今天 是 11月 15日，星期一。

Jīntiān shì xīngqī jǐ?
问：今天 是 星期 几？

Wǒ yǒu yì zhī xiǎo māo, tā jīnnián sān suì le.
17．我 有 一 只 小 猫，它 今年 三 岁 了。

Tā de xiǎo māo jīnnián jǐ suì le?
问：他 的 小 猫 今年 几 岁 了？

Tā mǎile sān ge píngguǒ, yígòng liù kuài qián.
18．他 买了 三 个 苹果，一共 六 块 钱。

Tā mǎile jǐ ge píngguǒ?
问：他 买了 几 个 苹果？

Wǒ zài xuéxiào xué Hànyǔ, wǒ de Hànyǔ
19．我 在 学校 学 汉语，我 的 汉语

lǎoshī hěn hǎo.
老师 很 好。

Tā zài xué shénme?
问：他 在 学 什么？

Wǒ bù xiǎng chī shuǐguǒ, wǒ xiǎng chī mǐfàn.
20．我 不 想 吃 水果，我 想 吃 米饭。

Tā xiǎng chī shénme?
问：他 想 吃 什么？

Tīnglì kǎoshì xiànzài jiéshù .
听力 考试 现在 结束。

2급 듣기 스크립트

2급 1회

Dàjiā hǎo! Huānyíng cānjiā èrjí kǎoshì.
大家好！欢迎参加HSK（二级）考试。
Dàjiā hǎo! Huānyíng cānjiā èrjí kǎoshì.
大家好！欢迎参加HSK（二级）考试。
Dàjiā hǎo! Huānyíng cānjiā èrjí kǎoshì.
大家好！欢迎参加HSK（二级）考试。

èrjí tīnglì kǎoshì fēn sì bùfen, gòng tí.
HSK(二级)听力考试分四部分，共35题。
Qǐng dàjiā zhùyì, tīnglì kǎoshì xiànzài kāishǐ.
请大家注意，听力考试现在开始。

Dì-yī bùfen
第一部分

Yígòng ge tí, měi tí tīng liǎng cì.
一共10个题，每题听两次。

Lìrú: Píngguǒ hěn piányi, wǒ mǎile yìxiē.
例如：苹果很便宜，我买了一些。
Wǒ měi tiān zuò gōnggòng qìchē qù shàngbān.
我每天坐公共汽车去上班。

Xiànzài kāishǐ dì tí:
现在开始第1题：

Zhè shì wǒ zuì xǐhuan kàn de shū.
1. 这是我最喜欢看的书。
Wǒmen yìqǐ qù hē kāfēi ba.
2. 我们一起去喝咖啡吧。
Tā měi tiān dōu yào duànliàn shēntǐ.
3. 他每天都要锻炼身体。
Tā zhèngzài pǎobù ne.
4. 她正在跑步呢。
Nǐ chànggē chàngde hěn búcuò.
5. 你唱歌唱得很不错。
Nǐ de yǎnjing hěn piàoliang.
6. 你的眼睛很漂亮。
Nǐ huì dǎ lánqiú ma?
7. 你会打篮球吗？
Wǒ de xuéxiào lí zhèr hěn yuǎn.
8. 我的学校离这儿很远。
Wǒ mǎile yí ge xīn diànshì.
9. 我买了一个新电视。
Zhāng xiǎojiě de māo shì báisè de.
10. 张小姐的猫是白色的。

Dì-èr bùfen
第二部分

Yígòng ge tí, měi tí tīng liǎng cì.
一共10个题，每题听两次。

Lìrú: Nǐ xǐhuan shénme yùndòng?
例如：男：你喜欢什么运动？
Wǒ zuì xǐhuan tī zúqiú.
女：我最喜欢踢足球。

Xiànzài kāishǐ dì dào tí:
现在开始第11到15题：

11.
Shéi lái huídá zhège wèntí?
男：谁来回答这个问题？
Lǎoshī, wǒ!
女：老师，我！
12.
Zhè bù diànyǐng hǎo bu hǎokàn?
女：这部电影好不好看？
Wǒ juéde hěn hǎokàn.
男：我觉得很好看。
13.
Hǎojiǔ bújiàn. Zuìjìn guòde zěnmeyàng?
男：好久不见。最近过得怎么样？
Hěn hǎo. Búguò yǒudiǎn máng.
女：很好。不过有点忙。
14.
Zhège yào yì tiān chī jǐ cì ne?
女：这个药一天吃几次呢？
Yīshēng shuō yì tiān chī sān cì.
男：医生说一天吃三次。
15.
Jīntiān tiānqì zěnme zhème lěng ne?
女：今天天气怎么这么冷呢？
Yīnwèi jīntiān zǎoshang xiàyǔ le.
男：因为今天早上下雨了。

Xiànzài kāishǐ dì dào tí:
现在开始第16到20题：

16.

Tīngshuō zhè jiā fànguǎn de cài hěn hǎochī.
男：听说 这 家 饭馆 的 菜 很 好吃。

Shì ma? Nà míngtiān wǒmen yìqǐ qù chángchang ba.
女：是 吗？那 明天 我们 一起 去 尝尝 吧。

17.

Dàjiā dōu zhǔnbèi hǎo le ma?
男：大家 都 准备 好 了 吗？

Méi wèntí, kěyǐ kāishǐ le.
女：没 问题，可以 开始 了。

18.

Zhège diànnǎo shì shénme shíhou mǎi de?
女：这个 电脑 是 什么 时候 买 的？

Jīntiān zhōngwǔ.
男：今天 中午。

19.

Nǐ zhīdào Xiǎo Wáng zài nǎr ma?
男：你 知道 小王 在 哪儿 吗？

Wǒ yě zhèngzài zhǎo tā ne.
女：我 也 正在 找 他 呢。

20.

Wǒ xǐhuan zhè jiàn hóngsè de.
男：我 喜欢 这 件 红色 的。

Wǒ yě shì, dànshì bù piányi.
女：我 也 是，但是 不 便宜。

Dì-sān bùfen

第三 部分

Yígòng ge tí, měi tí tīng liǎng cì.
一共 10个 题，每 题 听 两 次。

Lìrú: Xiǎo Wáng, zhèli yǒu jǐ ge bēizi, nǎge shì nǐ de?
例如：男：小王， 这里 有 几 个 杯子，哪个 是 你 的？

Zuǒbian nàge hóngsè de shì wǒ de.
女：左边 那个 红色 的 是 我 的。

Xiǎo Wáng de bēizi shì shénme yánsè de?
问：小王 的 杯子 是 什么 颜色 的？

Xiànzài kāishǐ dì tí:
现在 开始 第 21 题：

21.

Zuótiān shàngwǔ dàjiā yìqǐ tī zúqiú, nǐ wèishénme méi lái?
女：昨天 上午 大家 一起 踢 足球，你 为什么 没 来？

Yīnwèi wǒ zuótiān tài lèi le, yìzhí shuìdào zhōngwǔ diǎn.
男：因为 我 昨天 太 累 了，一直 睡到 中午 12 点。

Zuótiān shàngwǔ, nán de wèishénme méi lái?
问：昨天 上午，男 的 为什么 没 来？

22.

Māma, wǒ è le, xiànzài kěyǐ chī ma?
男：妈妈，我 饿 了，现在 可以 吃 吗？

Xiànzài bùxíng, wǒmen děng bàba huílai zài yìqǐ chī, hǎo ma?
女：现在 不行，我们 等 爸爸 回来 再 一起 吃，好 吗？

Tāmen zhèngzài děng shéi?
问：他们 正在 等 谁？

23.

Qǐng bú yào zài gōnggòng chǎngsuǒ chōuyān.
女：请 不 要 在 公共 场所 抽烟。

Duìbuqǐ. Qǐngwèn wǒ kěyǐ zài nǎli chōuyān ne?
男：对不起。请问 我 可以 在 哪里 抽烟 呢？

Zài gōnggòng chǎngsuǒ shénme shìqing shì bù kěyǐ zuò de?
问：在 公共 场所 什么 事情 是 不 可以 做 的？

24.

Xiànzài cái diǎn, nǐ jīntiān zěnme qǐlái zhème zǎo a?
男：现在 才 6 点，你 今天 怎么 起来 这么 早 啊？

Cóng jīntiān kāishǐ, wǒ yào měi tiān zǎochen jiānchí pǎobù, duànliàn shēntǐ.
女：从 今天 开始，我 要 每 天 早晨 坚持 跑步，锻炼 身体。

Nǚ de wèishénme zǎo qǐ le?
问：女 的 为什么 早 起 了？

25.

Nǐ yào hē kāfēi háishi hē chá?
男：你 要 喝 咖啡 还是 喝 茶？

Xièxie, wǒ bù kě.
女：谢谢，我 不 渴。

Nǚ de shì shénme yìsi?
问：女的是什么意思？

26.

Shíjiān yǐjīng bù zǎo le, wǒ xiǎng wǒ gāi huí jiā le.
女：时间已经不早了，我想我该回家了。

Míngtiān shì zhōumò, nǐ duō zuò yíhuìr ba.
男：明天是周末，你多坐一会儿吧。

Nán de shì shénme yìsi?
问：男的是什么意思？

27.

Nǐ rènshi Chén xiānsheng pángbiān nàge rén ma?
男：你认识陈先生旁边那个人吗？

Rènshi, tā jiùshì Chén xiānsheng de àirén.
女：认识，她就是陈先生的爱人。

Chén xiānsheng pángbiān de rén shì shéi?
问：陈先生旁边的人是谁？

28.

Gōngyuánli yǒu hǎoduō gǒu a! Nǐ de gǒu shì nǎ yì zhī?
女：公园里有好多狗啊！你的狗是哪一只？

Nà zhī báisè de xiǎo gǒu jiùshì wǒmen jiā de.
男：那只白色的小狗就是我们家的。

Nán de xiǎo gǒu shì shénme yánsè de?
问：男的小狗是什么颜色的？

29.

Tiānqì yùbào shuō, jīntiān shì yīntiān, míngtiān yǒu yǔ.
男：天气预报说，今天是阴天，明天有雨。

Zuìjìn tiāntiān xiàyǔ, wàichū huódòng bù fāngbiàn.
女：最近天天下雨，外出活动不方便。

Tiānqì yùbào shuō jīntiān tiānqì zěnmeyàng?
问：天气预报说今天天气怎么样？

30.

Zhège shāngdiàn yìbān jǐ diǎn guānmén?
女：这个商店一般几点关门？

Yìbān wǎnshang shí diǎn bàn guānmén.
男：一般晚上十点半关门

Shāngdiàn shénme shíhou guānmén?
问：商店什么时候关门？

Dì-sì bùfen

第四部分

Yígòng ge tí, měi tí tīng liǎng cì.
一共 5 个题，每题听两次。

Lìrú: Qǐng zài zhèr xiě nín de míngzi.
例如：女：请在这儿写您的名字。

Shì zhèr ma?
男：是这儿吗？

Bú shì, shì zhèr.
女：不是，是这儿。

Hǎo, xièxie.
男：好，谢谢。

Nán de yào xiě shénme?
问：男的要写什么？

Xiànzài kāishǐ dì tí:
现在开始第 31 题：

31.

Míngtiān wǒmen yào kāihuì, shéi néng lái?
男：明天我们要开会，谁能来？

Xiǎo Zhāng hé Xiǎo Lǐ néng lái, míngtiān wǒ yǒu shì, bù néng cānjiā huìyì le.
女：小张和小李能来，明天我有事，不能参加会议了。

Kǒngpà wǒ yě lái bù liǎo. Duì le, Xiǎo Wáng shuō tā néng cānjiā huìyì ma?
男：恐怕我也来不了。对了，小王说他能参加会议吗？

Tā shuō tā néng lái.
女：他说他能来。

Míngtiān de huìyì kěnéng yǒu jǐ ge rén cānjiā?
问：明天的会议可能有几个人参加？

32.

Wǒ xiǎng mǎi shí jīn píngguǒ. Yígòng duōshao qián?
女：我想买十斤苹果。一共多少钱？

Píngguǒ wǔ kuài qián yì jīn, yígòng wǔshí kuài.
男：苹果五块钱一斤，一共五十块。

Néng bu néng piányi yìdiǎnr?
女：能不能便宜一点儿？

Nà gěi nǐ dǎ jiǔ zhé ba.
男：那给你打九折吧。

Nǚ de yào fù duōshao qián?
问：女 的 要 付 多少 钱？

33.

Míngtiān wǒ de péngyou yào chūguó le.
男：明天 我 的 朋友 要 出国 了。

Nǐ yào sòng tā qù jīchǎng ma?
女：你 要 送 他 去 机场 吗？

Shì, míngtiān tā zuò liǎng diǎn bàn de fēijī.
男：是，明天 他 坐 两 点 半 的 飞机。

Nǐmen zuìhǎo tíqián liǎng ge xiǎoshí dào jīchǎng.
女：你们 最好 提前 两 个 小时 到 机场。

Nǚ de rènwéi tāmen zuìhǎo jǐ diǎn dào jīchǎng?
问：女 的 认为 他们 最好 几 点 到 机场？

34.

Nǐ zhǎo dào wǒ jiā le ma?
女：你 找 到 我 家 了 吗？

Wǒ hái zài nǐ jiā fùjìn ne. Shì zài shāngdiàn de hòumiàn ma?
男：我 还 在 你 家 附近 呢。是 在 商店 的 后面 吗？

Bù , shì xuéxiào de pángbiān.
女：不，是 学校 的 旁边。

Hǎo, wǒ mǎshàng dào.
男：好，我 马上 到。

Nǚ de jiā zài shénme dìfang?
问：女 的 家 在 什么 地方？

35.

Wéi , nǐ hǎo. Xiǎo Wáng zài ma?
女：喂，你 好。 小王 在 吗？

Wǒ jiù shì. Qǐngwèn nǐ shì nǎ yí wèi?
男：我 就 是。请问 你 是 哪 一 位？

Xiǎo Wáng, wǒ shì Xiǎo Zhāng. Zhège zhōumò nǐ néng bāng wǒ yí ge máng ma?
女：小王，我 是 小张。 这个 周末 你 能 帮 我 一 个 忙 吗？

Méi wèntí. Shénme shì?
男：没 问题。什么 事？

Nǚ de gěi nán de dǎ diànhuà de mùdì shì shénme?
问：女 的 给 男 的 打 电话 的 目的 是 什么？

Tīnglì kǎoshì xiànzài jiéshù.
听力 考试 现在 结束。

2급 2회

Dàjiā hǎo! Huānyíng cānjiā èrjí kǎoshì.
大家 好！ 欢迎 参加 HSK （二级）考试。

Dàjiā hǎo! Huānyíng cānjiā èrjí kǎoshì.
大家 好！ 欢迎 参加 HSK （二级）考试。

Dàjiā hǎo! Huānyíng cānjiā èrjí kǎoshì.
大家 好！ 欢迎 参加 HSK （二级）考试。

èrjí tīnglì kǎoshì fēn sì bùfen, gòng tí.
HSK(二级)听力 考试 分 四 部分，共 35 题。

Qǐng dàjiā zhùyì, tīnglì kǎoshì xiànzài kāishǐ.
请 大家 注意，听力 考试 现在 开始。

Dì-yī bùfen
第一 部分

Yígòng ge tí, měi tí tīng liǎng cì.
一共 10个 题，每 题 听 两 次。

Lìrú: Wǒmen jiā yǒu sān ge rén.
例如：我们 家 有 三 个 人。

Wǒ měi tiān zuò gōnggòng qìchē qù shàngbān.
我 每天 坐 公共汽车 去 上班。

Xiànzài kāishǐ dì tí:
现在 开始 第 1 题：

Wǒ měi tiān diǎn qǐchuáng.
1. 我 每 天 6 点 起床。

Nǐ chuān de yīfu hěn piàoliang.
2. 你 穿 的 衣服 很 漂亮。

Wàimiàn zhèngzài xiàyǔ ne.
3. 外面 正在 下雨 呢。

Zhège niúnǎi hěn hǎohē.
4. 这个 牛奶 很 好喝。

Nǐ zhǔnbèi hǎo le ma?
5. 你 准备 好 了 吗？

Zuìjìn zhèxiē xīguā màide hěn guì.
6. 最近 这些 西瓜 卖得 很 贵。

Zuótiān wǒ mǎile yí kuài shǒubiǎo.
7. 昨天 我 买了 一 块 手表。

Xiàzhōu wǒ yào qù Zhōngguó lǚyóu le.
8. 下周 我 要 去 中国 旅游 了。

Wǒ shì zuò huǒchē lái Běijīng de.
9. 我 是 坐 火车 来 北京 的。

Kuài diǎn le, tāmen hái zài liáotiān ne.
10. 快 12 点 了，他们 还 在 聊天 呢。

Dì-èr bùfen

第二 部分

Yígòng ge tí, měi tí tīng liǎng cì.
一共 10 个 题，每 题 听 两 次。

Lìrú: Nǐ xǐhuan shénme yùndòng?
例如：男：你 喜欢 什么 运动？
Wǒ zuì xǐhuan tī zúqiú.
女：我 最 喜欢 踢 足球。

Xiànzài kāishǐ dì dào tí:
现在 开始 第 11 到 15 题：

Qǐngwèn, Běijīng Huǒchēzhàn lí zhèr
11. 女：请问， 北京 火车站 离 这儿
yuǎn ma?
远 吗？
Yìdiǎnr yě bù yuǎn, wǎng zhèbian zǒu
男：一点儿 也 不 远，往 这边 走
jǐ fēnzhōng jiù néng dào.
几 分钟 就 能 到。
Wǒ jièshào yíxià, zhè wèi shì Wáng
12. 男：我 介绍 一下，这 位 是 王
lǎoshī, tā shì wǒmen de Hànyǔ lǎoshī.
老师，她 是 我们 的 汉语 老师。
Wáng lǎoshī, nín hǎo. Rènshi nín hěn gāoxìng.
女：王 老师，您 好。认识 您 很 高兴。
Xiàzhōu wǒ jiù yào huí Běijīng le.
13. 女：下周 我 就 要 回 北京 了。
Xīwàng wǒmen néng zàicì jiànmiàn.
男：希望 我们 能 再次 见面。
Kuài kāixué le, zuòyè zuòwán le ma?
14. 女：快 开学 了，作业 做完 了 吗？
Wǒ hái méi zuòwán ne.
男：我 还 没 做完 呢。
Gǎitiān yǒu shíjiān dào wǒ jiā lái wánwan.
15. 男：改天 有 时间 到 我 家 来 玩玩。
Hǎo, xièxie, yídìng!
女：好，谢谢，一定！

Xiànzài kāishǐ dì dào tí:
现在 开始 第 16 到 20 题：

Wǒ shēntǐ bù shūfu, yìzhí juéde hěn lěng.
16. 女：我 身体 不 舒服，一直 觉得 很 冷。
Nǐ shìbushì gǎnmào le?
男：你 是不是 感冒 了？
Xiàwǔ nǐ yào qù shāngdiàn ma?
17. 男：下午 你 要 去 商店 吗？
Shì, wǒ yào mǎi yìxiē jīdàn hé niúnǎi.
女：是，我 要 买 一些 鸡蛋 和 牛奶。
Zhè shì wǒ zuì xǐhuan chuān de yīfu.
18. 男：这 是 我 最 喜欢 穿 的 衣服。
Wǒ juéde yánsè hěn hǎokàn.
女：我 觉得 颜色 很 好看。
Wǒmen shénme shíhou chūfā?
19. 女：我们 什么 时候 出发？
Xiànzài wàimiàn xiàzhe yǔ, wǒmen
男：现在 外面 下着 雨，我们
zài děng yíhuìr ba.
再 等 一会儿 吧。
Nǐ huì bu huì xiě Hànzì?
20. 男：你 会 不 会 写 汉字？
Huì shì huì, dàn xiěde bù zěnme hǎokàn.
女：会 是 会，但 写得 不 怎么 好看。

Dì-sān bùfen

第三 部分

Yígòng ge tí, měi tí tīng liǎng cì.
一共 10个 题，每 题 听 两 次。

Lìrú: Xiǎo Wáng, zhèli yǒu jǐ ge bēizi,
例如：男：小王， 这里 有 几 个 杯子，
nǎge shì nǐ de?
哪个 是 你 的？
Zuǒbian nàge hóngsè de shì wǒ de.
女：左边 那个 红色 的 是 我 的。
Xiǎo Wáng de bēizi shì shénme
问：小王 的 杯子 是 什么
yánsè de?
颜色 的？

Xiànzài kāishǐ dì tí:
现在 开始 第 21 题：

21.
Zhōusì shì wǒ mèimei de shēngrì.
男：周四 是 我 妹妹 的 生日。
Wǒ yào sòng yí fèn xiǎo lǐwù gěi tā.
我 要 送 一 份 小 礼物 给 她。
Tā yídìng huì hěn gāoxìng.
女：她 一定 会 很 高兴。
Mèimei de shēngrì shì nǎ tiān?
问：妹妹 的 生日 是 哪 天？

22.
Dào le. Nǐ kàn, zhè jiù shì wǒ jiā.
女：到 了。你 看，这 就 是 我 家。
Nǐ jiā zhēn piàoliang.
男：你 家 真 漂亮。
Nán de juéde tā de jiā zěnmeyàng?
问：男 的 觉得 她 的 家 怎么样？

23.
Jīntiān shēntǐ zěnmeyàng?
男：今天 身体 怎么样？
Zuótiān chī yào xiūxile yì tiān, yǐjīng
女：昨天 吃 药 休息了 一 天，已经
hǎo duō le. Xièxie nǐ de guānxīn.
好 多 了。谢谢 你 的 关心。
Xiànzài tā de shēntǐ zěnmeyàng?
问：现在 她 的 身体 怎么样？

24.
Xiànzài kěyǐ chī le ma?
男：现在 可以 吃 了 吗？
Hái bùxíng, xiān xǐshǒu zài lái chī.
女：还 不行，先 洗手 再 来 吃。
Nǚ de ràng nán de zuò shénme?
问：女 的 让 男 的 做 什么？

25.
Zuótiān nǐ zěnme méi lái?
女：昨天 你 怎么 没 来？
Zuótiān wǒ de dìdi shēngbìng le, wǒ dài
男：昨天 我 的 弟弟 生病 了，我 带
tā qù kàn yīshēng, suǒyǐ méi néng lái.
他 去 看 医生，所以 没 能 来。
Zuótiān tā wèishénme méi néng lái?
问：昨天 他 为什么 没 能 来？

26.
Nǐ juédìng le méiyǒu?
男：你 决定 了 没有？
Hái méiyǒu, ràng wǒ zài xiǎng yi xiǎng.
女：还 没有，让 我 再 想 一 想。
Nǚ de shì shénme yìsi?
问：女 的 是 什么 意思？

27.
Míngtiān wǒmen yào kāihuì le, wǒ yě
女：明天 我们 要 开会 了，我 也
cānjiā, háiyǒu shéi néng lái?
参加，还有 谁 能 来？
Xiǎo Wáng, Xiǎo Zhāng hé wǒ. Xiǎo Lǐ shuō
男：小王， 小张 和 我。小李 说
jiāli yǒu shì, lái bu liǎo le.
家里 有 事，来 不 了 了。
Míngtiān yǒu jǐ ge rén cānjiā huìyì?
问：明天 有 几 个 人 参加 会议？

28.
Wǒ yào mǎi liǎng zhāng kāi wǎng Běijīng
女：我 要 买 两 张 开 往 北京
de wòpù piào.
的 卧铺 票。
Duìbuqǐ, piào yǐjīng mài guāng le.
男：对不起，票 已经 卖 光 了。
Nán de shì shénme yìsi?
问：男 的 是 什么 意思？

29.
Zhè cì kǎoshì kǎode zěnmeyàng?
男：这 次 考试 考得 怎么样？
Wǒ chàdiǎn dé mǎnfēn, kě dá cuòle yí dào
女：我 差点 得 满分，可 答 错了 一 道
tí, bèi kòule fēn.
题，被 扣了 5 分。
Zhè cì kǎoshì nǚ de hái chà jǐ fēn mǎnfēn?
问：这 次 考试 女 的 还 差 几 分 满分？

30.
Xiǎo Lǐ, nǐ wèishénme xué Hànyǔ?
男：小李，你 为什么 学 汉语？
Yīnwèi wǒ hěn xǐhuan kàn Zhōngguó
女：因为 我 很 喜欢 看 中国
diànshìjù. Wǒ xiǎng tīng dǒng tāmen shuō
电视剧。我 想 听 懂 他们 说
de huà.
的 话。
Xiǎo Lǐ wèishénme xué Hànyǔ?
问：小李 为什么 学 汉语？

Dì-sì bùfen
第四 部分

Yígòng ge tí, měi tí tīng liǎng cì.
一共 5 个 题，每 题 听 两 次。

Lìrú: Qǐng zài zhèr xiě nín de míngzi.
例如：女：请 在 这儿 写 您 的 名字。

Shì zhèr ma?
男：是 这儿 吗？

Bú shì, shì zhèr.
女：不 是，是 这儿。

Hǎo, xièxie.
男：好，谢谢。

Nán de yào xiě shénme?
问：男 的 要 写 什么？

Xiànzài kāishǐ dì tí:
现在 开始 第 31 题：

31.

Kuài jiǔ diǎn le, wǒ xiǎng wǒ gāi huí jiā le.
男：快 九 点 了，我 想 我 该 回 家 了。

Shíjiān guòde zhēn kuài, nǐ néng yí ge rén huí jiā ma?
女：时间 过得 真 快，你 能 一 个 人 回 家 吗？

Méi wèntí, qǐng nín liúbù.
男：没 问题，请 您 留步。

Nà wǒ bú sòng nǐ le. Lùshang xiǎoxīn.
女：那 我 不 送 你 了。路上 小心。

Xiànzài liǎng ge rén zuì kěnéng zài nǎli?
问：现在 两 个 人 最 可能 在 哪里？

32.

Nǐ yě shì dì-yī cì lái Běijīng ma?
男：你 也 是 第一 次 来 北京 吗？

Bù, qiánnián wǒ láiguo Běijīng.
女：不，前年 我 来过 北京。

Nǐ yě qùguo Shànghǎi ma?
男：你 也 去过 上海 吗？

Shànghǎi wǒ hái méi qùguo.
女：上海 我 还 没 去过。

Nán de láiguo jǐ cì Běijīng?
问：男 的 来过 几 次 北京？

33.

Jīntiān wǎnshang wǒmen yào zuò jǐ diǎn de huǒchē?
男：今天 晚上 我们 要 坐 几 点 的 火车？

Qī diǎn bàn. Wǒmen háiyǒu yí ge xiǎoshí ne.
女：七 点 半。我们 还有 一 个 小时 呢。

Wǒmen dǎsuan shénme shíhou chūfā?
男：我们 打算 什么 时候 出发？

Nǐ shénme shíhou zhǔnbèi hǎo, wǒmen jiù shénme shíhou chūfā.
女：你 什么 时候 准备 好，我们 就 什么 时候 出发。

Xiànzài jǐ diǎn?
问：现在 几 点？

34.

Zhèxiē shuǐguǒ zěnme mài?
男：这些 水果 怎么 卖？

Píngguǒ wǔ kuài qián yì jīn, xiāngjiāo sān kuài qián yì jīn.
女：苹果 五 块 钱 一 斤，香蕉 三 块 钱 一 斤。

Wǒ mǎi liǎng jīn píngguǒ hé yì jīn xiāngjiāo.
男：我 买 两 斤 苹果 和 一 斤 香蕉。

Hǎo de.
女：好 的。

Tā yígòng mǎi duōshao qián de shuǐguǒ?
问：他 一共 买 多少 钱 的 水果？

35.

Nǐ néng kàndǒng Zhōngwén bàozhǐ ma?
男：你 能 看懂 中文 报纸 吗？

Wǒ kàn de dǒng yìdiǎndiǎn. Búguò yǒu xiē zì tài nán le, wǒ kàn bu dǒng.
女：我 看 得 懂 一点点。不过 有 些 字 太 难 了，我 看 不 懂。

Nǐ hěn lìhai. Nǐ xuéle jǐ nián de Hànyǔ le?
男：你 很 厉害。你 学了 几 年 的 汉语 了？

Wǒ xué Hànyǔ yǐjīng bànnián duō le.
女：我 学 汉语 已经 半年 多 了。

Nǚ de dàgài xuéle duōcháng shíjiān de Hànyǔ?
问：女 的 大概 学了 多长时间 的 汉语？

Tīnglì kǎoshì xiànzài jiéshù.
听力 考试 现在 结束。

3급 듣기 스크립트

3급 1회

大家好！欢迎参加HSK（三级）考试。
大家好！欢迎参加HSK（三级）考试。
大家好！欢迎参加HSK（三级）考试。

HSK（三级）听力考试分四部分，共40题。
请大家注意，听力考试现在开始。

第一部分

一共10个题，每题听两次。

例如：男：喂，请问张经理在吗？
女：他在开会，您半个小时以后再打，好吗？

现在开始第1到5题：

1. 女：天哪，你这是怎么了？全身都淋雨了！
男：哎呀，别提了，我忘了带伞，衣服和头发全湿了。
2. 女：小王，你这里写错了，应该是"菜"，不是"茶"。
男：不好意思，我改写一下。
3. 女：老公，你去超市帮我买一些鸡蛋好吗？
男：没问题，我马上去买。
4. 女：吃完饭我们一起去咖啡厅喝杯咖啡怎么样？
男：好，我们先点菜吧。
5. 女：师傅，火车时间快到了，麻烦您开快点儿。
男：路上堵车很厉害，我也没办法呀。

现在开始第6到10题：

6. 女：明天是圣诞节，街道上人很多呀！
男：是啊，他们在买送给家人的礼物呢。
7. 男：老师，今天我可以请个假吗？我的身体有点不舒服。
女：当然可以。生病就应该多休息。
8. 女：不要老看电视，对眼睛不好。
男：知道了，可是这个节目太有意思了，你也来看看。
9. 男：我看你的个子很高，你有多高？
女：一米八，在班上我的个子最高。
10. 男：老师，这个词的意思您能不能再解释一下？
女：没问题，有什么不懂的就多问问。

第二部分

一共10个题，每题听两次。

例如：为了让自己更健康，他每天都花一个小时去锻炼身体。
★ 他希望自己身体很健康。
今天我想早点儿回家。看了看手表，才5点。过了一会儿再看表，还是5点，我这才发现我的手表不走了。
★ 那块儿手表不是他的。

11. 你的汉语发音很准，简直和中国人没什么两样。
★他的发音比中国人差了很多。
12. 时间还早，而且今天你也难得到我家来，就多坐会儿吧！
★ 他们经常见面。
13. 9月18日我们要结婚了，你一定要来参加我们的婚礼，祝福我们！
★ 他们快要结婚了。
14. 昨天在路上偶然遇见了很多年没见的初中老师，她很亲切地问候我。
★ 老师没有认出我。
15. 不好意思，先生。打扰您休息了，不过，我好像有些晕车了，想坐在窗边看看外面风景。不知道能不能和您换一下座位呢？
★ 他要和一位先生换座位。
16. 刚开始学汉语的时候，我的中文写作水平不太好。可是遇到张老师以后，我的作文能力有了很大的进步。

★ 他的中文写作水平一直都很好。

17. 当你在跑步时，会感到心脏跳得很快。这是因为我们的身体活动的时候，需要的营养比安静时多，所以心脏输出的血量也必须相应增加才能满足它的需要。

★ 当我们跑步时，我们的心脏会跳得更快。

18. 中国是茶叶大国，其中的一个表现就是茶的品种特别多。现在中国有一千多种茶叶。

★ 中国的茶叶品种多样。

19. 中国有句俗话说："人是衣裳马是鞍"。意思是服装给别人的印象是相当大的。

★ 服装对人非常重要。

20. 今天早上，骑车去上课的路上，我差点儿出了车祸。好不容易到学校时课已经开始了10多分钟了。我向老师解释迟到的原因，请求原谅。老师听了我的解释后，没有责怪我。

★ 他今天差点儿出了车祸。

第三部分

一共10个题，每题听两次。

例如：男：小王，帮我开一下门，好吗？谢谢！
女：没问题。您去超市了？买了这么多东西。
问：男的想让小王做什么？

现在开始第21题：

21. 女：我不喜欢这条裤子的颜色。
男：可是这条还挺适合你的呀。
问：女的为什么不喜欢裤子？

22. 男：昨晚和朋友打了很长时间的电话，到了凌晨才睡。
女：怪不得，你今天看起来没精神！
问：男的昨晚做了什么？

23. 女：我快迟到了。现在几点了？
男：现在已经两点一刻了。
问：现在几点了？

24. 男：这里的菜很好吃。
女：虽然味道还不错，但是服务态度很差。
问：女的对这家餐厅的看法是？

25. 女：今天的月亮很圆，很亮，对不对？
男：对， 因为中秋节快到了。
问：什么节日快要到了？

26. 女：你怎么突然到我这儿来了？我还以为是小偷进来呢！
男：我是想给你一个惊喜！
问：他们现在在哪儿？

27. 男：老师对我们的要求太严格了。
女：他都是为了让我们更加努力学习。
问：他们的老师怎么样？

28. 女：您哪里不舒服？
男：从昨天开始我一直在发烧、咳嗽，什么东西也吃不下。
问：他最可能在什么地方？

29. 女：你有什么爱好兴趣？
男：只要是运动，我都喜欢，其中，我特别爱打篮球。
问：男的最喜欢什么运动？

30. 男：张总，您觉得刚才那个人怎么样？
女：还好，不过我觉得他不太适合我们公司。
问：女的是什么意思？

第四部分

一共10个题，每题听两次。

例如：女：晚饭做好了，准备吃饭了。
男：等一会儿，比赛还有三分钟就结束了。
女：快点儿吧，一起吃，菜冷了就不好吃了。
男：你先吃，我马上就看完了。
问：男的在做什么？

现在开始第31题：

31. 女：昨天晚上的表演真是太棒了。

男：对，他们穿的衣服也很漂亮。
女：我特别喜欢女主角的表演。
男：她是一个很有名的舞台演员。
问：昨天他们做了什么？

32. 男：这是我上周在这里买的一双鞋子，可是我穿起来太小了，可以换吗？
女：当然可以。您要一样的款式吗？
男：是，可是我想换换颜色。
女：好的，请您稍等一下，我马上去找。
问：他要换什么？

33.女：你怎么出了一身汗？
男：电梯坏了，所以我爬楼梯上来的。
女：那你应该渴了吧。来，喝点水。
男：谢谢你。
问：男的为什么爬楼梯？

34. 女：还不睡吗？
男：我再学习一会儿就去睡觉。
女：你不要太累着自己了。
男：好，我知道了，妈妈您先去睡吧。
问：男的在做什么？

35. 男：不好意思，我要去地图上的这个地方，可是我不知道怎么走。
女：这个地方离这儿很近。要不我带你去吧，好吗？
男：谢谢你！你很亲切。
女：不客气。
问：男的在做什么？

36. 女：我妈妈老说我的裙子太短了。
男：说实话，我也觉得有点短。
女：她也总是不满意我的发型。
男：要理解她，这都是因为她关心你。
问：他们在谈谁？

37. 女：欢迎光临！需要帮忙吗？
男：不，我只是想随便看一看。
女：那您先看看，如果有需要随时叫我。
男：好的。
问：男的在做什么？

38. 男：这次考试很简单。除了生物课以外，数学、英语、历史都不怎么难。
女：可是我考得不太好。
男：没关系，下次努力就行了。
女：我真不想让爸爸妈妈失望。
问：这次考试怎么样？

39. 女：真气死我了！
男：怎么了？有什么不高兴的事？
女：刚才在公园有一只狗向我冲过来，把我的衣服弄脏了。
男：那狗主人呢？他没有向你道歉吗？
问：女人为什么生气了？

40. 男：小张，这本书挺有意思的，能借给我看看吗？
女：这书不是我的，是小李的。
男：我看完就直接还给她，好吗？
女：我先给她打电话问问，再告诉你。
问：书是谁的？

听力考试现在结束。

大家好！ 欢迎参加HSK（三级）考试。
大家好！ 欢迎参加HSK（三级）考试。
大家好！ 欢迎参加HSK（三级）考试。

HSK（三级）听力考试分四部分，共40题。
请大家注意，听力考试现在开始。

第一部分

一共10个题，每题听两次。

例如：男：喂，请问张经理在吗?
女：他在开会，您半个小时以后再打，好吗?

现在开始第1到5题：

1. 女：这是谁画的呀？好漂亮！
男：是我妹妹画的。她今年七岁。
2. 女：您好，是张先生吧？我是小李。幸会，幸会！
男：小李，你好，认识你很高兴！
3. 女：今天你怎么这么晚才回来?
男：我是希望早些回来的，但是同事们就不让我走。
4. 男：我要下车，请你让一让。
女：人太多了，我也走不动呢。
5. 男：对不起，您不能带宠物狗进店。
女：是吗？对不起，我以后再来。

现在开始第6到10题：

6. 女：今天小明没来上课，说突然发烧了。
男：没想到他的感冒有那么严重。
7. 男：小姐，请让我检查您的车票。
女：好，请等一下，我马上拿出来给你看看。
8. 女：哎呀，我忘了带护照，怎么办呢?
男：没有护照就不能出国，你赶快往家打电话让妹妹找一下。
9. 男：今天你去哪儿了？手上还拿着这么多东西。
女：我和朋友去逛街买东西了。
10. 女：哇，你踢足球踢得真不错！
男：每天放学后，我都要和几个男同学一起踢球。

第二部分

一共10个题，每题听两次。

例如：为了让自己更健康，他每天都花一个小时去锻炼身体。
★ 他希望自己身体很健康。
今天我想早点儿回家。看了看手表，才5点。过了一会儿再看表，还是5点，我这才发现我的手表不走了。
★ 那块儿手表不是他的。

11. 还记得，小的时候我最怕去医院，尤其是牙科。所以当时牙齿再痛我也忍着，连药都不肯吃。
★ 他小时候害怕去医院。
12. 上午吃早餐花了十块钱，中午坐公共汽车花了两块钱，刚才去商店买了些菜又花了八块钱。
★ 今天总共花了二十块钱。
13. 在中国，女人在社会上的地位并不低于男人。中国有句话叫“女人能顶半边天”，意思是男人能干的事情，女人也能干。女人也可以为社会的发展发挥和男人一样的作用。
★ 中国女性的社会地位不太高。
14. 上海是中国经济的中心，而且上海人非常时尚，街道上的女性都打扮得漂漂亮亮的。
★ 上海人很时髦。
15. 今天早上起床的时候，听见有几只鸟在树上吱吱喳喳地叫着。有一只鸟的颜色是黄色，其他鸟的颜色是黑色和白色。
★ 树上一共有两只鸟。

16. 明天我就要出国留学了，第一次离开家，心里还是有点怪怪的。妈妈叮嘱我：要好好学习，不要乱吃东西；记得经常往家打电话，自己要照顾好自己。

★ 他从来没有离开过家。

17. 以前为了把事情早点做完，爸爸常常工作到深夜。可是最近他的身体越来越差，奶奶就不让他在公司加班了。现在爸爸每天都很早下班回家，有时候还亲自做菜给我们吃，我觉得我们家比以前变得更热闹，更快乐了。

★ 他的爸爸现在还经常加班。

18. 外语最难学的就是它的发音，没有长时间的练习是不可能真正掌握的。

★ 外语发音很容易学会。

19. 人们虽然每天看到听到很多事情，但是大部分事情过不了多长时间就会想不起来了；相反，有些印象深刻的事情是一辈子也忘不掉的。

★ 很多事情都会很快被我们忘记。

20. 中国人经常说这样的话："病从口入，祸从口出"，"沉默是金"，"话到嘴边留半句"。 这都是强调说话要小心谨慎，不要轻易发表自己的意见。

★ 说话时，应该想到什么就说什么。

第三部分

一共10个题，每题听两次。

例如：男：小王，帮我开一下门，好吗？谢谢！
女：没问题。您去超市了？买了这么多东西。
问：男的想让小王做什么？

现在开始第21题：

21. 女：我能借一下这本书吗？
男：你喜欢的话我就送给你吧，这本书我已经看过很多遍了。
问：男的给女的送了什么东西？

22. 男：这个面条真好吃，我要再来一碗。
女：味道还真不错，以后我们经常来吧。
问：他们在吃什么？

23. 女：昨天的篮球比赛你看了吗？
男：看了。最后我们队毫无意外地赢了。
问：男的看了什么比赛？

24. 男：服务员，这个菜里面好像有什么东西呢。
女：对不起，我马上给您换 。
问：他们最可能在什么地方？

25. 女：你已经花了不少钱，晚饭还是我来付钱吧。
男：没事儿，我们好久没见了，今天我请你吃饭好了。
问：他们最可能是什么关系？

26. 男：能不能快一点儿，车马上要来了。
女：等一等，让我再检查一下，看看有没有忘带的东西。
问：他们准备做什么？

27. 女：你怎么不接我的电话呀？
男：对不起，我的手机坏了，所以没能联系到你。
问：男的为什么没有接女的的电话？

28. 男：我穿这条裤子太紧了。
女：您要大一点的尺寸吗？
问：男的觉得这条裤子怎么样？

29. 女：你们班同学之间的关系怎么样？
男：非常好。大家都互相帮助，团结友爱。
问：他们班同学的关系怎么样？

30. 男：新的房子怎么样？
女：还可以。虽然房间有点小，但是周围很安静。
问：女的对自己的房子接什么态度？

第四部分

一共10个题，每题听两次。

例如：女：晚饭做好了，准备吃饭了。
男：等一会儿，比赛还有三分钟就结束了。
女：快点儿吧，一起吃，菜冷了就不好吃了。

男：你先吃，我马上就看完了。
问：男的在做什么？

现在开始第31题：

31. 男：我觉得这里的风景很美。
女：但是因为交通不大方便，旅客并不多。
男：对，要是能有来往的公交车，旅客的数量也会增加。
女：我们向市区负责人提提建议怎么样？
问：这个地方为什么旅客不多？

32. 女：请坐，您哪儿不舒服？
男：我的牙齿疼得连饭也吃不进。
女：疼了多长时间？
男：从前天晚上开始的。
问：男的去了什么地方？

33. 男：下班后，我们一起吃晚饭，好吗？
女：恐怕这次不行，下次吧。
男：你今天午饭也吃得很少，肚子不饿吗？
女：其实我正在减肥呢。
问：女的为什么不吃晚饭？

34. 女：你怎么又换了工作？
男：因为我觉得这个工作真不适合我。
女：那么，你现在做什么工作？
男：我在书店工作。
问：男的现在在哪里工作？

35. 男：今天是什么节日？
女：春节。是中国最大的一个节日。
男：春节一般做什么？
女：家人团聚，吃团圆饭，贴门神和春联，放鞭炮。
问：今天是什么节日？

36. 女：小李，你对小张有意思吧？
男：我哪有啊，我对她一点兴趣都没有。
女：我跟你开个玩笑，你怎么就认真起来了？
男：都怪你，胡说八道！
问：女的态度怎么样？

37. 男：这个周末我们一起去爬山，好不好？
女：你不是说周末要和同学见面吗？
男：没事，我看你最近好像挺不开心的，所以想和你去散散心。
女：谢谢你。
问：这个周末他们最可能做什么？

38. 女：时间过得真快，我们来中国已经快一年了。
男：是，刚来的时候，我们经常坐错车，迷路，也听不懂老师说的话。
女：现在中国朋友说的话基本上都能听懂了。
男：这说明，我们的中文水平提高了。
问：他们来中国大概多长时间了？

39. 男：最近我常常去图书馆。
女：这么认真学习啊。你在图书馆看什么书？
男：一般看小说，有时查字典，还上网下载学习资料。
女：今天我也要跟你一起去。
问：男的最近经常去什么地方？

40. 女：你家到底还有多远？
男：离这儿很近，再走5分钟就能到。
女：5分钟以前你也说过同样的话。
男：再走几分钟就到了。到家我就给你做好吃的。
问：他们正在去哪儿？

听力考试现在结束。

新汉语水平考试
HSK（一级）
模拟试题

해석 및 답안

1급 1회

1. 듣기

제1부분 해석

1-5

Tip 간단한 단어 조합을 들려주고 시험지에 있는 사진과 일치하는지를 묻는 문제로, 일치하면 √표시를, 일치하지 않으면 ×표시를 한다.

예시 1		qī diǎn 七 点	7시	정답 ×
예시 2		chī shuǐguǒ 吃 水果	과일을 먹다	정답 √
1.		xiàyǔ le 下雨 了	비가 온다	정답 ×
2.		jiǔ diǎn bàn 九 点 半	9시 반	정답 √
3.		zuò fēijī 坐 飞机	비행기를 타다	정답 √

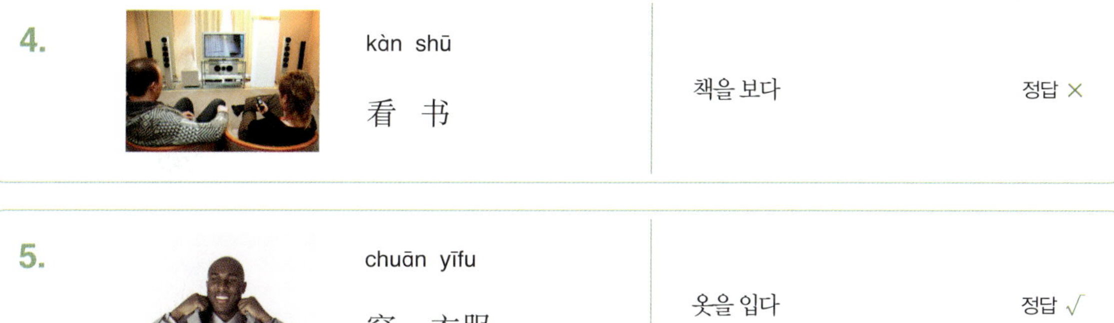

4. kàn shū
看 书

책을 보다 정답 ×

5. chuān yīfu
穿 衣服

옷을 입다 정답 √

제2부분 해석

6-10

Tip 한 문장을 들려주고, 세 장의 사진 중에서 부합되는 내용을 선택하는 문제로 문장 속의 핵심 단어를 파악해야 한다.

예시

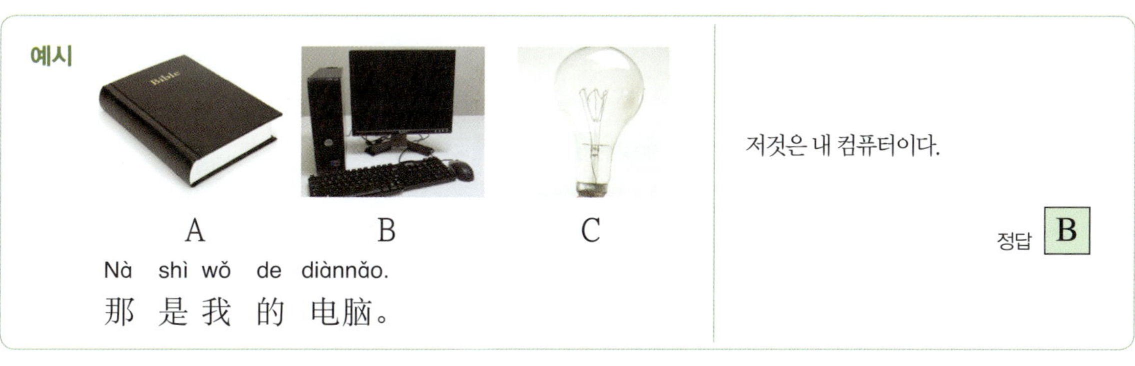

A B C

Nà shì wǒ de diànnǎo.
那 是 我 的 电脑。

저것은 내 컴퓨터이다.

정답 B

6.

A B C

Jīntiān tiānqì hěn rè.
今天 天气 很 热。

오늘은 덥다.

정답 C

7.

 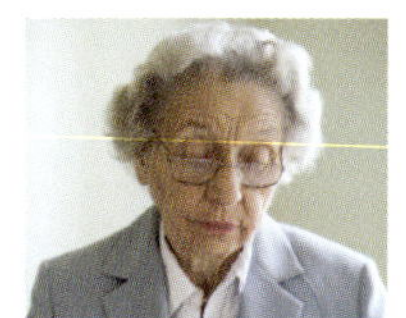 

A B C

Wǒ jīnnián suì le.
我 今年 70 岁 了。

나는 올해 70세가 되었다.

정답 B

8.

A B C

Wǒ yào mǎi zhè běn shū.
我 要 买 这 本 书。

나는 이 책을 살 것이다.

정답 A

9.

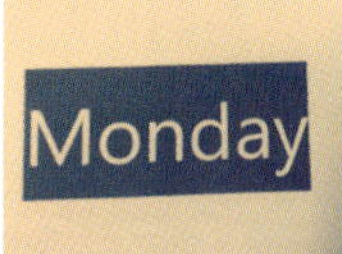

Saturday
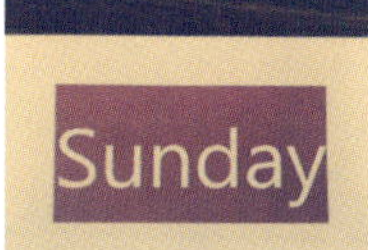

A B C

Jīntiān shì xīngqītiān.
今天 是 星期天。

오늘은 일요일이다.

정답 C

10.

A B C

Wǒ xǐhuan xiàwǔ hē chá.
我 喜欢 下午 喝 茶。

나는 오후에 차 마시기를 좋아한다.

정답 B

제3부분 해석

11-15

Tip 대화에 근거해서 핵심단어를 찾아 정답을 고르는 능력을 평가하는 문제이다. 문장 속에 나오는 의문사 '哪儿', '什么', '谁' 등의 의문사에 특히 주의한다.

A 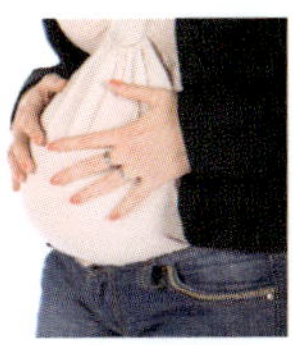

B 

C 

D 

E 

F 

예시

Jīntiān wǒ qǐng nǐ chīfàn.
女：今天 我 请 你 吃饭。

Tài hǎo le, wǒmen qù chī Zhōngguó cài.
男：太 好 了，我们 去 吃 中国 菜。

여 : 오늘 내가 밥 사줄게.
남 : 좋아, 우리 중국요리 먹으러 가자.

정답 

11.

Nǐ huì zuò Zhōngguó cài ma?
男：你 会 做 中国 菜 吗?

Wǒ huì zuò.
女：我 会 做。

남 : 중국 요리 하실 줄 아십니까?
여 : 할 줄 압니다.

정답 B

12.

Jīntiān shì jǐ yuè jǐ hào?
女：今天 是 几 月 几 号？

yuè hào, xīngqīsān.
男：3月19号， 星期三。

여 : 오늘 몇 월 며칠이죠?
남 : 3월 19일 수요일입니다.

정답 C

13.

Zhège xiǎo bēizi duōshao qián?
男：这个 小 杯子 多少 钱？

kuài.
女：10块。

남 : 이 작은 컵은 얼마입니까?
여 : 10위안입니다.

정답 E

14.

Nǐ yào chī shénme ?
女：你 要 吃 什么？

Xiànzài wǒ bú tài è, bù xiǎng chī.
男：现在 我 不 太 饿，不 想 吃。

여 : 무엇을 드시겠습니까?
남 : 지금은 별로 배가 고프지 않아서 먹고 싶지 않아요.

정답 A

15.

Nǐ yǒu xiōngdì jiěmèi ma?
男：你 有 兄弟姐妹 吗？

Yǒu, wǒ yǒu yí ge jiějie.
女：有，我 有 一 个 姐姐。

남 : 당신은 형제자매가 있나요?
여 : 있어요, 누나(언니)가 한 명 있습니다.

정답 

제4부분 해석

16-20

Tip 문장 속에서 핵심단어를 찾아내는 문제로 간단한 추리로 핵심단어를 찾아내거나, 의미상 관련이 있거나 독음이 비슷한 단어 중에서 정확한 답을 찾아내면 된다.

예시

Xiàwǔ wǒ qù shāngdiàn, wǒ xiǎng mǎi yìxiē shuǐguǒ.
下午 我 去 商店，我 想 买 一些 水果。

Tā xiàwǔ qù nǎli?
问：他 下午 去 哪里？

shāngdiàn / yīyuàn / xuéxiào
A 商店　B 医院　C 学校

오후에 나는 상점에 가서 과일을 좀 사려고 한다.
질문 : 그는 오후에 어디에 갑니까?

A 상점　B 병원　C 학교

정답 A

16.

Xiàwǔ wǒ hé péngyou yìqǐ qù kàn diànyǐng.
下午 我 和 朋友 一起 去 看 电影。

Xiàwǔ tāmen yào zuò shénme?
问：下午 他们 要 做 什么？

kàn diànyǐng / qù fànguǎn / kàn yīshēng
A 看 电影　B 去 饭馆　C 看 医生

오후에 나는 친구와 함께 영화 보러 간다.
질문 : 오후에 그는 무엇을 하려고 합니까?

A 영화 본다　B 식당에 간다
C 진찰 받는다

정답 
A

17.

Wǒ jīnnián èrshíwǔ suì le, bǐ nǐ dà sān suì.
我 今年 二十五 岁 了，比 你 大 三 岁。

Tā jīnnián duō dà le?
问：他 今年 多 大 了？

shí'èr suì / èrshíwǔ suì / qīshí suì
A 十二 岁　B 二十五 岁　C 七十 岁

나는 올해 25세가 되었고, 당신보다 3살 많다.
질문 : 그는 올해 몇 살입니까?

A 12세　B 25세　C 70세

정답 B

18.

Wǒ yǒu yí ge gēge, tā zài yīyuàn gōngzuò.
我有一个哥哥，他在医院工作。

Tā de gēge zài nǎli gōngzuò?
问：他的哥哥在哪里工作？

shāngdiàn / xuéxiào / yīyuàn
A 商店　B 学校　C 医院

나는 병원에서 일하는 오빠(형)가 한 명 있다.
질문 : 그의 형은 어디에서 일합니까?

A 상점　B 학교　C 병원

정답 C

19.

Wǒ xǐhuan kànshū, zhèxiē dōu shì wǒ de shū.
我喜欢看书，这些都是我的书。

Tā xǐhuan kàn shénme?
问：他喜欢看什么？

kàn diànshì / kàn shū / zuò fàn
A 看电视　B 看书　C 做饭

나는 책 보기를 좋아하며 이 책들은 나의 것이다.
질문 : 그는 어떤 것을 보기 좋아합니까?

A 텔레비전 보기
B 책 보기
C 밥하기

정답 B

20.

Tā bú zài xuéxiào, tā qù yīyuàn le.
他不在学校，他去医院了。

Tā qù nǎr le?
问：他去哪儿了？

Běijīng / xuéxiào / yīyuàn
A 北京　B 学校　C 医院

그는 학교에 있지 않고 병원에 갔다.
질문 : 그는 어디에 갔습니까?

A 베이징　B 학교　C 병원

정답 

2. 독해

제1부분 해석

21-25

Tip 간단한 단어 조합을 들려주고 시험지에 있는 사진과 일치하는지를 묻는 문제로, 일치하면 √표시를, 일치하지 않으면 ×표시를 한다.

	병음 / 한자	해석	정답
예시 1	fēijī 飞机	비행기	정답 √
예시 2	yīfu 衣服	옷	정답 ×
21.	chá 茶	차	정답 ×
22.	hē 喝	마시다	정답 √
23.	xuéxiào 学校	학교	정답 ×
24.	xiǎo gǒu 小 狗	강아지	정답 √

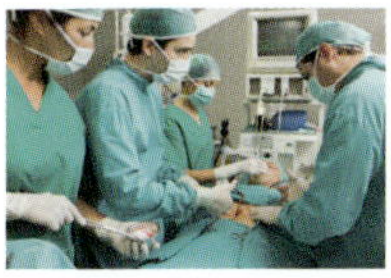

25. 

hěn piàoliang
很 漂亮

예쁘다

정답 ×

제2부분 해석

26-30

Tip 문장의 의미를 파악하는 문제로, 6개의 보기 사진에서 각 문제에 주어진 문장과 부합하는 사진을 선택한다.

A 

B 

C 

D 

E 

F 

예시

Wǒ hěn xǐhuan chī píngguǒ.
我 很 喜欢 吃 苹果。

나는 사과 먹는 것을 매우 좋아한다.

정답 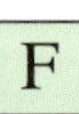

26.

Tā zài xuéxiào xuéxí.
他 在 学校 学习。

그는 학교에서 공부한다.

정답 

27.

Wǒ xiǎng shuìjiào le, zàijiàn!
我 想 睡觉 了，再见！

나 자고 싶어요, 잘 가요!

정답 B

28.

Yí ge zài zhuōzi shàngmiàn, yí ge zài yǐzi xiàmiàn.
一 个 在 桌子 上面， 一 个 在 椅子 下面。

하나는 테이블 위에 있고, 하나는 의자 아래에 있다.

정답 D

29.

Zhāng xiǎojiě mǎile hěn duō dōngxi.
张 小姐 买了 很 多 东西。

미스 장은 많은 물건을 샀다.

정답 C

30.

Tā shì wǒ de érzi.
他 是 我 的 儿子。

그는 나의 아들이다.

정답 E

제3부분 해석

31-35

Tip 묻고 답하기의 문제로, 5개의 질문과 오른쪽에 5개의 대답을 주고 질문에 적합한 대답을 고른다.

예시

Tiānqì zěnmeyàng?
天气 怎么样?

Bù hǎo, xiàyǔ le.
不 好，下雨 了。

날씨가 어떻습니까?
좋지 않아요, 비가 내려요.

정답 F

31.

Nǐ wǎnshang yìbān shénme shíhou shuìjiào?
你 晚上 一般 什么 时候 睡觉?

Shí diǎn zuǒyòu
十 点 左右。

당신은 일반적으로 언제 자나요?
10시 전후에요.

정답 C

32.

Jīntiān nǐ hěn piàoliang.
今天 你 很 漂亮。

Xièxie!
谢谢！

오늘 당신은 예뻐요.
고마워요.

정답 E

33.

Nǐ xiǎng chī shénme shuǐguǒ?
你 想 吃 什么 水果?

Píngguǒ.
苹果。

당신은 어떤 과일을 먹고 싶습니까?
사과요.

정답 D

34.

Nǐ huì xiě Hànzì ma?
你 会 写 汉字 吗?

Huì.
会。

당신은 한자를 쓸 수 있습니까?
쓸 줄 압니다.

정답 A

35.

Míngtiān nǐ yào qù nǎr?
明天 你 要 去 哪儿?

Běijīng.
北京。

내일 당신은 어디를 가실 건가요?
베이징에요.

정답 B

제4부분 해석

36-40

Tip 이 부분은 문장 속 빈 칸에 들어갈 가장 적당한 단어를 고르는 문제로 종합적인 이해력을 측정한다.

A	B	C	D	E	F
diànhuà 电话 전화	kànjiàn 看见 보다	chá 茶 차	huǒchē 火车 기차	qǐng 请 대접하다	xiě 写 쓰다

예시

Wǒ huì shuō Hànyǔ, bú huì (F) Hànzì.
我 会 说 汉语，不 会 （ F ）汉字。

나는 중국어를 할 줄 알지만, 한자는 (쓰지) 못한다.

정답 F

36.

Nǐ xǐhuan hē shénme
你 喜欢 喝 什么（ C ）?

당신은 어떤 (차)를 마시기 좋아합니까?

정답 C

37.

Xiàwǔ wǒ gěi nǐ dǎ
下午 我 给 你 打（ A ）。

오후에 제가 (전화)를 하겠습니다.

정답 A

38.

Wǒ shì zuò lái de.
我 是 坐（ D ）来 的。

나는 (기차)를 타고 왔다.

정답 D

39.

Míngtiān wǒ nǐ chīfàn.
女：明天 我（ E ）你 吃饭。

Hǎo, xièxie.
男：好，谢谢。

여 : 내일 나는 당신에게 식사를 (대접하겠습니다).
남 : 좋아요, 고맙습니다.

정답 E

40.

Nǐ wǒ de bēizi le ma?
男：你（ B ）我 的 杯子 了 吗？

Méiyǒu.
女：没有。

남 : 당신은 내 컵을 (보셨습니까)?
여 : 아니요.

정답 B

1급 2회

1. 듣기

제1부분 해석

1-5

Tip 간단한 단어 조합을 들려주고 시험지에 있는 사진과 일치하는지를 묻는 문제로, 일치하면 √표시를, 일치하지 않으면 ×표시를 한다.

	병음 / 중국어	해석	정답
예시 1	hěn lěng 很 冷	매우 춥다	정답 √
예시 2	zài fànguǎn 在 饭馆	호텔에 있다	정답 ×
1.	kàn yīshēng 看 医生	진찰 받다	정답 √
2.	chī fàn 吃 饭	식사를 하다	정답 √
3.	zuò fēijī 坐 飞机	비행기를 타다	정답 ×

4. mǎi shuǐguǒ
买 水果
과일을 사다
정답 √

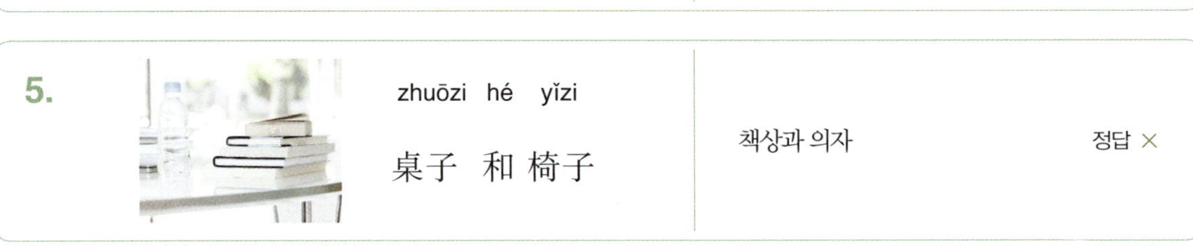

5. zhuōzi hé yǐzi
桌子 和 椅子
책상과 의자
정답 ×

제2부분 해석

6-10

Tip 한 문장을 들려주고, 세 장의 사진 중에서 부합되는 내용을 선택하는 문제로 문장 속의 핵심 단어를 파악해야 한다.

예시
A B C
Nà shì wǒ de shǒutào.
那 是 我 的 手套。
그것은 내 장갑이다.
정답 B

6.

A B C
Wǒ huì shuō Hànyǔ.
我 会 说 汉语。
나는 중국어를 할 줄 안다.
정답 A

7.

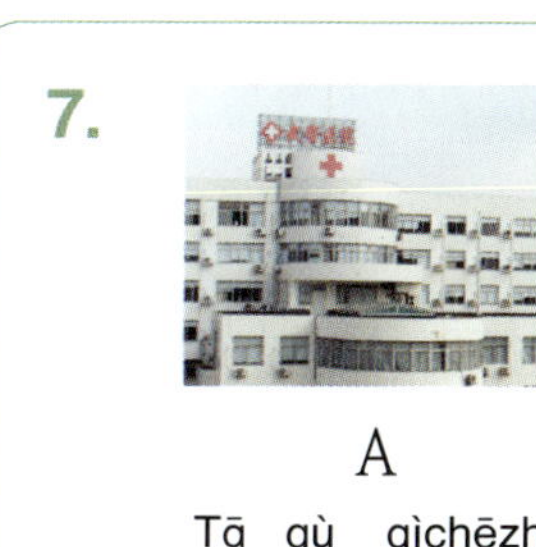  

A B C

Tā qù qìchēzhàn le.
他 去 汽车站 了。

그는 정거장에 갔다.

정답 C

8.

A B C

Nǐ zěnme le, bù gāoxìng le?
你 怎么 了，不 高兴 了?

당신 왜 그래요, 기분이 안좋아요?

정답 B

9.

A B C

Jīntiān shì nián yuè rì, xīngqīwǔ.
今天 是 2014年 7 月 29日，星期五。

오늘은 2014년 7월 29일 금요일이다.

정답 C

10.

A B C

Zhè shì wǒ de xiǎo māo.
这 是 我 的 小 猫。

이것은 나의 새끼고양이다.

정답 A

제3부분 해석

11-15

Tip 문장의 의미를 파악하는 문제로, 6개의 보기 사진에서 각 문제에 주어진 문장과 부합하는 사진을 선택한다.

A

B

C

D

E

F

예시

Nǐ hǎo!
女：你好！

Nǐ hǎo! Hěn gāoxìng rènshi nǐ.
男：你好！很高兴认识你。

여 : 안녕하세요!
남 : 안녕하세요! 당신을 알게 되어서 정말 반갑습니다.

정답 F

11.

Jīntiān nǐ hěn piàoliang.
男：今天你很漂亮。

Xièxie.
女：谢谢。

남 : 당신 오늘 예뻐요.
여 : 고마워요.

정답 A

12.

Nǐ jiā zài nǎr?
女：你家在哪儿？

Wǒ jiā zài xuéxiào hòumiàn.
男：我家在学校后面。

여 : 댁이 어디세요?
남 : 우리 집은 학교 뒤에 있습니다.

정답 B

13.

Xiàwǔ nǐ yào zuò shénme?
男：下午你要做什么？

Wǒ yào qù shāngdiàn mǎi dōngxi.
女：我要去商店买东西。

남 : 당신은 오후에 무엇을 할 건가요?
여 : 저는 상점에 물건을 사러 갈 것입니다.

정답 D

14.

Nǐ duō dà le?
女：你多大了？

Wǒ bǐ nǐ xiǎo yí suì.
男：我比你小一岁。

여 : 몇 살입니까?
남 : 저는 당신보다 한 살 어립니다.

정답 E

15.

Míngtiān wǒ qǐng nǐ chī Zhōngguó cài.
男：明天我请你吃中国菜。

Xièxie! Wǒ hěn xǐhuan chī Zhōngguó cài.
女：谢谢！我很喜欢吃中国菜。

남 : 내일 당신에게 중국 요리를 대접하겠습니다.
여 : 감사합니다. 저는 중국요리를 좋아해요.

정답 C

제4부분 해석

16-20

Tip 문장 속에서 핵심단어를 찾아내는 문제로 간단한 추리로 핵심단어를 찾아내거나, 의미상 관련이 있거나 독음이 비슷한 단어 중에서 정확한 답을 찾아내면 된다.

예시

Xiàwǔ wǒ qù shāngdiàn, wǒ xiǎng mǎi yìxiē shuǐguǒ.
下午 我 去 商店，我 想 买 一些 水果。

Tā xiàwǔ qù nǎli?
问：他 下午 去 哪里？

shāngdiàn — A 商店　　yīyuàn — B 医院　　xuéxiào — C 学校

오후에 나는 상점에 가서 과일을 좀 사려고 한다.
질문 : 그는 오후에 어디에 갑니까?

A 상점　B 병원　C 학교

정답 **A**

16.

Jīntiān shì yuè rì, xīngqīyī.
今天 是 11月 15日，星期一。

Jīntiān shì xīngqījǐ?
问：今天 是 星期几？

xīngqīyī — A 星期一　　xīngqīsān — B 星期三　　xīngqītiān — C 星期天

오늘은 11월 15일 월요일이다.
질문 : 오늘은 무슨 요일입니까?

A 월요일　B 수요일　C 일요일

정답 **A**

17.

Wǒ yǒu yì zhī xiǎo māo, tā jīnnián sān suì le.
我 有 一只 小 猫，它 今年 三 岁 了。

Tā de xiǎo māo jīnnián jǐ suì le?
问：她 的 小 猫 今年 几 岁 了？

yí suì — A 一 岁　　liǎng suì — B 两 岁　　sān suì — C 三 岁

나는 고양이 한 마리가 있는데 세 살이 되었다.
질문 : 그녀의 고양이는 몇 살입니까?

A 한 살　B 두 살　C 세 살

정답 **C**

18.

Tā mǎile sān ge píngguǒ, yígòng liù kuài qián.
他 买了 三 个 苹果，一共 六 块 钱。

Tā mǎile jǐ ge píngguǒ?
问：他 买了 几 个 苹果？

A 两 个 (liǎng ge)　B 三 个 (sān ge)　C 四 个 (sì ge)

그는 사과 세 개를 샀는데 모두 6위안이다.
질문 : 그는 사과를 몇 개 샀습니까?

A 두 개　B 세 개　C 네 개

정답 **B**

19.

Wǒ zài xuéxiào xué Hànyǔ, wǒ de Hànyǔ lǎoshī hěn hǎo.
我 在 学校 学 汉语，我 的 汉语 老师 很 好。

Tā zài xuéxiào xué shénme?
问：他 在 学校 学 什么？

A 汉语 (Hànyǔ)　B 韩语 (Hányǔ)　C 英语 (Yīngyǔ)

나는 학교에서 중국어를 배우고, 나의 중국어 선생님은 좋다.
질문 : 그는 학교에서 무엇을 배웁니까?

A 중국어　B 한국어　C 영어

정답 **A**

20.

Wǒ bù xiǎng chī shuǐguǒ, wǒ xiǎng chī mǐfàn.
我 不 想 吃 水果，我 想 吃 米饭。

Tā xiǎng chī shénme?
问：他 想 吃 什么？

A 水果 (shuǐguǒ)　B 苹果 (píngguǒ)　C 米饭 (mǐfàn)

나는 과일을 먹고 싶지 않고 쌀밥이 먹고 싶다.
질문 : 그가 먹고 싶어하는 것은 무엇입니까?

A 과일　B 사과　C 쌀밥

정답 **C**

2. 독해

제1부분 해석

21-25

Tip 간단한 단어 조합을 들려주고 시험지에 있는 사진과 일치하는지를 묻는 문제로, 일치하면 √표시를, 일치하지 않으면 ×표시를 한다.

예시 1	 diànshì 电视	텔레비전	정답 √
예시 2	 xiǎojiě 小姐	아가씨	정답 ×
21.	 diànnǎo 电脑	컴퓨터	정답 √
22.	 shuō huà 说 话	말을 하다	정답 √
23.	 fēijī 飞机	비행기	정답 ×
24.	 shū 书	책	정답 ×

25. 

yīyuàn
医院

병원

정답 ×

제2부분 해석

26-30

Tip 문장의 의미를 파악하는 문제로, 6개의 보기 사진에서 각 문제에 주어진 문장과 부합하는 사진을 선택한다.

A

B

C

D

E

F

예시

Wǒ hěn xǐhuan xiǎo gǒu.
我 很 喜欢 小 狗。

나는 강아지를 좋아한다.

정답 F

26.

Wǒ xiǎng mǎi yì běn shū.
我 想 买 一 本 书。

나는 책을 한 권 사고 싶다.

정답 B

27.

Xiànzài zài xiàyǔ ne.
现在 在 下雨 呢。

지금 비가 오고 있다.

정답 C

28.

Wǒ zài fànguǎnr, nǐmen jǐ diǎn néng lái?
我 在 饭馆儿，你们 几 点 能 来？

나는 호텔에 있는데 당신들은 몇 시에 올 수 있나요?

정답 A

29.

Wǒ de diànnǎo zěnme le!
我 的 电脑 怎么 了！

내 컴퓨터가 왜 이러는거야!

정답 E

30.

Zhāng xiānsheng zài shāngdiàn mǎi dōngxi ne.
张 先生 在 商店 买 东西 呢。

장 선생님은 상점에서 물건을 사고 있다.

정답 D

제3부분 해석

31-35

Tip 묻고 답하기의 문제로, 5개의 질문과 오른쪽에 5개의 대답을 주고 질문에 적합한 대답을 고른다.

예시

Tiānqì zěnmeyàng?
天气 怎么样?

Bù hǎo, xiàyǔ le.
不 好，下雨 了。

날씨가 어떻습니까?
좋지 않아요, 비가 내려요.

정답 F

31.

Nǐ shénme shíhou qù xuéxiào?
你 什么 时候 去 学校?

Bā diǎn.
八 点。

당신은 언제 학교에 가나요?
8시에요.

정답 B

32.

Nǐ xiànzài zài nǎr?
你 现在 在 哪儿?

Shāngdiàn.
商店。

당신은 지금 어디에 있습니까?
상점이요.

정답 C

33.

Zhège yǐzi duōshao qián?
这个 椅子 多少 钱?

Sìshí kuài.
四十 块。

이 의자는 얼마입니까?
40위안이요.

정답 E

34.

Jīntiān tiānqì zěnmeyàng?
今天 天气 怎么样?

Hěn hǎo.
很 好。

오늘 날씨가 어떻습니까?
좋아요.

정답 A

35.

Nǐ érzi jīnnián duō dà le?
你 儿子 今年 多 大 了?

Shí suì.
十 岁。

당신의 아들은 올해 몇 살입니까?
10살이에요.

정답 D

제4부분 해석

36-40

Tip 이 부분은 문장 속 빈 칸에 들어갈 가장 적당한 단어를 고르는 문제로 종합적인 이해력을 측정한다.

jǐ diǎn	zàijiàn	tīng	huílai	zài	zhù
A 几 点	B 再见	C 听	D 回来	E 在	F 住
몇 시	잘 가	듣다	돌아오다	있다	거주하다

예시

Tā shì Zhōngguórén, zài Běijīng.
他 是 中国人，(F) 在 北京。

그는 중국 사람이며, 베이징에 (거주하고 있다).

정답 F

36.

Nǐ xǐhuan shénme yīnyuè?
你 喜欢（ C ）什么 音乐?

당신은 어떤 음악을 (듣기) 좋아합니까?

정답 C

37.

Zuótiān wǎnshang nǐ shuìjiào le?
昨天 晚上 你（ A ）睡觉 了?

어제 저녁에 당신은 (몇 시)에 잤습니까?

정답 A

38.

Wéi, Wáng lǎoshī ma?
喂， 王 老师（ E ）吗?

여보세요, 왕 선생님 (계십니 까)?

정답 E

39.

Nǐ shénme shíhou
女：你 什么 时候（ D ）?

Liù diǎn zuǒyòu.
男：六 点 左右。

여 : 당신은 언제 (돌아옵니까)?
남 : 6시 전후에요.

정답 D

40.

Míngtiān wǒ zài huǒchēzhàn děng nǐ,
男：明天 我 在 火车站 等 你，（ B ）。

Hǎo, míngtiān jiàn.
女：好， 明天 见。

남 : 내일 나는 기차역에서 당신을 기다리겠습니다, (잘 가요).
여 : 좋아요, 내일 봅시다.

정답 B

新汉语水平考试
HSK（二级）
模拟试题

해석 및 답안

2급 1회

1. 듣기

제1부분 해석

1-5

Tip 간단한 회화문을 들려주고 시험지에 있는 사진과 일치하는지를 묻는 문제로, 일치하면 √표시를, 일치하지 않으면 ×표시를 한다.

예시 1

Píngguǒ hěn piányi, wǒ mǎile yìxiē.
苹果 很 便宜，我 买了 一些。

사과가 매우 싸서 나는 약간 샀다.

정답 ×

예시 2

Wǒ měi tiān zuò gōnggòng qìchē qù shàngbān.
我 每天 坐 公共汽车 去 上班。

나는 매일 버스를 타고 출근한다.

정답 √

1.

Zhè shì wǒ zuì xǐhuan kàn de shū.
这 是 我 最 喜欢 看 的 书。

이것은 내가 가장 좋아하는 책이다.

정답 √

2.

Wǒmen yìqǐ qù hē kāfēi ba.
我们 一起 去 喝 咖啡 吧。

우리 함께 커피를 마시러 가자.

정답 √

3.

Tā měi tiān dōu yào duànliàn shēntǐ.
他 每天 都 要 锻炼 身体。

그는 매일 운동을 한다.

정답 ×

4.

Tā zhèngzài pǎobù ne.
她 正在 跑步 呢。

그녀는 달리기를 하고 있다.

정답 √

5.

Nǐ chànggē chàngde hěn búcuò.
你 唱歌 唱得 很 不错。

당신은 노래를 잘 부른다.

정답 ×

6-10

6.

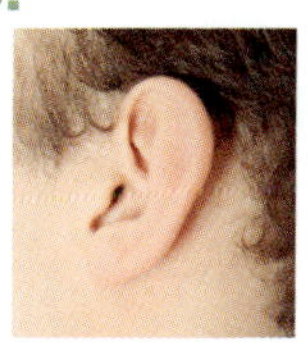

Nǐ de yǎnjing hěn piàoliang.
你 的 眼睛 很 漂亮。

당신의 눈은 예쁘다.

정답 ×

7.

Nǐ huì dǎ lánqiú ma?
你 会 打 篮球 吗?

농구를 할 줄 알아요?

정답 √

8.

Wǒ de xuéxiào lí zhèr hěn yuǎn.
我 的 学校 离 这儿 很 远。

우리 학교는 여기서 멀다.

정답 √

9.

Wǒ mǎile yí ge xīn diànshì.
我 买了 一 个 新 电视。

나는 새 텔레비전을 샀다.

정답 √

10.

Zhāng xiǎojiě de māo shì báisè de.
张 小姐 的 猫 是 白色 的。

미스 장의 고양이는 흰색이다.

정답 ×

제2부분 해석

11-15

Tip 이 부분은 남녀 두 명의 대화로 이루어져 있고, 문제지의 그림을 보고 아래 대화 내용에 근거하여 정답을 찾는 문제이다. 핵심단어를 잘 파악하여 문장을 이해하는 능력을 측정한다.

A 

B 

C 

D 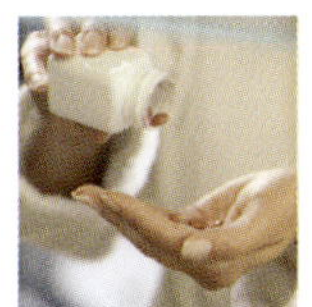

E 

F 

예시

Nǐ xǐhuan shénme yùndòng?
男：你 喜欢 什么 运动？

Wǒ zuì xǐhuan tī zúqiú.
女：我 最 喜欢 踢 足球。

남 : 당신은 무슨 운동을 좋아합니까?
여 : 저는 축구를 가장 좋아합니다.

정답 F

11.

Shéi lái huídá zhège wèntí?
男：谁 来 回答 这个 问题？

Lǎoshī, wǒ!
女：老师，我！

남 : 이 문제에 누가 대답할래?
여 : 선생님, 저요!

정답 B

12.

Zhè bù diànyǐng hǎo bu hǎokàn?
女：这 部 电影 好 不 好看？

Wǒ juéde hěn hǎokàn.
男：我 觉得 很 好看。

여 : 이 영화 재미있나요?
남 : 난 재미있다고 생각해요.

정답 

13.

Hǎojiǔ bújiàn. Zuìjìn guò de zěnmeyàng?
男：好久 不见。最近 过 得 怎么样？

Hěn hǎo. Búguò yǒu diǎn máng.
女：很 好。不过 有 点 忙。

남 : 오랜만입니다. 요즘 어떻게 지내십니까?
여 : 잘 지내지만 조금 바빠요.

정답 E

14.

Zhège yào yì tiān chī jǐ cì ne?
女：这个 药 一 天 吃 几 次 呢？

Yīshēng shuō yì tiān chī sān cì.
男：医生 说 一 天 吃 三 次。

여 : 이 약은 하루에 몇 번 복용해야 하나요?
남 : 의사가 하루에 세 번 복용하래요.

정답 

15.

Jīntiān tiānqì zěnme zhème lěng ne?
女：今天 天气 怎么 这么 冷 呢？

Yīnwèi jīntiān zǎoshang xiàyǔ le.
男：因为 今天 早上 下雨 了。

여 : 오늘 날씨 왜 이렇게 춥죠?
남 : 오늘 아침에 비가 왔거든요.

정답 A

16-20

Tip 이 부분은 남녀 두 명의 대화로 이루어져 있고, 문제지의 그림을 보고 아래 대화 내용에 근거하여 정답을 찾는 문제이다. 핵심단어를 잘 파악하여 문장을 이해하는 능력을 측정한다.

A

B

C

D

E

16.

Tīngshuō zhè jiā fànguǎn de cài hěn hǎochī.
男：听说 这 家 饭馆 的 菜 很 好吃。

Shì ma? Nà míngtiān wǒmen yìqǐ qù chángchang ba.
女：是 吗？那 明天 我们 一起 去 尝尝 吧。

남 : 듣자하니 이 식당의 요리가 맛있다더군요.
여 : 그래요? 그럼 내일 우리 함께 맛 봐요.

정답 D

17.

Dàjiā dōu zhǔnbèi hǎo le ma?
男：大家 都 准备 好 了 吗？

Méi wèntí, kěyǐ kāishǐ le.
女：没 问题，可以 开始 了。

남 : 여러분 모두 준비되셨습니까?
여 : 문제 없으니 시작해도 돼요.

정답 C

18.

Zhège diànnǎo shì shénme shíhou mǎi de?
女：这个 电脑 是 什么 时候 买 的？

Jīntiān zhōngwǔ.
男：今天 中午。

여 : 이 컴퓨터 언제 사셨습니까?
남 : 오늘 정오에요.

정답 E

19.

Nǐ zhīdào Xiǎo Wáng zài nǎr ma?
男：你 知道 小王 在 哪儿 吗？

Wǒ yě zhèngzài zhǎo tā ne.
女：我 也 正在 找 他 呢。

남 : 샤오왕 어디에 있는지 아십니까?
여 : 나도 지금 그를 찾고 있어요.

정답 A

20.

Wǒ xǐhuan zhè jiàn hóngsè de.
男：我 喜欢 这 件 红色 的。

Wǒ yě shì, dànshì bù piányi.
女：我 也 是，但是 不 便宜。

남 : 나는 이 붉은 색을 좋아합니다.
여 : 나도요, 하지만 싸지 않아요.

정답 B

제3부분 해석

21-30

Tip 대화에 근거하여 질문하면, 수험생은 핵심단어를 잘 파악하여 아래 세 가지 보기 중에서 가장 정확한 답을 고르는 능력을 배양한다.

예시

Xiǎo Wáng, zhèli yǒu jǐ ge bēizi nǎge shì nǐ de?
男：小王，这里 有 几 个 杯子，哪个 是 你 的？

Zuǒbian nàge hóngsè de shì wǒ de.
女：左边 那个 红色 的 是 我 的。

Xiǎo Wáng de bēizi shì shénme yánsè de?
问：小王 的 杯子 是 什么 颜色 的？

hóngsè A 红色   hēisè B 黑色   báisè C 白色

남 : 미스 왕, 여기에 컵이 몇 개 있는데, 어느 것이 네 거야?
여 : 왼쪽에 있는 저 붉은색이 내 거야.
질문 : 미스 왕의 컵은 무슨 색입니까?

A 붉은색 B 검은색 C 흰색

정답 A

21.

Zuótiān shàngwǔ dàjiā yìqǐ tī zúqiú, nǐ wèishénme méi lái?
女：昨天 上午 大家 一起 踢 足球，你 为什么 没 来？

Yīnwèi wǒ zuótiān tài lèi le, yìzhí shuìdào zhōngwǔ 12 diǎn.
男：因为 我 昨天 太 累 了，一直 睡到 中午 12 点。

Zuótiān shàngwǔ, nán de wèishénme méi lái?
问：昨天 上午，男 的 为什么 没 来？

A 睡觉 (shuìjiào)　B 运动 (yùndòng)　C 学习 (xuéxí)

여 : 어제 모두 함께 축구하러 갔었는데 당신은 왜 안 왔어요?
남 : 어제 너무 피곤해서 낮 12시 까지 계속 잤어요.
질문: 어제 오전에 남자는 왜 안 왔습니까?

A 잠을 자다 B 운동하다 C 공부하다

정답 A

22.

Māma, wǒ è le, xiànzài kěyǐ chī ma?
男：妈妈，我 饿 了，现在 可以 吃 吗？

Xiànzài bùxíng, wǒmen děng bàba huílai zài yìqǐ chī, hǎo ma?
女：现在 不行，我们 等 爸爸 回来 再 一起 吃，好 吗？

Tāmen zhèngzài děng shéi?
问：他们 正在 等 谁？

A 妈妈 (māma)　B 爸爸 (bàba)　C 弟弟 (dìdi)

남 : 엄마, 저 배고파요, 지금 밥 먹어도 돼요?
여 : 지금은 안돼, 아빠 오시거든 같이 먹자, 알았지?
질문: 그들은 지금 누구를 기다리고 있습니까?

A 엄마　B 아빠　C 남동생

정답 B

23.

Qǐng bú yào zài gōnggòng chǎngsuǒ chōuyān.
女：请 不 要 在 公共 场所 抽烟。

Duìbuqǐ. Qǐngwèn wǒ kěyǐ zài nǎli chōuyān ne?
男：对不起。请问 我 可以 在 哪里 抽烟 呢？

Zài gōnggòng chǎngsuǒ shénme shìqíng shì bù kěyǐ zuò de?
问：在 公共 场所 什么 事情 是 不 可以 做 的？

A 跳舞 (tiàowǔ)　B 唱歌 (chànggē)　C 抽烟 (chōuyān)

여 : 공공장소에서는 담배 피우지 마세요.
남 : 미안합니다. 실례지만 제가 어디에서 피울 수 있나요?
질문: 공공장소에서 할 수 없는 행동은 무엇입니까?

A 춤을 추다
B 노래를 부르다
C 담배를 피우다

정답 C

24.

Xiànzài cái diǎn, nǐ jīntiān zěnme qǐlái zhème zǎo a?
男：现在才6点，你今天怎么起来这么早啊？

Cóng jīntiān kāishǐ, wǒ yào měi tiān zǎochen jiānchí
女：从今天开始，我要每天早晨坚持

pǎobù, duànliàn shēntǐ.
跑步，锻炼身体。

Nǚ de wèishénme zǎo qǐ le?
问：女的为什么早起了？

duànliàn shēntǐ　kàn shū　chī fàn
A 锻炼身体　B 看书　C 吃饭

남 : 지금 겨우 6시인데 당신 왜 이렇게 일찍 일어났어요?
여 : 오늘부터 나는 매일 아침에 달리기로 몸을 단련시킬 것입니다.
질문: 여자는 왜 일찍 일어났습니까?

A 운동을 하다　B 책을 보다
C 밥을 먹다

정답 A

25.

Nǐ yào hē kāfēi háishi hē chá?
男：你要喝咖啡还是喝茶？

Xièxie, wǒ bù kě.
女：谢谢，我不渴。

Nǚ de shì shénme yìsi?
问：女的是什么意思？

tā yào hē kāfēi　tā yào hē chá　tā bù hē
A 她要喝咖啡　B 她要喝茶　C 她不喝

남 : 당신 커피 마실래요 아니면 차 마실래요?
여 : 감사합니다만 마시지 않을래요.
질문: 여자의 말은 무슨 의미입니까?

A 그녀는 커피를 마실 것이다
B 그녀는 차를 마실 것이다
C 그녀는 마시지 않을 것이다

정답 C

26.

Shíjiān yǐjīng bù zǎo le, wǒ xiǎng wǒ gāi huí jiā le.
女：时间已经不早了，我想我该回家了。

Míngtiān shì zhōumò, nǐ duō zuò yíhuìr ba.
男：明天是周末，你多坐一会儿吧。

Nán de shì shénme yìsi?
问：男的是什么意思？

qǐng zuòzài yǐzishang
A 请坐在椅子上

zài duō wán yíhuìr
B 再多玩一会儿

míngtiān jiàn
C 明天见

여 : 시간이 많이 늦었네요, 집에 돌아가야겠어요.
남 : 내일이 주말이니 좀 더 앉았다 가세요.
질문: 남자의 말은 무슨 의미입니까?

A 의자에 앉으세요
B 좀 더 놀아요
C 내일 봐요

정답 B

27.

Nǐ rènshi Chén xiānsheng pángbiān nàge rén ma?
男：你 认识 陈 先生 旁边 那个 人 吗？

Rènshi, tā jiùshì Chén xiānsheng de àirén.
女：认识，她 就是 陈 先生 的 爱人。

Chén xiānsheng pángbiān de rén shì shéi?
问：陈 先生 旁边 的 人 是 谁？

nǚpéngyou　qīzi　mèimei
A 女朋友　B 妻子　C 妹妹

남 : 당신은 진 선생님 옆에 있는 그 사람을 아십니까?
여 : 알죠. 그녀는 바로 선생님의 부인이세요.
질문: 진 선생님 옆에 있는 사람은 누구입니까?

A 여자 친구　B 아내　C 여동생

정답 B

28.

Gōngyuánli yǒu hǎoduō gǒu a! Nǐ de gǒu shì nǎ yì zhī?
女：公园里 有 好多 狗 啊！你 的 狗 是 哪 一 只？

Nà zhī báisè de xiǎo gǒu jiù shì wǒmen jiā de.
男：那 只 白色 的 小 狗 就 是 我们 家 的。

Nán de xiǎo gǒu shì shénme yánsè de?
问：男 的 小 狗 是 什么 颜色 的？

huángsè　hēisè　báisè
A 黄色　B 黑色　C 白色

여 : 공원에 개가 아주 많아요! 당신 개는 어느 것입니까?
남 : 그 흰색 강아지가 우리 집 강아지에요.
질문: 남자의 강아지는 무슨 색입니까?

A 노란색　B 검은색　C 흰색

정답 C

29.

Tiānqì yùbào shuō, jīntiān shì yīntiān, míngtiān yǒu yǔ.
男：天气 预报 说，今天 是 阴天，明天 有 雨。

Zuìjìn tiāntiān xiàyǔ, wàichū huódòng bù fāngbiàn.
女：最近 天天 下雨，外出 活动 不 方便。

Tiānqì yùbào shuō jīntiān tiānqì zěnmeyàng?
问：天气 预报 说 今天 天气 怎么样？

qíngtiān　yǔtiān　yīntiān
A 晴天　B 雨天　C 阴天

남 : 일기예보에서 오늘은 흐리고 내일은 비가 온대.
여 : 요즘 매일 비가와서 외출하여 움직이기가 불편해.
질문: 일기예보에 따르면 오늘 날씨가 어떠합니까?

A 맑다　B 비가 온다　C 흐리다

정답 C

30.

Zhège shāngdiàn yìbān jǐ diǎn guānmén?
女：这个 商店 一般 几 点 关门？

Yìbān wǎnshang shí diǎn bàn guānmén.
男：一般 晚上 十 点 半 关门。

Shāngdiàn shénme shíhou guānmén?
问：商店 什么 时候 关门？

A 21:30　　B 22:30　　C 23:30

여 : 이 상점은 보통 몇 시에 문 닫아요?
남 : 보통 10시 반에 문을 닫아요.
질문: 상점은 언제 문을 닫습니까?

A 21:30　B 22:30　C 23:30

정답 B

제4부분 해석

31-35

Tip 남녀 두 명의 대화문으로 이 대화에 근거하여 질문한 내용을 파악하는 능력을 측정한다.

예시

Qǐng zài zhèr xiě nín de míngzi.
女：请 在 这儿 写 您 的 名字。

Shì zhèr ma?
男：是 这儿 吗？

Bú shì, shì zhèr.
女：不 是，是 这儿。

Hǎo, xièxie.
男：好，谢谢。

Nán de yào xiě shénme?
问：男 的 要 写 什么？

míngzi　shíjiān　fángjiān hào
A 名字　B 时间　C 房间 号

여 : 여기에 당신의 이름을 쓰세요.
남 : 여기에요?
여 : 아니요, 여기요.
남 : 네, 고맙습니다.
질문 : 남자가 쓰려는 것은 무엇입니까?

A 이름　B 시간　C 방 번호

정답 A

31.

Míngtiān wǒmen yào kāihuì, shéi néng lái?
男：明天 我们 要 开会，谁 能 来？

Xiǎo Zhāng hé Xiǎo Lǐ néng lái, míngtiān wǒ yǒu shì, bù néng cānjiā huìyì le.
女：小张 和 小李 能 来，明天 我 有 事，不 能 参加 会议 了。

Kǒngpà wǒ yě lái bù liǎo. Duì le, Xiǎo Wáng shuō tā néng cānjiā huìyì ma?
男：恐怕 我 也 来 不 了。对 了， 小王 说 他 能 参加 会议 吗？

Tā shuō tā néng lái.
女：他 说 他 能 来。

Míngtiān de huìyì kěnéng yǒu jǐ ge rén cānjiā?
问：明天 的 会议 可能 有 几 个 人 参加？

A 3个 人 (ge rén)　B 4个 人 (ge rén)　C 5个 人 (ge rén)

남 : 내일 우리 회의 하는데 누가 올 수 있죠?
여 : 샤오장과 샤오리는 올 수 있고 나는 내일 일이 있어 참석할 수 없습니다.
남 : 아마 나도 못 갈 것 같아요. 아 참, 샤오왕은 회의에 참가할 수 있답니까?
여 : 올 수 있답니다.
질문: 내일 회의는 몇 사람이 참가할 수 있습니까?

A 세 명　B 네 명　C 다섯 명

정답 A

32.

Wǒ yào mǎi shí jīn píngguǒ. Yígòng duōshao qián?
女：我 要 买 十 斤 苹果。一共 多少 钱？

Píngguǒ wǔ kuài qián yì jīn, yígòng wǔshí kuài.
男：苹果 五 块 钱 一 斤， 一共 五十 块。

Néng bu néng piányi yìdiǎnr?
女：能 不 能 便宜 一点儿？

Nà gěi nǐ dǎ jiǔ zhé ba.
男：那 给 你 打 九 折 吧。

Nǚ de yào fù duōshao qián?
问：女 的 要 付 多少 钱？

A 45块 (kuài)　B 50块 (kuài)　C 55块 (kuài)

여 : 사과 열 근 사겠습니다. 모두 얼마입니까?
남 : 사과는 한 근에 5위안이고 모두 50위안입니다.
여 : 좀 싸게 해주실 수 있습니까?
남 : 10% 할인해드리죠.
질문: 여자는 얼마를 지불해야 합니까?

A 45위안　B 50위안　C 55위안

정답 A

33.

Míngtiān wǒ de péngyou yào chūguó le.
男：明天 我 的 朋友 要 出国 了。

Nǐ yào sòng tā qù jīchǎng ma?
女：你 要 送 他 去 机场 吗？

Shì, míngtiān tā zuò liǎng diǎn bàn de fēijī.
男：是，明天 他 坐 两 点 半 的 飞机。

Nǐmen zuìhǎo tí qián liǎng ge xiǎoshí dào jīchǎng.
女：你们 最好 提前 两 个 小时 到 机场。

Nǚ de rènwéi tāmen zuìhǎo jǐ diǎn dào jīchǎng?
问：女 的 认为 他们 最好 几 点 到 机场？

A 10:30　　B 12:30　　C 14:30

남 : 내일 제 친구가 출국해요.
여 : 공항에 배웅 나가려고요?
남 : 네, 그는 내일 2시 반 비행기 타요.
여 : 비행기 이륙하기 두 시간 전에 공항에 도착하는 것이 좋을 거예요.
질문: 여자가 생각하기에 그들이 몇 시에 공항으로 도착하는 것이 가장 좋습니까?

A 10:30　B 12:30　C 14:30

정답 **B**

34.

Nǐ zhǎo dào wǒ jiā le ma?
女：你 找 到 我 家 了 吗？

Wǒ hái zài nǐ jiā fùjìn ne. Shì zài shāngdiàn de hòumiàn ma?
男：我 还 在 你 家 附近 呢。是 在 商店 的 后面 吗？

Bù, shì zài xuéxiào de pángbiān.
女：不，是 在 学校 的 旁边。

Hǎo, wǒ mǎshàng dào.
男：好，我 马上 到。

Nǚ de de jiā zài shénme dìfang?
问：女 的 的 家 在 什么 地方？

shāngdiàn de pángbiān
A 商店 的 旁边

shāngdiàn de hòumiàn
B 商店 的 后面

xuéxiào de pángbiān
C 学校 的 旁边

여 : 우리 집 찾았어요?
남 : 아직 당신 집 근처이에요. 상점 뒤에 있나요?
여 : 아니요, 학교 옆이에요.
남 : 네, 곧 도착해요.
질문: 여자의 집은 어디에 있습니까?

A 상점 옆　B 상점 뒤　C 학교 옆

정답 **C**

35.

Wéi, nǐ hǎo. Xiǎo Wáng zài ma?
女：喂，你好。小王 在 吗？

Wǒ jiù shì. Qǐngwèn nǐ shì nǎ yí wèi?
男：我 就 是。请问 你 是 哪 一 位？

Xiǎo Wáng, wǒ shì Xiǎo Zhāng. Zhège zhōumò nǐ
女：小王， 我 是 小张。 这个 周末 你

néng bāng wǒ yí ge máng ma?
能 帮 我 一 个 忙 吗？

Méi wèntí. Shénme shì?
男：没 问题。什么 事？

Nǚ de gěi nán de dǎ diànhuà de mùdì shì shénme?
问：女 的 给 男 的 打 电话 的 目的 是 什么？

yào qǐng tā chīfàn
A 要 请 他 吃饭

yào tōngzhī tā yìxiē shìqing
B 要 通知 他 一些 事情

qiú bāngmáng
C 求 帮忙

여 : 여보세요, 안녕하세요. 샤오왕있습니까?
남 : 접니다. 누구세요?
여 : 샤오왕, 나 샤오장이야. 이번 주말에 나 좀 도와줄 수 있어?
남 : 그럼. 무슨 일인데?
질문: 여자가 남자에게 전화를 건 목적은 무엇입니까?

A 식사를 대접하려고
B 몇 가지 일을 알려주려고
C 도움을 청하려고

정답 C

2. 독해

제1부분 해석

36-40

Tip 문장에 나오는 내용에 근거하여 사진 중에서 가장 적절한 그림을 찾는 문제로, 짧은 중국어 문장에 대한 이해 능력을 측정한다.

A

B

C

D

E

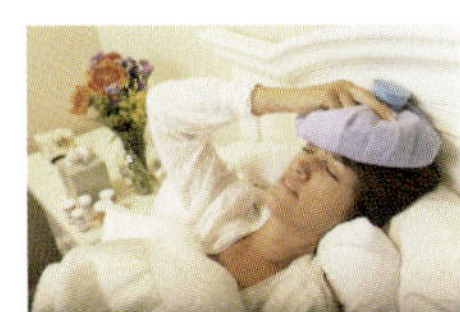

F

예시

Měi ge xīngqīliù, wǒ dōu qù dǎ lánqiú.
每 个 星期六，我 都 去 打 篮球。

토요일마다 나는 농구를 하러 간다.

정답 F

36.

Bàba zhèng zuòzài shāfāshang kàn bàozhǐ ne.
爸爸 正 坐在 沙发上 看 报纸 呢。

아빠는 소파에 앉아서 신문을 보고 있다.

정답 D

37.

Nǐ yào hē kāfēi, háishi yào hē chá?
你 要 喝 咖啡，还是 要 喝 茶?

커피 마실래요 아니면 차 마실래요?

정답 B

38.

Wǒ de shǒubiǎo bú jiàn le, nǐ kànjiàn le ma?
我 的 手表 不 见 了，你 看见 了 吗?

내 시계가 안 보입니다, 보셨나요?

정답 A

39.

Bú xiàyǔ le, tiān qíng le.
不 下雨 了，天 晴 了。

비가 멈췄다, 날이 개었다.

정답 C

40.

Wǒ gǎnmào fāshāo le, zhěngtiān zài jiā méiyǒu chūqu.
我 感冒 发烧 了，整天 在 家 没有 出去。

나는 감기에 걸려 열이나 하루 종일 외출하지 못했다.

정답 E

제2부분 해석

41-45

Tip 이 부분은 문장 속 빈 칸에 들어갈 가장 적당한 단어를 고르는 문제로 종합적인 이해력을 측정한다.

mǎi A 买 사다	yǐjīng B 已经 이미	piàoliang C 漂亮 예쁘다	kuài D 块 시계의 양사	chūzūchē E 出租车 택시	dǒng F 懂 알다

예시

Nǐ mànman shuō, wǒ néng tīng
你 慢慢 说，我 能 听（ F ）。

좀 천천히 말씀해 주세요, 제가 (알아) 들을 수 있게요.

정답 F

41.

Qù nàge dìfang háishi zuò gèng kuài.
去 那个 地方 还是 坐(E) 更 快。

그곳에 갈 때는 (택시)를 타는 것이 더 빠르다.

정답 E

42.

Wǒ zài shāngdiàn le yìxiē jīdàn hé niúnǎi.
我 在 商店 (A)了 一些 鸡蛋 和 牛奶。

나는 상점에서 달걀과 우유를 (샀다).

정답 A

43.

Nǐ xiě Hànzì xiěde hěn
你 写 汉字 写得 很(C)。

너는 한자를 (예쁘게) 쓴다.

정답 C

44.

Zhè shǒubiǎo shì hěn guì de.
这（D）手表 是 很 贵 的。

（이）시계는 비싼 것이다.

정답 D

45.

Nǐ hái zài gōngzuò ma?
女：你 还 在 工作 吗？

Bù, xiànzài wǒ bú gàn le.
男：不，现在 我（B）不 干 了。

여：당신 아직도 일하고 계십니까?
남：아니요, 지금 저는 (이미) 일을 그만두었습니다.

정답 B

제3부분 해석

46-50

Tip 이 부분은 첫 번째 문장과 두 번째 문장의 의미가 일치하는 지 판단하는 문제로, 비교적 긴 문장의 이해력을 측정한다.

예시 Xiànzài shì diǎn fēn, tāmen yǐjing yóule fēnzhōng le.
现在 是 11 点 30分， 他们 已经 游了 20 分钟 了。

Tāmen diǎn fēn kāishǐ yóuyǒng.
★ 他们 11点 10分 开始 游泳。

지금 11시 반이고, 그들은 이미 20분간 수영을 했다.
★그들은 11시 10분에 수영을 시작했다.

정답 √

46. Xiànzài kuài shíyī diǎn le, tā wán diànnǎo yǐjīng wánle liǎng ge xiǎoshí.
现在 快 十一 点 了，他 玩 电脑 已经 玩了 两 个 小时。

Tā diǎn kāishǐ wán diànnǎo.
★ 他10点 开始 玩 电脑。

이제 곧 11시가 되는데, 그는 이미 컴퓨터를 두 시간 했다.
★그는 10시부터 컴퓨터를 시작했다.

정답 ×

47. Wǒ mǎile sān jīn píngguǒ, píngguǒ shì sì kuài qián yì jīn.
我 买了 三 斤 苹果，苹果 是 四 块 钱 一 斤。

Tā mǎile kuài qián de píngguǒ.
★ 他 买了12 块 钱 的 苹果。

나는 사과 세 근을 샀다. 사과는 한 근에 4위안이다.
★그는 사과를 12위안어치 샀다. 정답 √

48. Tā cóng dàxué yīniánjí kāishǐ xué Hànyǔ, yǐjīng xuéle liǎng nián.
他 从 大学 一年级 开始 学 汉语，已经 学了 两 年。

Xiànzài tā shì dàxué sìniánjí.
★ 现在 他 是 大学 四年级。

그는 대학교 1학년 때부터 중국어를 배웠고, 이미 2년 배웠다.
★지금 그는 대학교 4학년이다. 정답 ×

49. Xīngqītiān wǒ hé péngyou yìqǐ qù kàn diànyǐng, dànshì piào yǐjīng mài guāng le, méi néng kàn chéng.
星期天 我 和 朋友 一起 去 看 电影，但是 票 已经 卖 光 了，没 能 看 成。

Tāmen xīngqītiān kànle yí bù diànyǐng.
★ 他们 星期天 看了 一 部 电影。

일요일에 나는 친구와 함께 영화를 보러갔지만 표가 매진되어 볼 수 없었다.
★그들은 일요일에 영화 한 편을 보았다. 정답 ×

50. Dì-yī cì lái Zhōngguó de shíhou, wǒ yìdiǎnr dōu tīng bu dǒng Hànyǔ,
第一 次 来 中国 的 时候，我 一点儿 都 听不 懂 汉语，
dàn xiànzài wǒ néng tīngdǒng Zhōngguó xīnwén le.
但 现在 我 能 听懂 中国 新闻 了。

Tā de Zhōngwén shuǐpíng jìnbùle hěn duō.
★ 他 的 中文 水平 进步了 很 多。

중국에 처음 왔을 때 나는 중국어를 조금도 알아듣지 못했지만, 지금은 중국 뉴스를 알아들을 수 있게 되었다.
★그의 중국어 수준이 많이 향상되었다. 정답 √

제4부분 해석

51-55

Tip 51번부터 60번까지 총 10문항이며, 서로 관련된 문장을 찾아내는 능력을 측정한다.

보기

A Shì de, qǐng zài zhèli xiě.
是的，请在这里写。
그래요, 이곳에 쓰세요.

B Nǐ zhàngfu shì zuò shénme de?
你丈夫是做什么的?
당신 남편의 직업은 무엇입니까?

C Nà, ràng tā shénme yě búyào zuò, duō xiūxi.
那，让他什么也不要做，多休息。
그럼 그에게 아무 것도 시키지 말고 많이 쉬게 하세요.

D Shèngdànjié kuàilè!
圣诞节快乐！
메리 크리스마스!

E Duìbùqǐ, nàtiān wǒ yǒu shì.
对不起，那天我有事。
미안합니다. 그날 제가 일이 있습니다.

F Tā zài nǎr ne? Nǐ kànjiàn tā le ma?
她在哪儿呢? 你看见她了吗?
그녀는 어디에 있습니까? 그녀를 보았습니까?

51.

Míngtiān shì yuè rì.
明天是12月25日。

내일은 12월 25일이다.

정답 D

52.

Tā jīnnián hé tā dìdi yìqǐ kāile yí ge fànguǎnr.
他今年和他弟弟一起开了一个饭馆儿。

그는 올해 그의 남동생과 함께 식당을 열었다.

정답 B

53.

Yào xiě wǒ de míngzi ma?
要 写 我 的 名字 吗?

제 이름을 써야합니까?

정답 A

54.

Xīngqīsì wǒmen yìqǐ qù kàn diànyǐng, hǎobuhǎo?
星期四 我们 一起 去 看 电影, 好不好?

목요일 우리 같이 영화 보러 갈래요?

정답 E

55.

Tā mángle yìtiān de gōngzuò, xiànzài hěn lèi.
他 忙了 一天 的 工作, 现在 很 累。

그는 하루 동안 바쁘게 일을 해서 지금 피곤하다.

정답 C

56-60

보기

Wǒ xǐhuan wǒmen bān de Xiǎo Lǐ.
A 我 喜欢 我们 班 的 小李。
나는 우리 반의 샤오리를 좋아한다.

Zhuōzishang nàge bú shì nǐ de ma?
B 桌子上 那个 不 是 你 的 吗?
테이블 위의 저것이 당신 것 아닙니까?

Dànshì māma shuō hěn hǎochī, tā chīle hěn duō.
C 但是 妈妈 说 很 好吃, 她 吃了 很 多。
하지만 어머니께서 맛있다고 하시며 많이 드셨다.

Wǒmen yīnggāi jiào tā dàjiě.
D 我们 应该 叫 她 大姐。
우리는 그녀를 큰 언니라고 불러야 한다.

Wǒ míngtiān zhǔnbèi qù páshān.
E 我 明天 准备 去 爬山。
나는 내일 등산 갈 것이다.

56.

Jīntiān shì wǒ dì-yī cì zuò cài
今天 是 我 第一 次 做 菜。

오늘은 내가 처음 요리를 했다.

정답 C

57.

Nǐ shì shuō nàbian dǎ lánqiú de nàge nán tóngxué ma?
你 是 说 那边 打 篮球 的 那个 男 同学 吗?

저쪽에서 농구 하고 있는 저 남학생을 말씀하시는 겁니까?

정답 A

58.

Tā bǐ wǒmen dà bā suì.
她 比 我们 大 八 岁。

그녀는 우리보다 8살 많다.

정답 D

59.

Wǒ xīwàng míngtiān shì qíngtiān.
我 希望 明天 是 晴天。

내일 맑은 날이었으면 좋겠다.

정답 E

60.

Nǐ kànjiàn wǒ de bēizi le ma?
你 看见 我 的 杯子 了 吗?

당신 내 잔을 보았습니까?

정답 B

2급 2회

1. 듣기

제1부분 해석

1-5

Tip 간단한 회화문을 들려주고 시험지에 있는 사진과 일치하는지를 묻는 문제로, 일치하면 √표시를, 일치하지 않으면 ×표시를 한다.

예시 1

Wǒmen jiā yǒu sān ge rén .
我们 家 有 三 个 人。

우리 가족은 3명이다.

정답 √

예시 2

Wǒ měi tiān zuò gōnggòngqìchē qù shàngbān.
我 每 天 坐 公共汽车 去 上班。

나는 매일 버스를 타고 출근한다.

정답 ×

1.

Wǒ měi tiān diǎn qǐchuáng.
我 每 天 6 点 起床。

나는 매일 6시에 일어난다.

정답 ×

2.

Nǐ chuān de yīfu hěn piàoliang.
你 穿 的 衣服 很 漂亮。

당신이 입고 있는 옷은 예쁘다.

정답 ×

3.

Wàimiàn zhèngzài xiàyǔ ne.
外面 正在 下雨 呢。

밖에 비가 오고 있다.

정답 √

4.

Zhège niúnǎi hěn hǎohē.
这个 牛奶 很 好喝。

이 우유는 맛있다.

정답 √

5.

Nǐ zhǔnbèi hǎo le ma?
你 准备 好 了 吗?

준비 다 되었나요?

정답 √

6-10

6.

Zuìjìn zhèxiē xīguā màide hěn guì.
最近 这些 西瓜 卖得 很 贵。

요즘 이 수박들은 비싸게 팔린다.

정답 ×

7.

Zuótiān wǒ mǎile yí kuài shǒubiǎo.
昨天 我 买了 一 块 手表。

어제 시계를 하나 샀다.

정답 √

8.

Xiàzhōu wǒ yào qù Zhōngguó lǚyóu le.
下周 我 要 去 中国 旅游 了。

다음 주에 나는 중국으로 여행갈 것이다.

정답 √

9.

Wǒ shì zuò huǒchē lái Běijīng de.
我 是 坐 火车 来 北京 的。

나는 베이징에 기차를 타고 왔다.

정답 ×

10.

Kuài diǎn le, tāmen hái zài liáotiān ne.
快 12 点 了，他们 还 在 聊天 呢。

곧 12시인데 그들은 아직도 잡담을 하고 있다.

정답 √

제2부분 해석

11-15

 이 부분은 남녀 두 명의 대화로 이루어져 있고, 문제지의 그림을 보고 아래 대화 내용에 근거하여 정답을 찾는 문제이다. 핵심단어를 잘 파악하여 문장을 이해하는 능력을 측정한다.

A 

B 

C 

D 

E 

F 

예시

Nǐ xǐhuan shénme yùndòng?
男：你 喜欢 什么 运动？

Wǒ zuì xǐhuan tī zúqiú.
女：我 最 喜欢 踢 足球。

남 : 당신은 무슨 운동을 좋아해요?
여 : 저는 축구를 가장 좋아합니다.

정답 

11.

Qǐngwèn, Běijīng Huǒchēzhàn lí zhèr yuǎn ma?
女：请问，北京 火车站 离 这儿 远 吗？

Yìdiǎnr yě bù yuǎn, wǎng zhèbian zǒu jǐ fēnzhōng
男：一点儿 也 不 远，往 这边 走 几 分钟
jiù néng dào.
就 能 到。

여 : 말씀 좀 묻겠습니다, 베이징역은 여기서 멀어요?
남 : 조금도 멀지 않아요. 이쪽으로 몇 분만 가시면 됩니다.

정답 

12.

Wǒ jièshào yíxià, zhè wèi shì Wáng lǎoshī,
男：我 介绍 一下，这 位 是 王 老师，
tā shì wǒmen de Hànyǔ lǎoshī.
她 是 我们 的 汉语 老师。

Wáng lǎoshī, nín hǎo. Rènshi nín hěn gāoxìng.
女：王 老师，您 好。认识 您 很 高兴。

남 : 제가 소개하겠습니다, 이 분은 왕 선생님이시고, 제 중국어 선생님이십니다.
여 : 왕 선생님, 안녕하세요. 알게 되어 기쁩니다.

정답 B

13.

Xiàzhōu wǒ jiù yào huí Běijīng le.
女：下周 我 就 要 回 北京 了。

Xīwàng wǒmen néng zài cì jiànmiàn.
男：希望 我们 能 再 次 见面。

여 : 다음 주에 저는 바로 베이징으로 돌아가요.
남 : 우리가 다시 만날 수 있길 바래요.

정답 E

14.

Kuài kāixué le, zuòyè zuòwán le ma?
女：快 开学 了，作业 做完 了 吗?

Wǒ hái méi zuòwán ne.
男：我 还 没 做完 呢。

여 : 곧 개학하는 데 숙제 다했어?
남 : 아직 다하지 못했어요.

정답 A

15.

Gǎitiān yǒu shíjiān dào wǒ jiā lái wánwan.
男：改天 有 时间 到 我 家 来 玩玩。

Hǎo, xièxie, yídìng!
女：好，谢谢，一定！

남 : 나중에 시간 날 때 우리 집에 놀러 오세요.
여 : 좋아요, 감사합니다. 반드시 놀러 올게요!

정답 D

16-20

Tip 이 부분은 남녀 두 명의 대화로 이루어져 있고, 문제지의 그림을 보고 아래 대화 내용에 근거하여 정답을 찾는 문제이다. 핵심단어를 잘 파악하여 문장을 이해하는 능력을 측정한다.

A 

B 

C 

D 

E 

16.

Wǒ shēntǐ bù shūfu, yìzhí juéde hěn lěng.
女：我 身体 不 舒服，一直 觉得 很 冷。

Nǐ shìbushì gǎnmào le?
男：你 是不是 感冒 了？

여 : 저는 몸이 편치 않아서, 계속 춥게 느껴지네요.
남 : 감기 걸린 것 아닌가요?

정답 

17.

Xiàwǔ nǐ yào qù shāngdiàn ma?
男：下午 你 要 去 商店 吗？

Shì, wǒ yào mǎi yìxiē jīdàn hé niúnǎi.
女：是，我 要 买 一些 鸡蛋 和 牛奶。

남 : 당신 오후에 상점에 갑니까?
여 : 네, 달걀과 우유를 좀 살 것입니다.

정답 

18.

Zhè shì wǒ zuì xǐhuan chuān de yīfu.
男：这 是 我 最 喜欢 穿 的 衣服。

Wǒ juéde yánsè hěn hǎokàn.
女：我 觉得 颜色 很 好看。

남 : 이것은 제가 가장 좋아하는 옷이에요.
여 : 제 생각엔 색깔이 좋아보여요.

정답 C

19.

Wǒmen shénme shíhou chūfā?
女：我们 什么 时候 出发？

Xiànzài wàimiàn xiàzhe yǔ, wǒmen zài děng yíhuìr ba.
男：现在 外面 下着 雨，我们 再 等 一会儿 吧。

여 : 우리 언제 출발하죠?
남 : 지금 밖에 비가 오고 있으니 우리 좀 더 기다립시다.

정답 D

20.

Nǐ huìbuhuì xiě Hànzì?
男：你 会不会 写 汉字？

Huì shì huì, dàn xiěde bù zěnme hǎokàn.
女：会 是 会，但 写得 不 怎么 好看。

남 : 당신 한자 쓸 줄 아십니까?
여 : 쓸 줄 알긴 아는데 별로 잘 쓰지 못합니다.

정답 E

제3부분 해석

21-30

Tip 대화에 근거하여 질문하면, 수험생은 핵심단어를 잘 파악하여 아래 세 가지 보기 중에서 가장 정확한 답을 고르는 능력을 배양한다.

예시

Xiǎo Wáng, zhèli yǒu jǐ ge bēizi nǎge shì nǐ de?
男：小王，这里 有 几 个 杯子，哪个 是 你 的？

Zuǒbian nàge hóngsè de shì wǒ de.
女：左边 那个 红色 的 是 我 的。

Xiǎo Wáng de bēizi shì shénme yánsè de?
问：小王 的 杯子 是 什么 颜色 的？

hóngsè A 红色   hēisè B 黑色   báisè C 白色

남 : 미스 왕, 여기에 컵이 몇 개 있는데, 어느 것이 네 거야?
여 : 왼쪽에 있는 저 붉은색이 내 거야.
질문 : 미스 왕의 컵은 무슨 색입니까?

A 붉은색 B 검은색 C 흰색

정답 A

21.

Zhōusì shì wǒ mèimei de shēngrì. Wǒ yào sòng yí fèn xiǎo lǐwù gěi tā.
男：周四 是 我 妹妹 的 生日。我 要 送 一 份 小 礼物 给 她。

Tā yídìng huì hěn gāoxìng.
女：她 一定 会 很 高兴。

Mèimei de shēngrì shì nǎ tiān?
问：妹妹 的 生日 是 哪 天？

A 星期二 (xīngqī'èr)　B 星期三 (xīngqīsān)　C 星期四 (xīngqīsì)

남 : 목요일은 제 여동생 생일입니다. 작은 선물이라도 해야겠어요.
여 : 동생이 분명 기뻐하겠네요.
질문: 여동생의 생일은 언제입니까?

A 화요일　B 수요일　C 목요일

정답 C

22.

Dào le. Nǐ kàn, zhè jiù shì wǒ jiā.
女：到 了。你 看，这 就 是 我 家。

Nǐ jiā zhēn piàoliang.
男：你 家 真 漂亮。

Nán de juéde tā de jiā zěnmeyàng?
问：男 的 觉得 她 的 家 怎么样？

A 很 远 (hěn yuǎn)　B 很 大 (hěn dà)　C 很 好看 (hěn hǎokàn)

여 : 도착했어요. 보세요, 이것이 우리 집입니다.
남 : 집이 아주 예쁘군요.
질문: 남자가 생각하기에 그녀의 집은 어떠합니까?

A 멀다　B 크다　C 예쁘다

정답 C

23.

Jīntiān shēntǐ zěnmeyàng?
男：今天 身体 怎么样？

Zuótiān chī yào xiūxile yì tiān, yǐjīng hǎo duō le. Xièxie nǐ de guānxīn.
女：昨天 吃 药 休息了 一 天，已经 好 多 了。谢谢 你 的 关心。

Xiànzài tā de shēntǐ zěnmeyàng?
问：现在 她 的 身体 怎么样？

A 好 起来 了 (hǎo qǐlái le)　B 更 厉害 了 (gèng lìhai le)　C 没有 变化 (méiyǒu biànhuà)

남 : 오늘 몸 어때요?
여 : 어제 약을 먹고 하루 쉬었더니 벌써 많이 좋아졌어요. 신경써주셔서 감사합니다.
질문: 지금 그녀의 몸은 어떠합니까?

A 좋아졌다
B 더욱 심해졌다
C 변화가 없다

정답 A

24.

Xiànzài kěyǐ chī le ma?
男：现在 可以 吃 了 吗？

Hái bùxíng, xiān xǐshǒu zài lái chī.
女：还 不行，先 洗手 再 来 吃。

Nǚ de ràng nán de zuò shénme?
问：女 的 让 男 的 做 什么？

xiān chī fàn
A 先 吃 饭

xiān xǐshǒu
B 先 洗手

xiān hē shuǐ
C 先 喝 水

남 : 지금 먹어도 돼요?
여 : 아직 안 돼, 먼저 손 씻고와서 먹으렴.
질문: 여자는 남자에게 무엇을 하라고 시켰습니까?

A 먼저 밥을 먹어라
B 먼저 손을 씻어라
C 먼저 물을 마셔라

정답 B

25.

Zuótiān nǐ zěnme méi lái?
女：昨天 你 怎么 没 来？

Zuótiān wǒ de dìdi shēngbìng le, wǒ dài tā qù kàn yīshēng, suǒyǐ méi néng lái.
男：昨天 我 的 弟弟 生病 了，我 带 他 去 看 医生，所以 没 能 来。

Zuótiān tā wèishénme méi néng lái?
问：昨天 他 为什么 没 能 来？

zìjǐ shēngbìng le
A 自己 生病 了

dài dìdi qù yīyuàn
B 带 弟弟 去 医院

shuì lǎn jiào
C 睡 懒 觉

여 : 어제 왜 안 왔어?
남 : 어제 제 동생이 아파서, 제가 동생 데리고 진찰 받으러 갔어요. 그래서 못 왔어요.
질문: 어제 그는 왜 못 왔습니까?

A 자기가 병이 나서
B 동생을 데리고 병원에 가느라고
C 늦잠을 자서

정답 B

26.

Nǐ juédìng le méiyǒu?
男：你 决定 了 没有？

Hái méiyǒu, ràng wǒ zài xiǎng yi xiǎng.
女：还 没有，让 我 再 想 一 想。

Nǚ de shì shénme yìsi?
问：女 的 是 什么 意思？

yǐjīng juédìng le
A 已经 决定 了

bù zhīdào
B 不知道

xūyào zài kǎolǜ
C 需要 再 考虑

남 : 결정했습니까?
여 : 아직 못 했어요, 다시 한번 생각해 볼 수 있도록 해주세요.
질문: 여자의 말은 무슨 뜻입니까?

A 이미 결정했다
B 모른다
C 다시 생각해 볼 필요가 있다

정답 C

27.

Míngtiān wǒmen yào kāihuì le, wǒ yě cānjiā,
女：明天 我们 要 开会 了，我 也 参加，
háiyǒu shéi néng lái?
还有 谁 能 来？

Xiǎo Wáng, Xiǎo Zhāng hé wǒ. Xiǎo Lǐ shuō jiāli
男：小王， 小张 和 我。小李 说 家里
yǒu shì, lái bu liǎo le.
有 事，来 不 了 了。

Míngtiān yǒu jǐ ge rén cānjiā huìyì?
问：明天 有 几 个 人 参加 会议？

sān ge rén / sì ge rén / wǔ ge rén
A 三 个 人 B 四 个 人 C 五 个 人

여 : 내일 우리는 회의를 열 거예요. 저도 참가하는데 또 누가 참가할 수 있죠?

남 : 샤오왕, 샤오장 그리고 저요. 샤오리는 집에 일이 있어서 올 수 없대요.

질문: 내일 몇 명이 회의에 참가합니까?

A 세 명 B 네 명 C 다섯 명

정답 B

28.

Wǒ yào mǎi liǎng zhāng kāi wǎng Běijīng de wòpù piào.
女：我 要 买 两 张 开 往 北京 的 卧铺 票。

Duìbuqǐ, piào yǐjīng mài guāng le.
男：对不起，票 已经 卖 光 了。

Nán de shì shénme yìsi?
问：男 的 是 什么 意思？

zhǐyǒu yìngzuò piào
A 只有 硬座 票
zhǐ shèngxià yì zhāng piào
B 只 剩下 一 张 票
méiyǒu dào Běijīng de piào le
C 没有 到 北京 的 票 了

여 : 베이징에 가는 침대칸 표 두 장 주세요.

남 : 죄송합니다만, 표가 매진되었습니다.

질문: 남자의 말은 무슨 뜻입니까?

A 일반석 밖에 없다
B 표가 한 장 밖에 없다
C 베이징 가는 표가 없다

정답 C

29.

Zhè cì kǎoshì kǎode zěnmeyàng?
男：这次考试考得怎么样？

Wǒ chàdiǎn dé mǎnfēn, kě dá cuòle yí dào tí, bèi kòule fēn.
女：我差点得满分，可答错了一道题，被扣了5分。

Zhè cì kǎoshì nǚ de hái chà jǐ fēn mǎnfēn?
问：这次考试女的还差几分满分？

A 5 分 (fēn)　B 10 分 (fēn)　C 15 分 (fēn)

남: 이번 시험 어떻게 보았어요?
여: 만점을 받을 뻔했는데 한 문제 틀려서 5점 깎였어요.
질문: 여자는 이번 시험에서 만점에 몇 점 부족합니까?

A 5점　B 10점　C 15점

정답 **A**

30.

Xiǎo Lǐ, nǐ wèishénme xué Hànyǔ?
男：小李，你为什么学汉语？

Yīnwèi wǒ hěn xǐhuan kàn Zhōngguó diànshìjù. Wǒ xiǎng tīng dǒng tāmen shuō de huà.
女：因为我很喜欢看中国电视剧。我想听懂他们说的话。

Xiǎo Lǐ wèishénme xué Hànyǔ?
问：小李为什么学汉语？

yīnwèi gōngzuò xūyào
A 因为工作需要

xiǎng yào jiāo Zhōngguó péngyou
B 想要交中国朋友

yīnwèi mí shàngle Zhōngguó liánxùjù
C 因为迷上了中国连续剧

남: 샤오리, 당신은 왜 중국어를 배우나요?
여: 제가 중국 TV드라마를 좋아해서, 그들의 대사를 알아듣고 싶어요.
질문: 샤오리는 왜 중국어를 배웁니까?

A 업무적인 필요에 의해서
B 중국 친구를 사귀고 싶어서
C 중국 드라마에 쏙 빠져서

정답 **C**

제4부분 해석

31-35

Tip 남녀 두 명의 대화문으로 이 대화에 근거하여 질문한 내용을 파악하는 능력을 측정한다.

예시

Qǐng zài zhèr xiě nín de míngzi.
女：请 在 这儿 写 您 的 名字。
Shì zhèr ma?
男：是 这儿 吗？
Bú shì, shì zhèr.
女：不 是，是 这儿。
Hǎo, xièxie.
男：好，谢谢。
Nán de yào xiě shénme?
问：男 的 要 写 什么？

míngzi / shíjiān / fángjiān hào
A 名字　B 时间　C 房间 号

여 : 여기에 당신의 이름을 쓰세요.
남 : 여기에요?
여 : 아니요, 여기요.
남 : 네, 고맙습니다.
질문 : 남자가 쓰려고 하는 것이 무엇입니까?

A 이름　B 시간　C 방 번호

정답 A

31.

Kuài jiǔ diǎn le, wǒ xiǎng wǒ gāi huí jiā le.
男：快 九 点 了，我 想 我 该 回 家 了。
Shíjiān guòde zhēn kuài, nǐ néng yí ge rén huí jiā ma?
女：时间 过得 真 快，你 能 一 个 人 回 家 吗？
Méi wèntí, qǐng nín liúbù.
男：没 问题，请 您 留步。
Nà wǒ bú sòng nǐ le. Lùshang xiǎoxīn.
女：那 我 不 送 你 了。路上 小心。
Xiànzài liǎng ge rén zuì kěnéng zài nǎli?
问：现在 两 个 人 最 可能 在 哪里？

nán de de jiā / kāfēitīng / nǚ de de jiā
A 男的 的 家　B 咖啡厅　C 女的 的 家

여 : 곧 9시입니다. 집에 가야 될 것 같아요.
남 : 시간이 참 빠르게 지나가는 군요, 혼자 갈 수 있어요?
여 : 문제 없어요, 나오지 마세요.
남 : 그럼 안 나갈게요. 길 조심하세요.
질문 : 지금 두 사람은 어디에 있을 가능성이 가장 높습니까?

A 남자의 집　B 커피숍　C 여자의 집

정답 
C

32.

Nǐ yě shì dì-yī cì lái Běijīng ma?
男：你也是第一次来北京吗？
Bù, qiánnián wǒ láiguo Běijīng.
女：不，前年我来过北京。
Nǐ yě qùguo Shànghǎi ma?
男：你也去过上海吗？
Shànghǎi wǒ hái méi qùguo.
女：上海我还没去过。
Nán de láiguo jǐ cì Běijīng?
问：男的来过几次北京？

cóng méi láiguo　yí cì　sān cì
A 从没来过　B 一次　C 三次

남 : 베이징에 처음 오신 거예요?
여 : 아니요, 제작년에 와 본 적이 있습니다.
남 : 상하이도 가 보셨나요?
여 : 상하이는 가 본 적 없어요.
질문: 남자는 북경에 온 적이 몇 번 있습니까?

A 한 번도 와 본 적이 없다
B 한 번　C 세 번

정답 B

33.

Jīntiān wǎnshang wǒmen yào zuò jǐ diǎn de huǒchē?
男：今天晚上我们要坐几点的火车？
Qī diǎn bàn. Wǒmen háiyǒu yí ge xiǎoshí ne.
女：七点半。我们还有一个小时呢。
Wǒmen dǎsuan shénme shíhou chūfā?
男：我们打算什么时候出发？
Nǐ shénme shíhou zhǔnbèi hǎo, wǒmen jiù shénme shíhou chūfā.
女：你什么时候准备好，我们就什么时候出发。
Xiànzài jǐ diǎn?
问：现在几点？

Wǎnshang diǎn bàn　Wǎnshang diǎn　Wǎnshang diǎn bàn
A 晚上6点半　B 晚上7点　C 晚上7点半

남 : 오늘 저녁에 우리들 몇 시 기차 타는거죠?
여 : 7시 반요. 아직 한 시간 남았어요.
남 : 우리 언제 출발하죠?
여 : 당신 준비되는 대로 바로 출발합시다.
질문: 지금 몇 시입니까?

A 6시 반　B 7시　C 7시 반

정답 A

34.

Zhèxiē shuǐguǒ zěnme mài?
男：这些 水果 怎么 卖？

Píngguǒ wǔ kuài qián yì jīn, xiāngjiāo sān kuài qián yì jīn.
女：苹果 五 块 钱 一 斤，香蕉 三 块 钱 一 斤。

Wǒ mǎi liǎng jīn píngguǒ hé yì jīn xiāngjiāo.
男：我 买 两 斤 苹果 和 一 斤 香蕉。

Hǎo de.
女：好 的。

Tā yígòng mǎile duōshao qián de shuǐguǒ?
问：他 一共 买了 多少 钱 的 水果？

kuài qián / kuài qián / kuài qián
A 8 块 钱　B 11 块 钱　C 13 块 钱

남 : 이 과일들 어떻게 팔죠?
여 : 사과는 한 근에 5위안이고, 바나나는 한 근에 3위안입니다.
남 : 사과 두 근하고 바나나 한 근 주세요.
여 : 알겠습니다.
질문: 그가 산 과일은 모두 얼마입니까?

A 8위안　B 11위안　C 13위안

정답 C

35.

Nǐ néng kàndǒng Zhōngwén bàozhǐ ma?
男：你 能 看懂 中文 报纸 吗？

Wǒ kàn de dǒng yìdiǎndiǎn. Búguò yǒuxiē zì tài nán le, wǒ kàn bu dǒng.
女：我 看 得 懂 一点点。不过 有些 字 太 难 了，我 看 不 懂。

Nǐ hěn lìhai. Nǐ xuéle jǐ nián de Hànyǔ le?
男：你 很 厉害。你 学了 几 年 的 汉语 了？

Wǒ xué Hànyǔ yǐjīng bànnián duō le.
女：我 学 汉语 已经 半年 多 了。

Nǚ de dàgài xuéle duōcháng shíjiān de Hànyǔ?
问：女 的 大概 学了 多长时间 的 汉语？

ge yuè / ge yuè / nián
A 3 个 月　B 6 个 月　C 1 年

남 : 중국 신문 알아볼 수 있어요?
여 : 약간 알아볼 수 있어요. 하지만 어떤 글자는 너무 어려워 알아볼 수 없어요.
남 : 대단하시네요. 중국어를 몇 년 배웠나요?
여 : 저는 중국어를 이미 반 년정도 배웠습니다.
질문: 남자는 중국어를 대략 몇 년 배웠습니까?

A 3개월　B 6개월　C 1년

정답 B

2. 독해

제1부분 해석

36-40

Tip 문장에 나오는 내용에 근거하여 사진 중에서 가장 적절한 그림을 찾는 문제로, 짧은 중국어 문장에 대한 이해 능력을 측정한다.

A

B

C

D

E

F

예시

Měi ge xīngqīliù, wǒ dōu qù dǎ lánqiú.
每 个 星期六，我 都 去 打 篮球。

토요일마다 나는 농구를 하러 간다.

정답 

36.

Wǒ de shǒujī méi diàn le, xiànzài bùnéng jiē diànhuà.
我 的 手机 没 电 了，现在 不能 接 电话。

휴대폰 전원이 떨어져서, 지금은 전화를 받을 수 없다.

정답 

37.

Wǒ yǒu yìzhī māo, tā jīnnián liǎngsuì le.
我 有 一只 猫，它 今年 两岁 了。

나는 두 살된 고양이 한 마리가 있다.

정답 E

38.

Wǒ měi tiān qí zìxíngchē qù shàngxué.
我 每天 骑 自行车 去 上学。

나는 매일 자전거를 타고 등교한다.

정답 D

39.

Zuótiān wǒ kāichē sòng tā huíjiā le.
昨天 我 开车 送 他 回家 了。

어제 나는 차로 그를 집에 바래다 주었다.

정답 B

40.

Kàn diànshì búyào kàn tài jiǔ le, duì yǎnjing bù hǎo
看 电视 不要 看 太 久 了，对 眼睛 不 好。

TV를 너무 오래 보지 마세요, 눈에 좋지 않아요.

정답 C

제2부분 해석

41-45

Tip 이 부분은 문장 속 빈 칸에 들어갈 가장 적당한 단어를 고르는 문제로 종합적인 이해력을 측정한다.

yào A 药 약	piányi B 便宜 싸다	kǎoshì C 考试 시험	qǐng D 请 대접하다	huì E 会 할 줄 안다	dǒng F 懂 알다

예시

Nǐ mànman shuō, wǒ néng tīng
你 慢慢 说，我 能 听（ F ）。

좀 천천히 말씀해 주세요, 제가 (알아) 들을 수 있게요.

정답 F

41.

Tā gāoxìng de shuō: “zhè cì wǒ kǎole dì-yī míng!”
他 高兴 地 说：“这 次（ C ）我 考了 第一 名!”

그는 기쁘게 말했다. ‘이번 (시험)에서 나는 일등을 했어요!’

정답 C

42.

Jīntiān shì nǐ de shēngrì, wǒ nǐ chī hǎochī de.
今天 是 你 的 生日，我（ D ）你 吃 好吃 的。

오늘은 당신의 생일이니 제가 맛있는 것을 (대접하겠습니다).

정답 D

43.

Nǐ zuò Zhōngguó cài ma?
你（ E ）做 中国 菜 吗?

당신은 중국 요리를 (할 줄 아십니까)?

정답 E

44.

Néng bu néng yìdiǎnr?
能 不 能（ B ）一点儿?

좀 (싸게) 해주실 수 없습니까?

정답 B

45.

Jīntiān shēntǐ zěnmeyàng?
男：今天 身体 怎么样？
Zuówǎn chī xiūxīle yíhuìr, xiànzài hǎo duō le.
女：昨晚 吃（ A ）休息了 一会儿，现在 好 多 了。

남 : 오늘 몸이 어떠세요?
여 : 어제 저녁에 (약)을 먹고 잠시 쉬었더니 지금 많이 좋아졌습니다.

정답 A

제3부분 해석

46-50

Tip 이 부분은 첫 번째 문장과 두 번째 문장의 의미가 일치하는 지 판단하는 문제로, 비교적 긴 문장의 이해력을 측정한다.

예시 1 Xiànzài shì diǎn fēn, tāmen yǐjing yóule fēnzhōng le.
现在 是 11 点 30分，他们 已经 游了20 分钟 了。
Tāmen diǎn fēn kāishǐ yóuyǒng.
★ 他们 11 点 10分 开始 游泳。

지금은 11시 30분이고 그들은 이미 20분 동안 수영을 했다.
★그들은 11시 10분에 수영을 시작했습니다.

정답 √

예시 2 Wǒ huì tiàowǔ, dàn tiào de bù zěnmeyàng.
我 会 跳舞，但 跳 得 不 怎么样。
Wǒ tiào de fēicháng hǎo.
★ 我 跳 得 非常 好。

나는 춤을 출 줄 알지만 잘 추지는 못한다.
★나는 춤을 아주 잘 춘다.

정답 ×

46. Wǒ xiǎng mǎi yí liàng zìxíngchē, kěshì xiànzài mǎi buqǐ.
我 想 买 一 辆 自行车，可是 现在 买 不起。

Tā bù zhīdào zài nǎr néng mǎi zìxíngchē.
★ 他 不知道 在 哪儿 能 买 自行车。

나는 자전거를 한 대 사고 싶지만 지금은 살 돈이 없습니다.
★그는 어디에서 자전거를 사야하는지 모른다. 정답 ×

47. Cóng xuéxiào ménkǒu yìzhí wǎngqián zǒu, dàole shízìlùkǒu, zài wǎng zuǒ guǎi,
从 学校 门口 一直 往前 走，到了 十字路口，再 往 左 拐，
nàr jiù shì wǒ jiā.
那儿 就 是 我 家。

Tā jiā zài xuéxiào fùjìn.
★ 他 家 在 学校 附近。

학교 문 앞에서 앞으로 계속 전진한 다음 사거리에서 다시 좌회전하면 그곳이 바로 우리 집입니다.
★그의 집은 학교 부근에 있다. 정답 √

48. Xiǎo de shíhou, wǒ xǐhuan hē niúnǎi, dànshì xiànzài wǒ jīngcháng hē kělè,
小 的 时候，我 喜欢 喝 牛奶，但是 现在 我 经常 喝 可乐，
búzài hē niúnǎi le.
不再 喝 牛奶 了。

Xiànzài tā hái xǐhuan hē niúnǎi.
★ 现在 他 还 喜欢 喝 牛奶。

어렸을 때 나는 우유를 마시기를 좋아했지만 지금은 콜라를 자주 마시며 우유는 마시지 않는다.
★지금 그는 아직도 우유 마시기를 좋아한다. 정답 ×

49. Wǒ rènshi Zhāng lǎoshī de tàitai, tā yě rènshi wǒ. Yǐqián wǒmen jiànguo
我 认识 张 老师 的 太太，她 也 认识 我。以前 我们 见过
yí cì miàn.
一 次 面。

Tā hé zhāng lǎoshī de tàitai hùxiāng rènshi.
★ 他 和 张 老师 的 太太 互相 认识。

나는 장 선생님의 부인을 알고 그 분도 나를 아신다. 이전에 우리는 한 번 만난 적이 있다.
★그와 장 선생님의 부인은 서로 안다. 정답 √

50. Qùnián dōngtiān xiàle yìchǎng dàxuě, kěshì jīnnián méiyǒu xiàguo dàxuě.
去年 冬天 下了 一场 大雪，可是 今年 没有 下过 大雪。

Jīnnián dōngtiān xiàle yìchǎng dàxuě.
★ 今年 冬天 下了 一场 大雪。

작년 겨울에 폭설이 한 번 내렸지만 올해는 한 번도 폭설이 내리지 않았다.
★올 겨울에 폭설이 한 번 내렸다. 정답 ×

제4부분 해석

51-55

Tip 문장 속에서 핵심단어를 찾아내는 문제로 간단한 추리로 핵심단어를 찾아내거나, 의미상 관련이 있거나 독음이 비슷한 단어 중에서 정확한 답을 찾아내면 된다.

보기

Duì, shì zuótiān lái de
A 对，是 昨天 来 的。
네, 어제 왔습니다.

Wǒ yào zuò gōnggòng qìchē qù.
B 我 要 坐 公共 汽车 去。
나는 버스를 타고 갈 것이다.

Tā bú huì shuō Hànyǔ.
C 他 不 会 说 汉语。
그는 중국어를 할 줄 모른다.

Tā zài yì jiā gōngsī gōngzuò.
D 他 在 一 家 公司 工作。
그는 회사에서 일을 한다.

Wā, nǐ jiā zhēn piàoliang!
E 哇，你 家 真 漂亮！
와, 당신 집 정말 예쁩니다!

Tā zài nǎr ne? Nǐ kànjiàn tā le ma?
F 她 在 哪儿 呢？你 看见 她 了 吗？
그녀는 어디에 있습니까? 그녀를 보았습니까?

예시

Tā hái zài jiàoshìli xuéxí.
她 还 在 教室里 学习。

그녀는 아직 교실에서 공부를 하고 있다.

정답 F

51.

Tā cónglái méiyǒu xuéguo Zhōngwén.
他 从来 没有 学过 中文。

그는 이제껏 중국어를 배운 적이 없다.

정답 C

52.

Dào le, zhè jiùshì wǒ jiā.
到 了，这 就是 我 家。

다 왔다, 이것이 우리 집이다.

정답 E

53.

Tīngshuō nǐmen gōngsī xīn láile liǎngge rén.
听说 你们 公司 新 来了 两个 人。

듣자하니 당신 회사에 신입이 두 명 왔다면서요.

정답 A

54.

Běijīng Huǒchēzhàn lí zhèr hěn yuǎn.
北京 火车站 离 这儿 很 远。

베이징 기차역은 여기서 아주 멀다.

정답 B

55.

Wǒ dìdi búshì xuésheng.
我 弟弟 不是 学生。

내 남동생은 학생이 아니다.

정답 D

56-60

보기

Wǒ yào bāng tā zuò wǎnfàn.
A 我 要 帮 她 做 晚饭。
나는 그녀를 도와 저녁밥을 지을 것이다.

Gǎitiān wǒ xiǎng hé dàjiā yìqǐ lái chángchang.
B 改天 我 想 和 大家 一起 来 尝尝。
나중에 여러분과 함께 맛을 보고 싶습니다.

Tā sòng Xiǎo Zhāng huí jiā qù le.
C 他 送 小张 回 家 去 了。
그는 샤오장을 그의 집에 바래다 주었다.

Qián liǎngtiān yìzhí guāfēng xiàyǔ.
D 前 两天 一直 刮风 下雨。
이틀동안 계속 바람불고 비가 옵니다.

Tā gèzi yě tǐng gāo de.
E 她 个子 也 挺 高 的。
그녀는 키도 아주 크다.

56.

Māma ràng wǒ qù shāngdiàn mǎi yìxiē cài.
妈妈 让 我 去 商店 买 一些 菜。

어머니는 내게 상점에 가서 장을 봐 오라고 시키셨다.

정답 A

57.

Tā de yǎnjing yòuhēi yòudà.
她 的 眼睛 又黑 又大。

그녀의 눈은 검고 크다.

정답 E

58.

Tīngshuō zhè jiā cānguǎn de cài hěn hǎochī.
听说 这 家 餐馆 的 菜 很 好吃。

듣자하니 이 식당의 요리가 맛있다고 한다.

정답 B

59.

Jīntiān zǎoshang tiānqì zhōngyú jiàn qíng le.
今天 早上 天气 终于 见 晴 了。

오늘 아침 날씨가 드디어 개었다.

정답 D

60.

Xiǎo Lǐ zài nǎr ne? Nǐ kànjiàn tā le ma?
小李 在 哪儿 呢? 你 看见 他 了 吗?

샤오리 어디에 있죠? 당신은 그를 보았습니까?

정답 C

新汉语水平考试
HSK（三级）
模拟试题

해석 및 답안

3급 1회

1. 듣기

제1부분 해석

1-5

A

B

C

D

E

F

예시

男：喂，请问张经理在吗？

女：他在开会，您半个小时以后再打，好吗？

남 : 여보세요. 장 사장님 계신가요?

여 : 지금 회의 중이신데 30분 후에 다시 전화 주시겠어요?

정답  D

1.

女：天哪，你这是怎么了？全身都淋湿了！

男：哎呀，别提了，我忘了带伞，衣服和头发全湿了。

여 : 세상에, 당신 어떻게 된 거예요? 다 젖었어요!

남 : 아이고 말도 마세요. 우산을 안 가지고 가서 옷과 머리가 다 젖었어요.

정답  F

2.

女：小王，你这里写错了，应该是“菜”，不是“茶”。

男：不好意思，我改写一下。

여 : 샤오왕, 여기 잘못 썼어요. '茶'가 아니라 '菜'로 써야 해요.

남 : 미안해요, 고칠게요.

정답 A

3.

女：老公，你去超市帮我买一些鸡蛋好吗？

男：没问题，我马上去买。

여 : 여보, 슈퍼에 가서 달걀 좀 사다 줄래요?

남 : 그래요, 바로 사 올게요.

정답 C

4.

女：吃完饭我们一起去咖啡厅喝杯咖啡怎样？

男：好，我们先点菜吧。

여 : 식사 후 우리 함께 커피숍에 가서 커피 마시는 게 어때요?

남 : 좋아요. 우리 먼저 음식을 시켜요.

정답 E

5.

女：师傅，火车时间快到了，麻烦您开快点儿。

男：路上堵车很厉害，我也没办法呀。

여 : 기사님 기차시간이 다 되어갑니다. 수고스럽지만 좀 빨리 가주세요.

남 : 길이 너무 막혀 저도 어쩔 수가 없군요.

정답 

6-10

A 

B 

C 

D 

E 

6.

女：明天是圣诞节，街道上人很多呀！

男：是啊，他们在买送给家人的礼物呢。

여 : 내일이 성탄절이라 길에 사람이 아주 많군요!

남 : 그래요, 그들은 가족들에게 줄 선물을 사고 있군요.

정답  A

7.

男：老师，今天我可以请个假吗？我的身体有点不舒服。

女：当然可以。生病就应该多休息。

남 : 선생님, 오늘 조퇴해도 됩니까? 몸이 좀 불편하군요.

여 : 당연히 되지. 병이 났으면 충분히 쉬어야 해.

정답  E

8.

女：不要老看电视，对眼睛不好。

男：知道了，可是这个节目太有意思了，你也来看看。

여 : 항상 TV를 너무 많이 보면 안 돼요, 눈에 안 좋아요.

남 : 알겠어요. 근데 이 프로그램이 정말 재미있네요. 당신도 와서 봐봐요.

정답  B

9.

男：我看你的个子很高，你有多高？

女：一米八，在班上我的个子最高。

남 : 제가 보기에 당신 키가 크신데 키가 얼마나 되죠?

여 : 1m 80cm요, 우리 반에서 제가 제일 커요.

정답  D

10.

男：老师，这个词的意思您能不能再解释一下？

女：没问题，有什么不懂的就多问问。

남 : 선생님, 이 어휘의 의미를 다시 한 번 해석해 주시겠습니까?

여 : 그래, 모르는 게 있으면 많이 물어보렴.

정답  C

제2부분 해석

11-20

예시 1

为了让自己更健康，他每天都花一个小时去锻炼身体。
★ 他希望自己身体很健康。

스스로 더 건강해지기 위해서 그는 매일 한 시간을 몸을 단련하는 데 쓴다.
★그는 자신이 매우 건강해지길 바란다.

정답 √

예시 2 今天我想早点儿回家。看了看手表，才5点。过了一会儿再看表，还是5点，我这才发现我的手表不走了。
★ 那块儿手表不是他的。

오늘 나는 일찌감치 집에 돌아가고 싶었다. 시계를 보니 겨우 5시였다. 시간이 좀 지나서 다시 시계를 보니 여전히 5시였고, 그제서야 나는 내 시계가 고장이 났다는 것을 알아차렸다.
★그 시계는 그의 것이 아니다. 정답 ×

11. 你的汉语发音很准，简直和中国人没什么两样。
★他的发音比中国人差了很多。

당신 중국어 발음이 아주 정확해요, 정말 중국인과 별 차이가 없어요.
★그의 발음은 중국인보다 훨씬 못하다. 정답 ×

12. 时间还早，而且今天你也难得到我家来，就多坐会儿吧！
★ 他们经常见面。

시간이 아직 이른데다가 오늘 우리 집에 귀한 걸음하셨으니 좀 더 계시다 가세요!
★그들은 자주 만난다. 정답 ×

13. 9月18日我们要结婚了，你一定要来参加我们的婚礼，祝福我们！
★ 他们快要结婚了。

9월 18일 우리 결혼해요. 결혼식에 꼭 오셔서 우리를 축복해 주세요!
★그들은 곧 결혼할 것이다. 정답 √

14. 昨天在路上偶然遇见了很多年没见的初中老师，她很亲切地问候我。
★ 老师没有认出我。

어제 길에서 우연히 중학교 선생님을 뵈었는데, 친절하게 안부를 물어보셨다.
★선생님께서는 나를 알아보지 못하셨다.
정답 ×

15. 不好意思，先生。打扰您休息了，不过，我好像有些晕车了，想坐在窗边看看外面风景。不知道能不能和您换一下座位呢？
★ 他要和一位先生换座位。

죄송합니다, 아저씨. 쉬시는 것 방해해서 죄송합니다만 제가 차 멀미를 하는 것 같아서 창가에 앉아서 바깥 풍경을 보고 싶습니다. 자리를 바꿔 주실 수 있습니까?
★그는 아저씨 한 분과 자리를 바꾸려고 한다.
정답 √

16. 刚开始学汉语的时候，我的中文写作水平不太好。可是遇到张老师以后，我的作文能力有了很大的进步。
★ 他的中文写作水平一直都很好。

중국어를 배우기 시작했을 때 나의 중국어 작문 수준은 그다지 높지 않았다. 하지만 장 선생님을 만난 후 나의 작문 실력이 많이 향상되었다.
★그의 중국어 작문 수준은 줄곧 좋다.
정답 ×

17. 当你在跑步时，会感到心脏跳得很快。这是因为我们的身体活动的时候，需要的营养比安静时多，所以心脏输出的血量也必须相应增加才能满足它的需要。
★ 当我们跑步时，我们的心脏会跳得更快。

당신이 달리기를 할 때 심장이 빠르게 뛰는 것을 느낄 것이다. 이것은 우리의 신체가 안정적일 때보다 활동할 때 필요한 영양소가 많기 때문에 심장에서 내보내는 혈액량도 반드시 그에 상응해서 증가해야 비로소 그 수요를 맞출 수 있기 때문이다.
★ 우리가 달리기 할 때 우리의 심장이 더욱 빨리 뛴다.
정답 √

18. 中国是茶叶大国，其中的一个表现就是茶的品种特别多。现在中国有一千多种茶叶。

★ 中国的茶叶品种多样。

중국은 차의 대국이다. 그 중에 한 특징은 차의 품종이 아주 많다는 것이다. 지금 중국에는 천 여종의 차가 있다.

★ 중국 차의 품종은 다양하다. 정답 √

19. 中国有句俗话说："人是衣裳马是鞍"。意思是服装给别人的印象是相当大的。

★ 服装对人非常重要。

중국 속담에 '사람은 옷, 말은 안장'이라는 말이 있다. 그 의미는 옷이 다른 사람에게 주는 인상이 매우 강하다는 것이다.

★ 옷은 사람에게 별다른 영향을 주지 않는다. 정답 ×

20. 今天早上，骑车去上课的路上，我差点儿出了车祸。好不容易到学校时课已经开始了10多分钟了。我向老师解释了迟到的原因，请求原谅。老师听了我的解释后，没有责怪我。

★ 他今天差点儿出了车祸。

오늘 아침에 자전거를 타고 수업 가는 길에 나는 하마터면 교통사고가 날 뻔했다. 겨우 학교에 도착했을 때는 이미 수업이 시작된 지 10여 분 지난 후였다. 나는 선생님께 지각한 원인을 설명하고 양해를 구했고, 선생님께서는 나의 해명을 들으시고는 나무라지 않으셨다 .

★나는 오늘 하마터면 교통사고가 날 뻔 했다. 정답 √

제3부분 해석

21-30

예시

男：小王，帮我开一下门，好吗？谢谢！
女：没问题。您去超市了？买了这么多东西。
问：男的想让小王做什么？

A 开门　　B 拿东西　　C 去超市买东西

남 : 샤오왕, 저 문 여는 것 좀 도와줄 수 있어요? 감사해요!
여 : 별말씀을요. 마트에 갔었나요? 물건 많이 샀네요.
질문 : 남자는 샤오왕이 무엇을 하길 바랍니까?

A 문 열기
B 물건 받기
C 시장에 가서 물건 사오기

정답 A

21.

女：我不喜欢这条裤子的颜色。
男：可是这条还挺适合你的呀。
问：女的为什么不喜欢裤子？

A 不适合自己　　B 价格太贵了　　C 颜色不好看

여 : 나는 이 바지의 색깔이 마음에 들지 않아요.
남 : 하지만 이게 잘 어울려요.
질문 : 여자는 왜 바지를 좋아하지 않습니까?

A 자기에게 어울리지 않아서
B 가격이 너무 비싸서
C 색깔이 마음에 들지 않아서

정답 

22.

男：昨晚和朋友打了很长时间的电话，到了凌晨才睡。
女：怪不得，你今天看起来没精神！
问：男的昨晚做了什么？

A 玩电脑　　B 上课　　C 打电话

남 : 어젯밤에 친구와 장시간 통화를 하고 새벽이 되어서야 겨우 잠을 잤어요.
여 : 어쩐지, 당신 오늘 기운이 빠져 보여요.
질문 : 남자는 어젯밤에 무엇을 했습니까?

A 컴퓨터를 했다
B 수업을 들었다
C 전화를 했다

정답 C

23.

女：我快迟到了。现在几点了？

男：现在已经两点一刻。

问：现在几点了？

A 12:45　　B 14:15　　C 14:30

여 : 지각하겠어요, 지금 몇 시입니까?

남 : 지금 벌써 2시 15분입니다.

질문 : 지금은 몇 시입니까?

A 12:45　B 14:15　C 14:30

정답 B

24.

男：这里的菜很好吃。

女：虽然味道还不错，但是服务态度很差。

问：女的对这家餐厅的看法是？

A 菜不好吃　　B 服务态度差　　C 太远了

남 : 이곳의 요리가 맛있습니다.

여 : 비록 맛은 있지만 서비스태도가 엉망입니다.

질문 : 이 음식점에 대한 여자의 견해는 무엇입니까?

A 음식이 맛이 없다

B 서비스태도가 좋지 않다

C 너무 멀다

정답 B

25.

女：今天的月亮很圆，很亮，对不对？

男：对， 因为中秋节快到了。

问：什么节日快要到了？

A 中秋节　　B 春节　　C 清明节

여 : 오늘 달이 둥글고 밝아요, 그렇지 않아요?

남 : 맞아요, 곧 추석이잖아요.

질문 : 어느 명절이 다가옵니까?

A 추석　B 설　C 청명절

정답 A

26.

女：你怎么突然到我这儿来了？我还以为是小偷进来呢！

男：我是想给你一个惊喜！

问：他们现在在哪儿？

A 男的的家　　B 在路上　　C 女的的家

여 : 당신 어째서 갑자기 여기에 왔어요? 난 또 도둑이 들어온 줄 알았어요!

남 : 당신 놀라서 기쁘게 해 줄려고요.

질문 : 그들은 지금 어디에 있습니까?

A 남자의 집　B 길　C 여자의 집

정답 

27.

男：老师对我们的要求太严格了。

女：他都是为了让我们更加努力学习。

问：他们的老师怎么样？

A 很严格　　B 很亲切　　C 不关心他们

남 : 선생님께서는 우리에게 너무 엄하셔.

여 : 그 모든 게 우리들이 더 열심히 공부하라고 하시는 거야.

질문 : 그들의 선생님은 어떠합니까?

A 엄하다　B 친절하다
C 그들에게 관심이 없다

정답 A

28.

女：您哪里不舒服？

男：从昨天开始我一直在发烧、咳嗽，什么东西也吃不下。

问：他最可能在什么地方？

A 学校　　B 医院　　C 公司

여 : 당신 어디가 불편하세요?

남 : 어제부터 줄곧 열이 나고 기침을 하고 아무 것도 먹질 못합니다.

질문 : 그는 어느 곳에 있습니까?

A 학교　B 병원　C 회사

정답 B

29.

女：你有什么爱好兴趣？

男：只要是运动，我都喜欢，其中，我特别爱打篮球。

问：男的最喜欢什么运动？

A 足球　　B 篮球　　C 乒乓球

여 : 당신 취미가 무엇입니까?

남 : 운동이라면 다 좋아해요, 그 중에 특히 농구를 좋아합니다.

질문 : 남자는 어떤 운동을 가장 좋아합니까?

A 축구　B 농구　C 탁구

정답 B

30.

男：张总，您觉得刚才那个人怎么样？

女：还好，不过我觉得他不太适合我们公司。

问：女的是什么意思？

A 不太满意　　B 很满意　　C 不太清楚

남 : 장사장님, 아까 그 사람 어떻습니까?

여 : 괜찮아요, 하지만 우리 회사에게 적합하지 않은 것 같아요.

질문 : 여자의 말은 무슨 뜻입니까?

A 만족스럽지 못하다
B 만족스럽다
C 잘 모르겠다

정답 A

제3부분 해석

31-40

예시

女：晚饭做好了，准备吃饭了。
男：等一会儿，比赛还有三分钟就结束了。
女：快点儿吧，一起吃，菜冷了就不好吃了。
男：你先吃，我马上就看完了。
问：男的在做什么？

A 洗澡　　B 吃饭　　C 看电视

여 : 저녁식사가 다 됐어요. 식사하세요.
남 : 잠깐만요, 시합 시간이 3분이면 곧 끝날 거예요.
여 : 빨리 와서 같이 먹어요. 음식이 식으면 맛이 없잖아요.
남 : 먼저 먹어요. 시합은 곧 끝나요.
질문 : 남자는 무엇을 하고 있나요?

A 샤워를 한다　B 밥을 먹는다
C 텔레비전을 본다

정답  C

31.

女：昨天晚上的表演真是太棒了。
男：对，他们穿的衣服也很漂亮。
女：我特别喜欢女主角的表演。
男：她是一个很有名的舞台演员。
问：昨天他们做了什么？

A 看电影　　B 看电视　　C 看表演

여 : 어제 공연 정말 좋았습니다.
남 : 맞아요, 그들이 입었던 의상도 예뻤어요.
여 : 특히 여주인공의 공연이 마음에 들었어요.
남 : 그녀는 아주 유명한 무대 연기자이죠.
질문 : 어제 그들은 무엇을 했습니까?

A 영화를 보았다
B TV를 보았다
C 공연을 보았다

정답  C

32.

男：这是我上周在这里买的一双鞋子，可是我穿起来太小了，可以换吗？

女：当然可以。您要一样的款式吗？

男：是，可是我想换换颜色。

女：好的，请您稍等一下，我马上去找。

问：他要换什么？

A 帽子　　B 衣服　　C 鞋子

남 : 이것은 지난주에 이곳에서 산 신발인데 하지만 너무 작아요. 바꿀 수있어요?

여 : 당연하죠. 같은 스타일을 원하십니까?

남 : 네, 근데 색깔을 좀 바꾸고 싶어요.

여 : 좋아요, 잠깐만 기다리세요, 바로 찾아 보겠습니다.

질문 : 그가 바꾸려는 것은 무엇입니까?

A 모자　B 옷　C 신발

정답 C

33.

女：你怎么出了一身汗？

男：电梯坏了，所以我爬楼梯上来的。

女：那你应该渴了吧。来，喝点水。

男：谢谢你。

问：男的为什么爬楼梯？

A 电梯坏了　　B 锻炼身体　　C 参加比赛

여 : 왜 온 몸에 땀이 나죠?

남 : 엘리베이터가 고장 나서 계단으로 걸어왔어요.

여 : 그럼 목이 마르시겠네요. 자, 물 마셔요.

남 : 고맙습니다.

질문 : 남자가 계단으로 온 이유는 무엇입니까?

A 엘리베이터가 고장 나서
B 운동하려고
C 경기에 참여하려고

정답 A

34.

女：还不睡吗？

男：我再学习一会儿就去睡觉。

女：你不要太累着自己了。

男：好，我知道了，妈妈您先去睡吧。

问：男的在做什么？

A 玩电脑　　B 学习　　C 做运动

여 : 아직 안 자니 ?

남 : 공부 좀 더하고 잘게요.

여 : 너무 피곤하게는 하지마.

남 : 네, 알겠어요. 엄마 먼저 주무세요.

질문 : 남자는 무엇을 하고 있습니까?

A 컴퓨터　B 공부　C 운동

정답 B

35.

男：不好意思，我要去地图上的这个地方，可是我不知道怎么走。

女：这个地方离这儿很近。要不我带你去吧，好吗?

男：谢谢你！你很亲切。

女：不客气。

问：男的在做什么?

A 问路　　B 交朋友　　C 买东西

남 : 죄송합니다만. 나는 지도에 있는 이곳에 갈 건데 어떻게 가야할 지 모르겠어요.

여 : 이곳은 여기서 가깝습니다. 제가 안내해드릴까요?

남 : 고맙습니다! 참 친절하시군요.

여 : 뭘요.

질문 : 남자는 무엇을 하고 있습니까?

A 길을 묻는다
B 친구를 사귄다
C 물건을 산다

정답 A

36.

女：我妈妈老说我的裙子太短了。

男：说实话，我也觉得有点短。

女：她也总是不满意我的发型。

男：你要理解她，这都是因为她关心你。

问：他们在谈谁?

A 女的的妈妈　　B 男的的妈妈　　C 他们的同学

여 : 어머니는 항상 내 치마 길이가 너무 짧다고 말씀하셔.

남 : 솔직히 말해서 나도 좀 짧다고 느껴.

여 : 어머니는 또 나의 헤어스타일도 안 좋아하셔.

남 : 어머니를 이해해야지. 이게 모두 너에 대한 관심이야.

질문 : 그들은 누구에 대해 이야기하고 있습니까?

A 여자의 어머니
B 남자의 어머니
C 그들의 학급 친구

정답 A

37.

女：欢迎光临！需要帮忙吗?

男：不，我只是想随便看一看。

女：那您先看看，如果有需要随时叫我。

男：好的。

问：男的在做什么?

A 吃饭　　B 逛街　　C 做菜

여 : 어서 오세요. 도와드릴까요?

남 : 아니요, 한 번 둘러보고 싶어요.

여 : 그럼 먼저 둘러보시고, 만약 필요하면 언제라도 저를 부르세요.

남 : 좋아요.

질문 : 남자는 무엇을 하고 있습니까?

A 식사　B 아이쇼핑　C 요리

정답 B

38.

男：这次考试很简单。除了生物课以外，数学、英语、历史都不怎么难。

女：可是我考得不太好。

男：没关系，下次努力就行了。

女：我真不想让爸爸妈妈失望。

问：这次考试怎么样？

A 很难　　B 一般　　C 很简单

남 : 이번 시험이 아주 쉬웠어. 생물과목 외에 수학, 영어, 역사 모두 그다지 어렵지 않았어.

여 : 하지만 나는 시험을 잘 못 봤어.

남 : 괜찮아, 다음에 노력하면 돼.

여 : 나는 정말 아빠, 엄마를 실망하게 해드리고 싶지 않아.

질문 : 이번 시험은 어떠했습니까?

A 어려웠다　B일반적이다　C 쉬웠다

정답 C

39.

女：真气死我了！

男：怎么了？有什么不高兴的事？

女：刚才在公园有一只狗向我冲过来，把我的衣服弄脏了。

男：那狗主人呢？他没有向你道歉吗？

问：女人为什么生气了？

A 公园人太多了　B 衣服被弄脏了　C 丢了狗

여 : 정말 화나 죽겠어!

남 : 왜 그래? 뭐 안 좋은 일 있어?

여 : 방금 공원에서 개 한 마리가 나에게 달려와서 내 옷을 더럽혔어.

남 : 개 주인은? 사과 안 했어?

질문 : 여자는 왜 화가 났습니까?

A 공원에 사람이 너무 많아서

B 옷이 더럽혀 져서

C 개를 잃어버려서

정답 B

40.

男：小张，这本书挺有意思的，能借给我看看吗？

女：这书不是我的，是小李的。

男：我看完就直接还给她，好吗？

女：我先给她打电话问问，再告诉你。

问：书是谁的？

A 小李　　B 男的　　C 女的

남 : 샤오장 이책 아주 재미있네. 빌려줄 수 있어?

여 : 이 책은 내 것이 아니라 샤오리 것이야.

남 : 내가 다 보고 직접 그녀에게 돌려주면 어때?

여 : 내가 전화해서 물어보고 다시 알려줄게.

질문 : 책은 누구의 것입니까?

A 샤오리　B 남자　C 여자

정답 A

2. 독해

제1부분 해석

41-45

보기

A 是啊。你看，什么颜色的都有。
그래 자 봐요, 모든 색이 다 있어요.

B 对不起，我差点儿忘了。
미안해요, 하마터면 잊을 뻔 했어요.

C 可是今天晚上我和男朋友有约，怎么能不出去呢?
하지만 오늘 저녁 나와 남자 친구가 데이트 약속이 있는데 어떻게 안 나가요?

D 我看白色衬衫和蓝色外衣很搭配。
내가 보기에 흰색 셔츠와 남색 외투가 잘 어울려요.

E 我们是不是应该先给他们打电话解释情况?
우리 먼저 그들에게 전화해서 상황을 설명해야 하지 않나요?

F 当然。我们先坐公共汽车，然后换地铁。
그럼요. 우선 버스를 타고 그 다음에 지하철로 갈아타요.

예시

你知道怎么去那儿吗?

너는 거기에 어떻게 가는지 아니?

정답 F

41.

路上堵车堵得很厉害，恐怕我们要迟到了。

길이 심하게 막혀 우리 늦을 것 같아요.

정답 E

42.

明天我要参加一个朋友的婚礼，你说什么颜色的衣服最配我？

내일 우리 친구 결혼식에 참가하려고 하는데 어떤 색깔의 옷이 가장 잘 어울릴 것 같아요?

정답 

43.

听说台风要来了，今天你尽可能不要出去。

태풍이 온다는데 오늘 최대한 나가지 마세요.

정답 C

44.

这个花园里的花开得很漂亮吧。

이 화원의 꽃은 예쁘게 피었죠.

정답 

45.

会议一分钟后就要开始了，请关闭你的手机。

1분 후 회의가 시작되니 휴대폰을 꺼 주세요.

정답 

46-50

보기

A 不要难过，我们一定会再见的。
괴로워하지 마세요. 우리는 반드시 다시 만날 것입니다.

B 妈，您放心，我会好好照顾自己的。
어머니 안심하세요. 자신을 잘 돌보겠습니다.

C 我在北京留学了两年。
나는 베이징에서 2년간 유학을 했다.

D 早餐一般吃面包、鸡蛋和豆浆。
아침은 일반적으로 빵, 달걀과 콩국을 먹습니다.

E 怎么办呢？我们赶快去报警吧。
어떡하죠? 우리 얼른 경찰에 신고합시다.

46.

马上就要离开学校了，我的心里真的很难受。

곧 학교를 떠나게 되어 나의 마음이 괴롭다.

정답 A

47.

你一个人出门在外，让我非常担心。

너 혼자 밖에서 생활하게 되어 걱정이구나.

정답 B

48.

你一般吃什么早餐？

일반적으로 아침에 무엇을 드십니까?

정답 D

49.

你的普通话很标准。你是在哪儿学的汉语？

당신 표준어를 아주 잘하시네요. 어디에서 중국어를 배우셨나요?

정답 C

50.

不好了！我的钱包不见了。

큰일이다! 내 지갑이 안 보여요.

정답 E

제2부분 해석

51-55

A 条	B 台	C 关于	D 复习	E 根据	F 声音
줄기	대	~에 관하여	복습하다	근거	소리

예시

她说话的(F)多好听啊！

그녀가 말하는 (소리)는 정말 듣기 좋구나!

정답 F

51.

我想买一(B 笔记本电脑， 你有什么好的推荐？

나는 컴퓨터 한 (대)를 사고 싶다, 당신은 추천할 만한 것이 뭐 있나요?

정답 B

52.

这种说法是没有科学(E)的。

이러한 말은 과학적인 (근거)가 없다.

정답 E

53.

马上就要考试了，要好好(D)功课了。

시험이 곧 시작되니 수업한 것을 잘 (복습)해야 한다.

정답 D

54.

这是一本(C)中国历史文化的书。

이것은 중국 역사 문화에 (관한) 책이다.

정답 C

55.

我还记得，我的家乡有一(A)小河流过。

내 기억으로 우리 고향에 작은 하천 한(줄기)가 흐르고 있었다.

정답 A

56-60

A 参加	B 该	C 好看的	D 公斤	E 忙	F 爱好
참가하다	…해야 한다	보기 좋은 것, 보기 좋다	킬로그램	도움	취미

예시

A：你有什么(F)?

B：我喜欢体育。

A: 너는 어떤(취미)를 가지고 있니?
B: 나는 체육을 좋아해.

정답 
F

56.

A：几天没见你，瘦多了。

B：我减肥成功了，一个月减了三(D)。

A : 며칠 동안 못 보았더니 많이 말랐네.
B : 나 다이어트에 성공했어, 한 달에 3(킬로그램)빠졌어.

정답 
D

57.

A：我觉得这件衣服挺(C)，不过有点贵。

B：你喜欢的话，我买给你吧。

A : 내 생각에 이 옷은 아주 (보기 좋은) 것 같아, 하지만 좀 비싸네.
B : 맘에 들면 내가 사줄게.

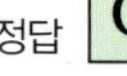
정답 C

58.

A: 你能帮我一个(E)吗?

B: 什么事? 你说吧，只要我办得到，就一定帮你。

A : 나 좀 (도와)줄 수 있어?
B : 무슨 일인데? 말해 봐, 할 수 있으면 꼭 도와줄게.

정답 E

59.

A: 我的电脑又出问题了！

B: 你的电脑也(B)换一换了吧。

A : 내 컴퓨터 또 문제가 생겼네!
B : 당신 컴퓨터도 좀 바꿔(야 되겠네요).

정답 B

60.

A: 上周我(A)了唱歌比赛。

B: 是吗? 得奖了没?

A : 지난주에 노래 부르기 대회에 (참가했다).
B : 그래? 상을 받았니?

정답 A

제3부분 해석

61-70

예시

您是来参加今天会议的吗? 您来早了一点儿，现在才八点半。您先进来坐吧。

★ 会议最可能几点开始?

A 8点　　B 8点半　　C 9点

당신은 오늘 회의에 참석하러 왔지요? 조금 빨리 오셨네요. 이제 8시30분입니다. 우선 앉아서 기다리고 계세요.
★회의는 몇 시에 열릴 가능성이 큽니까?

A 8시　　B 8시 반　　C 9시

정답 C

61. 按照中医理论，一年四季饮用什么茶，除了根据各人的身体情况外，还要看季节的变化。一般以春天喝花茶，夏天喝绿茶，秋天喝乌龙茶，冬天喝红茶为好。

★ 夏天喝什么茶好？

A 绿茶　　B 乌龙茶　　C 红茶

중의 이론에 따르면 1년 사계절 어떤 차를 마시느냐는 개인의 신체상 황 외에 계절의 변화를 보아야 한다. 일반적으로 봄에는 꽃차가 좋고, 여름에는 녹차, 가을에는 우롱차, 겨울에는 홍차가 좋다.

★ 여름에는 어떤 차가 좋습니까?

A 녹차　　B 우롱차　　C 홍차　　정답 A

62. 我想向大家建议，除了工作以外，应该有些自己的业余爱好：可以放松自己，让生活更丰富。

★ 他建议我们要有：

A 金钱　　B 爱好　　C 朋友

여러분께 건의하고 싶은 것은, 업무 외에 자기의 취미가 있어야 한다는 것입니다. 심리적인 긴장을 풀 수 있고, 삶을 더욱 풍요롭게 할 수 있습니다.

★ 우리가 필요한 게 무엇이라고 건의하고 있습니다?

A 돈　　B 취미　　C 친구　　정답  B

63. 想要减肥的人，早餐一定要吃好，可以吃少，但绝对要吃。不吃早餐造成的结果是在午餐的时候或者在其他非进餐时间吃零食。

★ 想要减肥的人，一定要：

A 多喝水　　B 吃早餐　　C 早点睡

다이어트를 하려고 하는 사람은 반드시 아침을 먹어야 한다. 적게 먹는 것은 괜찮지만 반드시 먹긴 먹어야 한다. 아침을 먹지 않으면 점심 때 혹은 식사 시간 외 다른 시간에 간식을 먹게 된다.

★ 다이어트를 하려고 하는 사람은 반드시 어떻게 해야 합니까?

A 물을 많이 마신다　　B 아침을 먹는다　　C 일찍 잔다　　정답 B

64. 春节是中国最重要的传统节日。中国人过春节的时候，喜欢送红包。就像西方人过圣诞，喜欢送礼物一样。

★ 中国人过春节，喜欢送：

A 红包　　B 卡片　　C 食物

설은 중국에서 가장 중요한 전통 명절이다. 중국인은 설을 보낼 때 용돈을 주는 것을 좋아한다. 마치 서양사람들이 성탄절에 선물을 주는 것을 좋아하는 것과 마찬가지이다.

★중국인이 설을 보낼 때 선물하기 좋아하는 것은 무엇입니까?

A 용돈　　B 카드　　C 음식물　　정답 A

65. 中国是一个餐饮文化大国，因为环境、气候、文化传统以及民族习俗的不同，所以形成了各种各样的饮食习惯。它一共有"八大菜系"。

★ 中国菜系有：

A 三个　　B 四个　　C 八个

중국은 음식 문화의 대국이다. 환경, 기후, 전통 문화 및 민족간의 습관이 달라서 각양각색의 음식 습관이 형성되었다. 모두 '8대 요리체계'가 있다.

★ 중국 요리체계는 모두 몇 개입니까?

A 3개　　B 4개　　C 8개　　정답 C

66. 在生活中，人人都会有失败的经历，但是失败可以使我们更加坚强，就像"失败是成功之母"的道理所说的一样。

★ 失败可以使我们：

A 开心　　B 失落　　C 坚强

살면서 사람들은 모두 실패를 겪게 되지만, 실패는 우리를 더욱 강하게 만든다. 마치 '실패는 성공의 어머니다' 라는 이치와 마찬가지이다.

★실패는 우리를 어떻게 만듭니까?

A 즐겁게　　B 실망하게　　C 강하게　　정답 C

67. 今天太累了，我一回到家就倒在床上睡着了，一直睡到九点多。醒来后我才发现，自己连衣服也没脱，饭也没吃。

★ 她一直睡到：

A 九点多　　B 午夜　　C 第二天凌晨

오늘 너무 피곤해서 집에 돌아오자마자 침대에 쓰러져 9시가 넘도록 잠을 잤다. 잠에서 깨고 난 후, 옷도 갈아입지 않고 밥도 먹지 않은 것을 알아차렸다.

★ 그는 줄곧 몇 시까지 잤습니까?

A 9시가 넘어서　　B 자정　　C 다음 날 새벽

정답 A

68. 电脑给人们的工作和生活带来了很多方便。在电脑上，我们可以很快地找到自己所需要的东西，还可以得到很多知识。

★ 电脑对人们：

A 很重要　　B 有害　　C 没用

컴퓨터는 사람들의 일과 삶에 편리함을 가져다 주었다. 컴퓨터에서 우리는 빠르게 자신이 필요한 것을 찾을 수 있고 많은 지식을 얻을 수 있다.

★컴퓨터는 사람에게 어떻습니까?

A 아주 중요하다　　B 유해하다　　C 쓸모가 없다

정답 A

69. 昨天接到了一个很久没联系过的大学同学的电话，这又让我想起了大学生活和那些我所喜爱的同学们。

★ 他昨天接到了谁的电话？

A 陌生人　　B 大学老师　　C 大学同学

어제 나는 오랫동안 연락하지 못했던 대학 친구의 전화를 받았고, 이것은 또한 대학생활과 내가 좋아했던 학우들이 생각나게 만들었다.

★어제 그는 누구의 전화를 받았습니까?

A 낯선 사람　　B 대학 교수　　C 대학 학우

정답 C

70. 秋天的天气，早晚温差比较大，而且，空气也越来越干燥。所以，大家都要记得多穿件外衣，多喝点水。

★ 这句话在说明：

A 春天　　B 秋天　　C 冬天

가을 날씨는 아침 저녁의 일교차가 비교적 큰 편이고, 아울러 공기 역시 점점 건조해지고 있습니다. 그래서 여러분은 반드시 외투를 많이 입고 물을 많이 마셔야 합니다.

★ 무엇에 대해 설명하고 있습니까?

A 봄　　B 가을　　C 겨울

정답 **B**

3. 쓰기

제1부분 해석

71-75

예시 문제 小船 / 上 / 一 / 河 / 条 / 有 답 河上有一条小船。	강 위에 배 하나가 떠있다.

71. 문제 爱好 / 你的 / 什么 / 是 답 你的爱好是什么？	당신의 취미는 무엇입니까?

72. 문제 就 / 如果 / 你 / 给我 / 有时间， / 打 / 电话 / 个 답 如果你有时间，就给我打个电话。	시간이 있으면 나에게 전화주세요.

73. 문제 有点 / 因为 / 没 / 昨天 / 所以 / 睡好, / 累 / 今天 답 因为昨天没睡好，所以今天有点累。	어제 잠을 잘 못 자서 오늘 좀 피곤하다.

74. 문제 妈妈 / 东西 / 我 / 商店 / 去 / 让 / 买 답 妈妈让我去商店买东西。	어머니께서는 나에게 상점에 가서 물건을 사오라고 하셨다.

75. 문제 学习 / 一边 / 音乐 / 听, / 一边 답 一边听音乐，一边学习。	음악을 들으면서 공부한다.

제2부분 해석

76-80

예시 guān 没（关）系，别难过，高兴点儿。	괜찮아, 슬퍼하지 말고 좀 웃어.
76. shì 明天我有语文和数学考(试)。	내일 어문과 수학시험이 있다.
77. tiáo 天气很热，我们开开空(调)吧。	날씨가 더우니 에어컨을 켭시다.
78. huán 为了解决(环)境问题，我们应该好好想想办法。	환경문제를 해결하기 위해서 우리는 마땅히 방법을 잘 생각해야 보아야 합니다.
79. qǐng 大家(请)安静，老师在讲话呢。	여러분 조용히 하세요, 선생님께서 말씀하고 계시잖아요.
80. jìng 看书的时候，一定要戴眼(镜)。	책을 볼 때는 반드시 안경을 껴야 한다.

3급 2회

1. 듣기

제1부분 해석

1-5

A

B

C

D

E

F

예시

男：喂，请问张经理在吗?

女：他在开会，您半个小时以后再打，好吗?

남 : 여보세요. 장 사장님 계신가요?

여 : 지금 회의 중이신데 30분 후에 다시 전화 주시겠어요?

정답 

1.

女：这是谁画的呀? 好漂亮！

男：是我妹妹画的。她今年七岁。

여 : 이 거 누가 그린 것입니까? 아주 예쁘군요!

남 : 여동생이 그린 것입니다. 그 애는 올해 7살입니다.

정답 

2.

男：您好，是张先生吧？我是小李。幸会，幸会！

男：小李，你好，认识你很高兴！

남 : 안녕하세요, 장 선생이시죠? 저는 샤오리입니다. 만나 뵙게 되어 영광입니다.

남 : 샤오리 안녕하세요. 알게 되어 기쁩니다.

정답 F

3.

女：今天你怎么这么晚才回来？

男：我是希望早些回来的，但是同事们就不让我走。

여 : 오늘 당신은 왜 이렇게 늦게 돌아왔나요?

남 : 나는 일찍 돌아오고 싶었지만 동료들이 놓아주질 않았어요.

정답 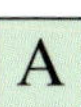

4.

男：我要下车，请你让一让。

女：人太多了，我也走不动呢。

남 : 나 내릴게요, 좀 비켜주세요.

여 : 사람이 너무 많아 나도 움직일 수가 없어요.

정답 

5.

男：对不起，您不能带宠物狗进店。

女：是吗？对不起，我以后再来。

남 : 죄송합니다, 가게에 애완동물을 데리고 오시면 안 됩니다.

여 : 그래요? 죄송합니다. 다음에 다시 올게요.

정답 

6-10

A

B

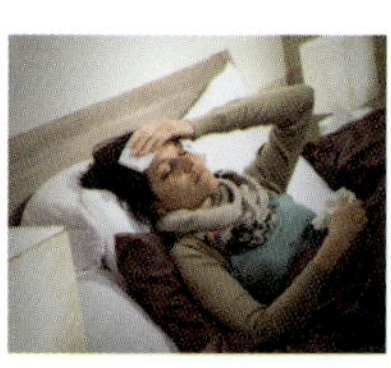

C

D

E

6.

女：今天小明没来上课，说突然发烧了。

男：没想到他的感冒有那么严重。

여: 오늘 샤오밍이 결석했어요, 갑자기 열이 났답니다.

남: 그의 감기가 그렇게 심할 줄은 몰랐어요.

정답 

7.

男：小姐，请让我检查您的车票。

女：好，请等一下，我马上拿出来给你看看。

남: 아가씨, 차표 좀 보여주세요.

여: 좋아요, 잠시 기다려주세요. 바로 꺼내서 보여줄게요.

정답 

8.

女：哎呀，我忘了带护照，怎么办呢?

男：没有护照就不能出国，你赶快往家打电话让妹妹找一下。

여: 아이고, 여권을 잊고 안 가지고 왔네요, 어떡하죠?

남: 여권이 없으면 출국할 수 없어요. 당신 얼른 집에 전화해서 여동생보고 찾아보라고 하세요.

정답 

9.

男：今天你去哪儿了？ 手上还拿着这么多东西。

女：我和朋友去逛街买东西了。

남 : 오늘 너 어디 갔었어? 손에 이렇게 많은 물건을 가지고 있네.

여 : 나는 친구와 쇼핑하러 갔어.

정답  C

10.

女：哇，你踢足球踢得真不错！

男：每天放学后，我都要和几个男同学一起踢球。

여 : 와, 축구 정말 잘 하시네요!

남 : 매일 수업이 끝난 후 나는 항상 남자 학우들과 함께 축구를 합니다.

정답  E

제2부분 해석

11-20

예시 1

为了让自己更健康，他每天都花一个小时去锻炼身体。

★ 他希望自己身体很健康。

스스로 더 건강해지기 위해서 그는 매일 한 시간을 몸을 단련하는 데 쓴다.

★그는 자신이 매우 건강해지길 바란다.

정답 √

예시 2 今天我想早点儿回家。看了看手表，才5点。过了一会儿再看表，还是5点，我这才发现我的手表不走了。

★ 那块儿手表不是他的。

오늘 나는 일찌감치 집에 돌아가고 싶었다. 시계를 보니 겨우 5시였다. 좀 지나서 다시 시계를 보니 여전히 5시였고, 나는 내 시계가 고장이 났다는 것을 발견했다.

★그 시계는 그의 것이 아니다. 정답 ×

11. 还记得，小的时候我最怕去医院，尤其是牙科。所以当时牙齿再痛我也忍着，连药都不肯吃。

★ 他小时候害怕去医院。

제 기억으로 어렸을 때 병원 가는 것, 특히 치과를 가장 싫어했습니다. 그래서 당시 이가 아무리 아파도 참고 약도 안 먹으려고 했었습니다.

★그는 어렸을 때 병원 가는 것을 무서워했다. 정답 √

12. 上午吃早餐花了十块钱，中午坐公共汽车花了两块钱，刚才去商店买了些菜又花了八块钱。

★ 今天总共花了二十块钱。

오전에 아침 식사 하는데 10위안 썼고, 정오에 버스 타는데 2위안 썼고, 방금 상점에 가서 장 보는데 8위안 썼다.

★ 오늘 총 20위안을 썼다. 정답 √

13. 在中国，女人在社会上的地位并不低于男人。中国有句话叫“女人能顶半边天”，意思是男人能干的事情，女人也能干。女人也可以为社会的发展发挥和男人一样的作用。

★ 中国女性的社会地位不太高。

중국에서 여성의 사회적 지위는 결코 남자보다 낮지 않다. 중국에서 '여자가 세상의 반을 책임진다'라는 말이 있는데, 남자가 할 수 있는 일은 여성도 할 수 있다는 것을 의미하는 말이다. 여성도 사회 발전을 위해 남자와 같은 역할을 할 수 있다.

★중국 여성의 사회적 지위는 그다지 높지 않다. 정답 ×

14. 上海是中国经济的中心，而且上海人非常时尚，街道上的女性都打扮得漂漂亮亮的。
★ 上海人很时髦。

상하이는 중국 경제 발전의 중심지인데다가, 상하이 사람들은 유행을 중시한여. 거리에 여성들은 모두 예쁘게 화장을 했다.
★ 상하이 사람들은 유행을 따른다. 정답 √

15. 今天早上起床的时候，听见有几只鸟在树上吱吱喳喳地叫着。有一只鸟的颜色是黄色，其他鸟的颜色是黑色和白色。
★ 树上一共有两只鸟。

오늘 아침 기상할 때 새 몇 마리가 나무 위에서 지지배배 울고 있는 것을 들었다. 한 마리는 노란색이었고, 나머지 새들의 색은 검은색과 흰색이었다.
★ 나무에는 모두 두 마리의 새가 있었다. 정답 ×

16. 明天我就要出国留学了，第一次离开家，心里还是有点怪怪的。妈妈叮嘱我：要好好学习，不要乱吃东西；记得经常往家打电话，自己要照顾好自己。
★ 他从来没有离开过家。

내일 나는 출국하는데 처음에 집을 떠나는 것이라 마음이 좀 이상하다. 어머니께서 나에게 '열심히 공부하고, 음식 함부로 먹지 말고, 집에 자주 전화하고 자신을 잘 돌보아야 한다.'고 당부하셨다.
★그는 한 번도 집을 떠난 적이 없다. 정답 √

17. 以前为了把事情早点做完，爸爸常常工作到深夜。可是最近他的身体越来越差，奶奶就不让他在公司加班了。现在爸爸每天都很早下班回家，有时候还亲手做菜给我们吃，我觉得我们家比以前变得更热闹，更快乐了。
★ 他的爸爸现在还经常加班。

이전에 일을 좀 일찍 끝내기 위해 아빠는 매일 늦은 밤까지 일을 하셨다. 하지만 최근에 몸이 점점 안 좋아지자 할머니께서 아빠에게 추가 근무를 하지 말라고 하셨다. 지금 아빠는 일찍 퇴근하여 집에 돌아오시고, 어떤 때는 직접 요리를 해서 우리에게 주시니 내 생각에 우리 집은 예전보다 더 떠들썩하고 더 즐거워진 것 같다.
★ 그의 아빠는 지금 늘 추가 근무를 하신다. 정답 ×

18. 外语最难学的就是它的发音，没有长时间的练习是不可能真正掌握的。
★ 外语发音很容易学会。

외국어에서 가장 배우기 어려운 것이 발음이며, 장기간 훈련하지 않으면 정확히 익히기가 힘들다.
★ 외국어 발음은 매우 배우기 쉽다. 정답 ×

19. 人们虽然每天看到听到很多事情，但是大部分事情过不了多长时间就会想不起来了；相反，有些印象深刻的事情是一辈子也忘不掉的。
★ 很多事情都会很快被我们忘记。

사람들은 비록 매일 많은 것을 보고 듣지만 대부분의 일은 얼마 지나지 않아 잊어버린다. 이와 반대로 일부 인상이 깊은 일은 평생 잊어버릴 수 없다.
★ 많은 일들은 모두 빠르게 잊혀진다. 정답 √

20. 中国人经常说这样的话："病从口入，祸从口出"，"沉默是金"，"话到嘴边留半句"。这都是强调说话要小心谨慎，不要轻易发表自己的意见。
★ 说话时，应该想到什么就说什么。

중국 사람들은 항상 이렇게 말한다. '병은 입으로 들어가고, 화는 입에서 비롯된다', '침묵은 금이다', '말을 신중하게 하라.'라고. 이러한 말들은 모두 신중하게 말하고, 함부로 자신의 생각을 말하지 말라는 것을 강조하는 말이다.
★ 말할 때는 생각나는 대로 말해야 한다. 정답 ×

제3부분 해석

21-30

예시

男：小王，帮我开一下门，好吗？谢谢！
女：没问题。您去超市了？买了这么多东西。
问：男的想让小王做什么？

A 开门　　B 拿东西　　C 去超市买东西

남 : 샤오왕, 나 좀 도와 문 좀 열어줄 수 있어요? 고마워요.
여 : 그래요. 마트에 갔었나요? 물건을 많이 샀네요.
질문 : 남자는 샤오왕이 무엇을 하길 바랍니까?

A 문 열기　B 물건 받기
C 시장에 가서 물건 사오기

정답 A

21.

女：我能借一下这本书吗？
男：你喜欢的话我就送给你吧，这本书我已经看过很多遍了。
问：男的给女的送了什么东西？

A 一朵花　　B 一本书　　C 一件衣服

여 : 이 책을 좀 빌릴 수 있습니까?
남 : 당신이 좋아한다면 드릴께요. 이 책을 나는 여러 번 보았습니다.
질문 : 남자는 여자에게 무엇을 선물했습니까?

A 꽃 한 송이　B 책 한 권　C 옷 한 벌

정답 B

22.

男：这个面条真好吃，我要再来一碗。
女：味道还真不错，以后我们经常来吧。
问：他们在吃什么？

A 米饭　　B 面条　　C 面包

남 : 이 국수는 정말 맛있네요. 한 그릇 더 주세요.
여 : 정말 맛있어요. 앞으로 자주 와요.
질문 : 그들은 무엇을 먹고 있습니까?

A 쌀밥　B 국수　C 빵

정답 B

23.

女：昨天的篮球比赛你看了吗？

男：看了。最后我们队毫无意外地赢了。

问：男的看了什么比赛？

A 羽毛球　　B 足球　　C 篮球

여 : 당신 어제 농구 경기 봤어요?

남 : 봤죠. 결국 우리 팀이 예외 없이 이겼습니다.

질문 : 남자는 어떤 경기를 보았습니까?

A 배드민턴　B 축구　C 농구

정답 C

24.

男：服务员，这个菜里面好像有什么东西呢。

女：对不起，我马上给您换。

问：他们最可能在什么地方？

A 餐馆　　B 公司　　C 学校

남 : 웨이터, 이 음식 안에 뭔가 들어있는 것 같아요.

여 : 죄송합니다. 바로 바꿔 드리겠습니다.

질문 : 그들은 어느 곳에 있을 가능성이 큽니까?

A 식당　B 회사　C 학교

정답 A

25.

女：你已经花了不少钱，晚饭还是我来付钱吧。

男：没事儿，我们好久没见了，今天我请你吃饭好了。

问：他们最可能是什么关系？

A 朋友　　B 师生　　C 恋人

여 : 당신은 이미 돈을 많이 쓰셨으니 저녁은 제가 낼게요.

남 : 괜찮아요, 우리 오래간만에 만났으니 오늘은 제가 사죠.

질문 : 그들은 무슨 관계일 가능성이 큽니까?

A 친구　B 스승과 제자　C 연인

정답 A

26.

男：能不能快一点儿，车马上要来了。

女：等一等，让我再检查一下，看看有没有忘带的东西。

问：他们准备做什么？

A 出门　　B 吃饭　　C 睡觉

남 : 좀 빨리 할 수 없나요, 차가 곧 도착해요.

여 : 잠깐만요, 잊은 물건 없나 다시 확인해 볼게요.

질문 : 그들은 무엇을 할 준비를 하고 있습니까?

A 외출　B 식사　C 취침

정답 

27.

女：你怎么不接我的电话呀？

男：对不起，我的手机坏了，所以没能联系到你。

问：男的为什么没有接女的的电话？

A 工作很忙　　B 看错了时间　　C 手机坏了

여 : 당신 왜 내 전화 안 받아요?

남 : 미안합니다. 내 휴대폰이 고장나서 연결이 안 되었어요.

질문 : 남자는 어째서 여자의 전화를 받지 않았습니까?

A 일이 바빠서　B 시간을 잘 못 봐서

C 휴대폰이 고장 나서

정답 C

28.

男：我穿这条裤子太紧了。

女：您要大一点的尺寸吗？

问：男的觉得这条裤子怎么样？

A 太松了　　B 正合适　　C 太小了

남 : 이 바지가 너무 끼는군요.

여 : 좀 큰 사이즈를 원하십니까?

질문 : 남자가 생각하기에 이 바지가 어떻습니까?

A 너무 헐렁하다　B 딱 맞는다

C 너무 작다

정답 

29.

女：你们班同学之间的关系怎么样？

男：非常好。大家都互相帮助，团结友爱。

问：他们班同学的关系怎么样？

A 很不好　　B 很好　　C 互相不认识

여 : 너희 반 친구들과 관계는 어때?

남 : 아주 좋아. 모두들 서로 돕고, 단결하며 우애가 깊어.

질문 : 그들의 반 친구들의 관계가 어떠합니까?

A 안 좋다　B 좋다　C 서로 모른다

정답 

30.

男：新的房子怎么样？

女：还可以。虽然房间有点小，但是周围很安静。

问：女的对自己的房子持什么态度？

A 非常满意　　B 比较满意　　C 完全不满意

남 : 새 집 어때요?

여 : 그런대로 괜찮아요. 비록 방은 작지만 주변이 조용해요.

질문 : 여자는 자기의 집에 대한 태도가 어떠합니까?

A 아주 만족한다　B 비교적 만족한다

C 아주 불만이다

정답 B

31-40

예시

女：晚饭做好了，准备吃饭了。
男：等一会儿，比赛还有三分钟就结束了。
女：快点儿吧，一起吃，菜冷了就不好吃了。
男：你先吃，我马上就看完了。
问：男的在做什么？

A 洗澡　　B 吃饭　　C 看电视

여 : 저녁식사 다 됐어요. 식사하세요.
남 : 잠깐만요, 시합이 3분만 더 있으면 끝날 거예요.
여 : 빨리 와서 같이 먹어요. 음식은 식으면 맛이 없잖아요.
남 : 먼저 먹어요. 시합 곧 끝나요.
질문 : 남자는 무엇을 하고 있습니까?

A 샤워를 한다
B 밥을 먹는다
C 텔레비전을 본다

정답  C

31.

男：我觉得这里的风景很美。
女：但是因为交通不大方便，旅客并不多。
男：对，要是能有来往的公交车，旅客的数量也会增加。
女：我们向市区负责人提提建议怎么样？
问：这个地方为什么旅客不多？

A 风景不美　　B 名气不大　　C 交通不方便

남 : 내 생각에 이곳 풍경이 아주 아름다운 것 같아요.
여 : 하지만 교통이 불편해서 관광객이 많지 않군요.
남 : 맞아요, 만약 왕래하는 버스가 있다면 관광객의 수도 늘어날 거예요.
여 : 우리 시의 책임자에게 건의하면 어떻겠어요?
질문 : 이 지역은 왜 관광객이 많지 않습니까?

A 풍경이 아름답지 않아서
B 명성이 높지 않아서
C 교통이 불편해서

정답  C

32.

女：请坐，您哪儿不舒服？

男：我的牙齿疼得连饭也吃不进。

女：疼了多长时间？

男：从前天晚上开始的。

问：男的去了什么地方？

A 机场　　B 牙科　　C 餐馆

여 : 앉으세요, 어디가 불편하세요?

남 : 이가 아파서 밥도 먹을 수가 없어습니다.

여 : 얼마동안 아팠나요?

남 : 그저께 저녁부터요.

질문 : 남자가 간 곳은 어디입니까?

A 공항　B 치과　C 식당

정답 B

33.

男：下班后，我们一起吃晚饭，好吗？

女：恐怕这次不行，下次吧。

男：你今天午饭也吃得很少，肚子不饿吗？

女：其实我正在减肥呢。

问：女的为什么不吃晚饭？

A 减肥　　B 生病　　C 不太饿

남 : 퇴근 후에 우리 함께 저녁식사할까요?

여 : 안 될 것 같아요, 다음에 하죠.

남 : 당신 오늘 점심도 조금밖에 안 먹었는데 배고프지 않나요?

여 : 사실 저는 다이어트 중입니다.

질문 : 여자는 왜 저녁식사를 하지 않습니까?

A 다이어트

B 병이 나서

C 별로 배고프지 않다

정답 

A

34.

女：你怎么又换了工作？

男：因为我觉得这个工作真不适合我。

女：那么，你现在做什么工作？

男：我在书店工作。

问：男的现在在哪里工作？

A 商店　　B 公司　　C 书店

여 : 당신 어째서 또 일을 바꿨어요?

남 : 왜냐하면 이 일이 정말 저에게 맞지 않는 것 같아서요.

여 : 그러면 당신은 지금 어떤 일을 하고 있어요?

남 : 서점에서 일하고 있어요.

질문 : 남자는 지금 어느 곳에서 일을 하고 있습니까?

A 상점　B 회사　C 서점

정답 

C

35.

男：今天是什么节日？

女：春节。是中国最大的一个节日。

男：春节一般做什么？

女：家人团聚，吃团圆饭，贴门神和春联，放鞭炮。

问：今天是什么节日？

A 春节　　B 中秋节　　C 清明节

남 : 오늘은 무슨 명절이죠?

여 : 설 입니다. 중국 최대의 명절이죠.

남 : 설에 일반적으로 무엇을 합니까?

여 : 식구들이 모여서 식사를 하고 문신과 춘련을 붙이고 폭죽을 터뜨립니다.

질문 : 오늘은 무슨 명절입니까?

A 설　B 중추절　C 청명절

정답 A

36.

女：小李，你对小张有意思吧？

男：我哪有啊，我对她一点兴趣都没有。

女：我跟你开个玩笑，你怎么就认真起来了？

男：都怪你，胡说八道！

问：女的态度怎么样？

A 开玩笑　　B 认真　　C 生气

여 : 샤오리, 너 샤오장에 관심 있어?

남 : 천만에, 그녀에 대해 조금도 관심이 없어.

여 : 난 농담한 것인데 너는 왜 진지해졌지?

남 : 모두 너 때문이야, 헛소리하기는!

질문 : 여자의 태도는 어떻습니까?

A 농담하다 B 진지하다 C 화가 났다

정답 

A

37.

男：这个周末我们一起去爬山，好不好？

女：你不是说周末要和同学见面吗？

男：没事，我看你最近好像挺不开心的，所以想和你去散散心。

女：谢谢你。

问：这个周末他们最可能做什么？

A 在公司工作　B 去爬山　　C 和同学见面

남 : 이번 주말에 우리 함께 등산가면 어때요?

여 : 주말에 학우들을 만난다고 하지 않았나요?

남 : 아니요, 당신이 요즈음 기분이 안 좋아 보여서 함께 기분 전환해 드리고 싶어요.

여 : 고마워요.

질문 : 이번 주말에 그들은 무엇을 할 가능성이 가장 높습니까?

A 회사에서 일을 한다

B 등산을 간다　C 학우를 만난다

정답 B

38.

女：时间过得真快，我们来中国已经快一年了。

男：是，刚来的时候，我们经常坐错车，迷路，也听不懂老师说的话。

女：现在中国朋友说的话基本上都能听懂了。

男：这说明，我们的中文水平提高了。

问：他们来中国大概多长时间了？

A 半年　　B 一年　　C 两年

여: 시간이 참 빨라요. 우리가 중국에 온 지 곧 1년이 다 되어가는군요.

남: 그래요, 막 왔을 때 우리는 항상 차를 잘못 탔고, 길을 헤맸으며 선생님의 말씀도 알아듣지 못했죠.

여: 지금은 중국 친구들이 하는 말은 기본적으로 모두 알아듣습니다.

남: 이것은 우리의 중국어 수준이 향상되었다는 말이죠.

질문: 그들은 중국에 온 지 대개 얼마나 되었습니까?

A 반 년　B 일 년　C 2년

정답 **B**

39.

男：最近我常常去图书馆。

女：这么认真学习啊。你在图书馆看什么书？

男：一般看小说，有时查字典，还上网下载学习资料。

女：今天我也要跟你一起去。

问：男的最近经常去什么地方？

A 电影院　　B 图书馆　　C 网吧

남: 최근에 나는 항상 도서관에 갑니다.

여: 어째서 이렇게 열심히 공부하죠. 도서관에서 어떤 책을 보죠?

남: 일반적으로 소설을 보고, 어떤 때는 사전도 찾고 인터넷에서 학습 자료를 다운로드 받기도 하죠.

여: 오늘 나도 함께 가요.

질문: 남자는 최근에 항상 어디에 갔습니까?

A 영화관　B 도서관　C 피시방

정답 **B**

40.

女：你家到底还有多远？

男：离这儿很近，再走5分钟就能到。

女：5分钟以前你也说过同样的话。

男：再走几分钟就到了。到家我就给你做好吃的。

问：他们正在去哪儿？

A 女的的家　　B 公园　　C 男的的家

여: 당신 집은 도대체 아직 얼마나 남았나요?

남: 여기서 가까워요, 앞으로 5분이면 도착해요.

여: 5분 전에도 똑같이 말했어요.

남: 몇 분 더 가면 도착해요. 집에 도착하면 맛있는 거 해줄게요.

질문: 그들은 지금 어느 곳을 가고 있습니까?

A 여자의 집　B 공원　C 남자의 집

정답 **C**

2. 독해

제1부분 해석

41-45

보기

A 不好意思，公交车在路上发生了车祸，所以我就改坐地铁来了。
미안합니다. 버스가 도로에서 교통사고가 발생해서 지하철로 바꿔 탔습니다.

B 今天我发现妹妹偷穿了我的衣服。
오늘 나는 여동생이 내 옷을 몰래 입은 것을 발견했다.

C 我也还没看过，要不今天晚上我们一起去看，怎么样?
나도 아직 못 봤어요, 안 그러면 오늘 저녁에 우리 함께 보는 것이 어때요?

D 放假了。你有什么打算吗?
방학하면(휴가 때), 어떤 계획이 있습니까?

E 我知道，他的作品我几乎全都看过。
알아요, 그의 작품은 거의 다 보았어요.

F 当然。我们先坐公共汽车，然后换地铁。
그럼요. 우선 버스를 타고 그 다음에 지하철로 갈아타요.

예시

你知道怎么去那儿吗?

너는 거기에 어떻게 가는지 아니?

정답 F

41.

这部电影好不好看?

이 영화 재미있나요?

정답 C

42.

在中国，赵本山的小品很有名。

중국에서는 자오본산의 작품이 유명하다.

정답 E

43.

你怎么现在才来呀?

당신 왜 이제 와요?

정답 A

44.

期末考试终于结束了！

기말고사가 드디어 끝났다!

정답 D

45.

你怎么了? 有什么不高兴的事?

당신 왜 그래요? 뭐 언짢은 일이라도 있으세요?

정답 B

46-50

보기

A 好像住着一对年轻的夫妻，可是白天我从来没见过他们。
젊은 부부가 살고 있는 것 같지만, 낮에 그들을 한 번도 본 적이 없어요.

B 不行，宝宝在房间里睡觉呢。
안 돼요, 아기가 방에서 자고 있어요.

C 没问题！你要搬到什么地方?
문제 없어요! 어느 곳으로 이사 가실 거예요?

D 你还是去医院检查一下吧。
당신 그래도 병원에 가서 검사 받아 보세요.

E 虽然身体很累，但内心还是很开心的。
비록 몸은 피곤하지만 마음은 역시 즐거워요.

46.

你每周都在这里做志愿者累不累?

당신 매주 항상 여기에서 자원 봉사 하는 것 피곤하지 않아요?

정답 E

47.

我觉得最近有点消化不良。

내 생각에는 요즘에 소화불량인 것 같아요.

정답 D

48.

如果你愿意的话，下周可不可以来帮我搬家?

만약 당신께서 괜찮으시다면 다음 주에 제가 이사 가는 것 도와줄래요?

정답 C

49.

你能把电视声音放大一点吗?

TV볼륨을 좀 높여줄래요?

정답 B

50.

你知道你家隔壁住的是谁吗?

옆집에 누가 사는지 아십니까?

정답 A

제2부분 해석

51-55

A 作用	B 被	C 世界	D 道	E 终于	F 声音
작용	~에게 ~을(를) 당하다	세계	개 (문제의 양사)	마침내	소리

예시

她说话的(F)多好听啊！

그녀가 말하는 (소리)는 정말 듣기 좋구나!

정답 F

51.

我的手机(B)人偷走了，怎么办呢?

내 휴대폰을 도난 (당했어요). 어떡하죠?

정답 B

52.

我去国外旅游的时候才发现，这个(C)真大！

내가 외국에 가서 여행할 때 비로소 발견했어요, 이 (세계)는 정말 크다는 것을요!

정답 C

53.

其实，睡眠对人体健康有很重要的(A)。

사실 수면은 인체건강에 중요한 (작용)을 한다.

정답 A

54.

这次期末考试，我错了一(D)题，所以没有得满分。

이번 기말고사에서 나는 문제 한 (개)를 틀려서 만점을 받지 못했다.

정답 D

55.

我给他解释了半天，他(E)明白过来了。

내가 한참을 설명하고 나서야 그는 (마침내) 이해했다.

정답 E

56-60

A 不好意思	B 关系	C 然后	D 比	E 聪明	F 爱好
미안하다	관계	그런 후에	~보다	총명하다	취미

예시

A：你有什么(F)?

B：我喜欢体育。

A: 너는 어떤 (취미)를 가지고 있니?
B: 나는 체육을 좋아해.

정답 F

56.

A：这是我姐姐的照片。

B：真人(D)照片还漂亮啊！

A: 이것은 제 누나의 사진이에요.
B: 실물이 사진(보다) 더 예쁘네요.

정답 D

57.

A：今天路上有点堵车，来晚了，(A)！

B：没关系。来，请坐。

A : 오늘 길이 약간 막혀서 늦었어요, (미안해요).
B : 괜찮아요. 자, 앉으세요.

정답 A

58.

A：最近你和他的(B)怎么样?

B：没什么问题，这么多年，他一直都对我很好。

A : 요즘 당신은 그와의 (관계)가 어떻습니까?
B : 문제 없어요, 여러 해 동안 그는 항상 나에게 잘해줍니다.

정답 B

59.

A：这孩子很(E)，老师教他什么他很快就能记住。

B：我觉得她是个天才。

A : 이 아이는 아주 (총명해요). 선생님께서 가르쳐주시면 바로 기억합니다.

B : 내 생각에 그 아이는 천재군요.

정답 E

60.

A：这次旅游你是怎么安排的?

B：我打算先到上海，(C)再飞往北京。

A : 이번 여행을 어떻게 짰습니까?

B : 먼저 상하이에 가고 (그런 후에) 다시 베이징에 갈 생각입니다.

정답 C

제3부분 해석

61-70

예시

您是来参加今天会议的吗? 您来早了一点儿，现在才八点半。您先进来坐吧。

★ 会议最可能几点开始?

A 8点　　B 8点半　　C 9点

당신은 오늘 회의에 참석하러 왔지요? 조금 빨리 오셨네요. 이제 8시 30분입니다. 우선 앉아서 기다리고 계세요.

★회의는 몇 시에 열립니까?

A 8시　　B 8시 반　　C 9시

정답 C

61. 周末，我和老公都比较早下班。去接了孩子后，我们一家三口先去饭馆吃晚饭，再坐车回家休息。

★ 根据这段话，可以知道，他们家庭：

A 很幸福　　B 经常吵架　　C 互相不关心

주말에 나는 남편과 비교적 일찍 퇴근하였다. 애를 데려온 후, 우리 세 식구는 먼저 식당에 가서 밥을 먹고 다시 차를 타고 집에 돌아와 쉬었다.

★이 문장에 근거하여 알 수 있는 그들의 가정 생활은 어떻습니까?

A 행복하다　　B 늘 싸운다　　C 서로 관심이 없다　　정답  A

62. 这些年，中国经济虽然取得了快速发展，但是环境污染问题也越来越严重。"保护环境，人人有责。"所以我们应该想办法早日解决这个问题。

★ 经济发展带来了：

A 环保问题　　B 金钱问题　　C 男女平等问题

최근 몇 년 동안 중국 경제는 비록 빠르게 발전하였지만, 환경오염 문제 역시 점점 심해졌다. '환경보호는 모두의 책임이다.' 그래서 우리는 이 문제를 조속히 해결할 방법을 찾아야 한다.

★ 경제 발전은 무엇을 초래했습니까?

A 환경보호 문제　　B 돈 문제　　C 남녀평등 문제　　정답  A

63. "民以食为天"，这句话可以表示中国饮食文化的最大特点。因为中国人向来注重饮食，"吃"对中国人的文化心理产生了深刻影响。

★ 根据这段话，中国人向来注重：

A 面子　　B 衣着　　C 饮食

'백성은 식량을 생존의 근본으로 여긴다'라는 이 말은 중국 음식 문화의 가장 큰 특징을 보여준다. 왜냐하면 중국인은 줄곧 음식을 중시했고, '먹는 것'은 중국인의 문화 심리에 큰 영향을 주었기 때문이다.

★이 문장에 근거하여 중국인이 줄곧 중시한 것은 무엇입니까?

A 체면　　B 옷 입기　　C 음식　　정답  C

64. 各位同学们，今天是开学第一天，所以我们班转来了一名新同学，大家热烈欢迎他！

★ 开学第一天：

A 学校停课了　B 老师留了作业 C 来了一个新同学

여러분 오늘은 개학 첫 날입니다. 그래서 우리 반에 한 학생이 전학을 왔습니다. 모두 열렬하게 그를 환영합시다.

★개학 첫 날은 어떠했습니까?

A 학교에서 휴강을 했다　B 선생님께서 숙제를 내주셨다　C 학생 한 명이 새로 왔다　정답 C

65. 中国是一个多民族，多语言的国家，有56个民族，共有80种以上的语言。中国主要有七大方言区，每个方言都各有各的特色。

★ 中国主要有几个方言区?

A 七个　B 四个　C 三个

중국은 다민족, 다언어국가이며, 56개 민족과 80종 이상의 언어가 있다. 중국은 주로 7대 방언지역이 있으며 모든 방언은 각기 특색이 있다.

★ 중국은 주로 몇 개의 방언 지역이 있습니까?

A 7개　B 4개　C 3개　정답 

66. 今天弟弟过生日，爸爸下班买了蛋糕回来，妈妈把它切成小块给我们吃。蛋糕又香又甜，我们一下子就把它吃光了。

★ 今天是谁的生日?

A 爸爸　B 弟弟　C 我自己

오늘은 남동생의 생일이라 아빠가 퇴근하시고 케익을 사오셨다. 어머니는 그것을 잘라 우리에게 주셨다. 케익이 맛있고 달콤해서 우리는 단번에 먹어치웠다.

★오늘은 누구의 생일입니까?

A 아빠　B 남동생　C 자신　정답 B

67. 第29届奥林匹克运动会曾于2008年8月8日至24日在中国首都北京举行，有2万多名运动员、教练员和官员参加了北京奥运会。

★ 第29届北京奥运会有多少人参加?

A 五千多　　B 两万多　　C 十万多

제 29회 올림픽이 2008년 8월 8일에서 24일까지 베이징에서 열렸고 2만명의 선수, 코치, 관원이 참가하였다.

★제 29회 올림픽에는 몇 명이 참가하였습니까?

A 5천여 명　　B 2만여 명　　C 10만여 명　　정답 **B**

68. 我觉得老李这个人很不错。初次见他的时候，我还以为他是一个很严肃，难以接近的人。可是时间一长，我就发现其实他挺幽默、热情的，是一个爱笑的人。

★ 他觉得老李是一个:

A 严肃的人　　B 难以接近的人　　C 热情的人

내 생각에 라오리는 괜찮은 것 같다. 처음 만났을 때 그는 엄숙하고 접근하기 어려운 사람 같았다. 하지만 나는 그가 사실 유머가 아주 많고, 열정적이고, 잘 웃는 사람이라는 것을 발견했다.

★ 그가 생각하기에 라오리는 어떤 사람입니까?

A 엄숙한 사람　　B 접근하기 어려운 사람　　C 열정적인 사람　　정답 

69. 一放假，我就跟几个朋友一起到南方旅行。对我们来说，南方的风景到处都很漂亮。到了该回来的时候，我还真舍不得离开这美丽的地方。

★ 他认为南方地区怎么样?

A 有点不习惯　　B 很美　　C 不再想去

방학을 하면 나는 친구 몇 명과 함께 남방에 여행을 갈 것입니다. 우리들에 대해서 말하자면 남방의 풍경은 도처가 모두 아름다우며 돌아올 때가 되면 나는 정말 이 아름다운 곳을 떠나기 싫을 것입니다.

★그가 생각하기에 남방은 어떠합니까?

A 좀 익숙하지 않다　　B 아름답다　　C 다시 가고 싶지 않다　　정답 **B**

70. 我的铅笔不见了，你能不能把你的铅笔给我用一下？我用完马上还给你。

★ 他要借的东西是：

A 铅笔　　B 桌子　　C 教科书

내 연필이 안보입니다. 연필 좀 잠시 빌려주시겠습니까? 쓰고 바로 돌려드리겠습니다.

★그가 빌리려고 하는 것은 무엇입니까?

A 연필　　B 탁자　　C 교과서

정답 A

3. 쓰기

제1부분 해석

71-75

예시 문제 小船 / 上 / 一 / 河 / 条 / 有 답 河上有一条小船。	강 위에 배 하나가 떠있다.
71. 문제 对 / 我 / 这家 / 餐馆 / 很满意 / 服务 / 的 답 我对这家餐馆的服务很满意。	나는 이 식당 서비스에 만족한다.
72. 문제 我 / 今天 / 妈妈 / 做饭 / 了 / 帮 답 今天我帮妈妈做饭了。	오늘 나는 엄마를 도와 밥을 했다.

73.

문제 只 / 去过 / 我 / 北京 / 一次

답 我只去过一次北京。

나는 베이징에 단지 한 번 가봤다.

74.

문제 你的 / 这 / 双 / 是 / 吗 / 鞋子

답 这双鞋子是你的吗?

이 신발은 당신 것입니까?

75.

문제 把 / 打开 / 请 / 门 / 你

답 请你把门打开。

문 좀 열어주세요.

제2부분 해석

76-80

예시 guān 没（ 关 ）系，别难过，高兴点儿。	괜찮으니, 슬퍼하지 말고 좀 웃어.
76. jìng 这个店是新开的，看来很干(净)。	이 가게는 새로 개장해서 깨끗해 보인다.
77. guàn 你对这里的环境习(惯)了没有?	당신은 이곳 환경에 대해 습관이 되었습니까?
78. tí 每天努力学习，一定能(提)高自己的汉语水平。	매일 열심히 공부하면 반드시 자신의 중국어 수준을 높일 수 있다.
79. mǎn 对这次考试的结果，我还是很(满)意的。	이번 시험결과에 대해 나는 그런대로 만족한다.
80. sài 今天我参加了一场比(赛)。	오늘 나는 경기에 참가하였다.

新HSK 1급 필수어휘

爱/八/爸爸/杯子/北京/本/不/不客气/菜/茶/吃/出租车/打电话/大/的/点/电脑/电视/电影/东西/都/读/对不起/多/多少/儿子/二/饭店/飞机/分钟/高兴/个/工作/狗/汉语/好/号/喝/和/很/后面/回/会/几/家/叫/今天/九/开/看/看见/块/来/老师/了/冷/里/六/妈妈/吗/买/猫/没关系/没有/米饭/明天/名字/哪/哪儿/那/呢/能/你/年/女儿/朋友/漂亮/苹果/七/钱/前面/请/去/热/人/认识/三/商店/上/上午/少/谁/什么/十/时候/是/书/水/水果/睡觉/说/四/岁/他/她/太/天气/听/同学/喂/我/我们/五/喜欢/下/下午/下雨/先生/现在/想/小/小姐/些/写/谢谢/星期/学生/学习/学校/一/一点儿/衣服/医生/医院/椅子/有/月/在/再见/怎么/怎么样/这/中国/中午/住/桌子/字/昨天/坐/做

新HSK 2급 추가 필수어휘

吧 / 白 / 百 / 帮助 / 报纸 / 比 / 别 / 宾馆 / 长 / 唱歌 / 出 / 穿 / 次 / 从 / 错 / 打篮球 / 大家 / 到 / 得 / 等 / 弟弟 / 第一 / 懂 / 对 / 对 / 房间 / 非常 / 服务员 / 高 / 告诉 / 哥哥 / 给 / 公共汽车 / 公司 / 贵 / 过 / 还 / 孩子 / 好吃 / 黑 / 红 / 火车站 / 机场 / 鸡蛋 / 件 / 教室 / 姐姐 / 介绍 / 进 / 近 / 就 / 觉得 / 咖啡 / 开始 / 考试 / 可能 / 可以 / 课 / 快 / 快乐 / 累 / 离 / 两 / 零 / 路 / 旅游 / 卖 / 慢 / 忙 / 每 / 妹妹 / 门 / 面条 / 男 / 您 / 牛奶 / 女 / 旁边 / 跑步 / 便宜 / 票 / 妻子 / 起床 / 千 / 铅笔 / 晴 / 去年 / 让 / 日 / 上班 / 身体 / 生病 / 生日 / 时间 / 事情 / 手表 / 手机 / 说话 / 送 / 虽然…但是… / 它 / 踢足球 / 题 / 跳舞 / 外 / 完 / 玩 / 晚上 / 往 / 为什么 / 问 / 问题 / 西瓜 / 希望 / 洗 / 小时 / 笑 / 新 / 姓 / 休息 / 雪 / 颜色 / 眼睛 / 羊肉 / 药 / 要 / 也 / 一起 / 一下 / 已经 / 意思 / 阴 / 因为…所以… / 游泳 / 右边 / 鱼 / 远 / 运动 / 再 / 早上 / 丈夫 / 找 / 着 / 真 / 正在 / 知道 / 准备 / 走 / 最 / 左边

新HSK 3급 추가 필수어휘

阿姨/啊/矮/爱好/安静/把/班/搬/半/办法/办公室/帮忙/包/饱/北方/被/鼻子/比较/比赛/笔记本/必须/变化/别人/冰箱/不但…而且…/菜单/参加/草/层/差/超市/衬衫/成绩/城市/迟到/除了/船/春/词典/聪明/打扫/打算/带/担心/蛋糕/当然/地/灯/地方/地铁/地图/电梯/电子邮件/东/冬/动物/短/段/锻炼/多么/饿/耳朵/发/发烧/发现/方便/放/放心/分/附近/复习/干净/感冒/感兴趣/刚才/个子/跟/根据/更/公斤/公园/故事/刮风/关/关系/关心/关于/国家/过/过去/还是/害怕/黑板/后来/护照/花/花/画/坏/欢迎/还/环境/换/黄河/回答/会议/或者/几乎/机会/极/记得/季节/检查/简单/见面/健康/讲/教/角/脚/接/街道/结婚/结束/节目/节日/解决/借/经常/经过/经理/久/旧/句子/决定/渴/可爱/刻/客人/空调/口/哭/裤子/筷子/蓝/老/离开/礼物/历史/脸/练习/辆/聊天/了解/邻居/留学/楼/绿/马/马上/满意/帽子/米/面包/明白/拿/奶奶/南/难/难过/年级/年轻/鸟/努力/爬山/盘子/胖/啤酒 /皮鞋/瓶子/其实/其他/骑/奇怪/起飞/起来/清楚/请假/秋/裙子/然后/热情/认为/认真/容易/如果/伞/上网/生气/声音/试/世界/瘦/舒服 /叔叔/树/数学/刷牙/双/水平/司机/太阳/特别/疼/提高/体育/甜/条/同事/同意/头发/突然/图书馆/腿/完成/碗/万/忘记/为/为了/位/文化/西/习惯/洗手间/洗澡/夏/先/香蕉/相信/向/像/小心/校长/新闻/新鲜/信用卡/行李箱/熊猫/需要/选择/要求/爷爷/一般/一边/一定/一共/一会儿/一样/一直/以前/音乐/银行/饮料/应该/影响/用/游戏/有名/又/遇到/元/愿意/越/月亮/站/张/长 /着急/照顾/照片/照相机/只/只/只有…才…/中间/中文/终于/种/重要/周末/主要/注意/自己/自行车/总是/嘴/最后/最近/作业

20일
초단기
집중

600단어 간체자 쓰기
新
HSK 3급
초단기 합격하기

1
爱
ài
동 사랑하다
爱 | 爱 爱 爱 爱 爱 爱 爱 爱 爱 爱
爱
사랑하다
ài
2
八
bā
수 여덟, 8
八 | 八 八
八
여덟, 8
bā
3
爸爸
bàba
명 아빠, 아버지
爸 | 爸 爸 爸 爸 爸 爸 爸 爸
爸 | 爸 爸 爸 爸 爸 爸 爸 爸
爸爸
아빠, 아버지
bàba
4
杯子
bēizi
명 잔, 컵
杯 | 杯 杯 杯 杯 杯 杯 杯 杯
子 | 子 子 子
杯子
잔, 컵
bēizi

5 **北京**

Běijīng

명 베이징

北 | 北 北 北 北 北

京 | 京 京 京 京 京 京 京 京

北京	베이징
Běijīng	

6 **本**

běn

양 권 (책을 세는 단위)

本 | 本 本 本 本 本

本	권
běn	

7 **不**

bù

부 아니다 (부정부사)

不 | 不 不 不 不

不	아니다
bù	

8 **不客气**

búkèqi

천만에요, 사양하지 마세요

不 | 不 不 不 不

客 | 客 客 客 客 客 客 客 客 客

气 | 气 气 气 气

不客气	천만에요, 사양하지 마세요
búkèqi	

9 **菜**
cài
명 요리

菜 | 菜 菜 菜 菜 菜 菜 菜 菜 菜 菜 菜

菜	요리				
cài					

10 **茶**
chá
명 차

茶 | 茶 茶 茶 茶 茶 茶 茶 茶 茶

茶	차				
chá					

11 **吃**
chī
동 먹다

吃 | 吃 吃 吃 吃 吃 吃

吃	먹다				
chī					

12 **出租车**
chūzūchē
명 택시

出 | 出 出 出 出 出
租 | 租 租 租 租 租 租 租 租 租 租
车 | 车 车 车 车

出租车	택시				
chūzūchē					

13
打电话
dǎ diànhuà
전화를 걸다
打 | 打 打 打 打 打
电 | 电 电 电 电 电
话 | 话 话 话 话 话 话 话 话
打电话
전화를 걸다
dǎ diànhuà
14
大
dà
형 크다
大 | 大 大 大
大
크다
dà
15
的
de
조 ~의 (관형어 구조조사)
的 | 的 的 的 的 的 的 的 的
的
~의
de
16
点
diǎn
양 약간, 시(시간) 동 주문하다
点 | 点 点 点 点 点 点 点 点 点
点
약간, 시(시간),
주문하다
diǎn

1
급

17 **电脑**

diànnǎo

명 컴퓨터

电 | 电 电 电 电 电

脑 | 脑 脑 脑 脑 脑 脑 脑 脑 脑 脑

电脑	컴퓨터				
diànnǎo					

18 **电视**

diànshì

명 텔레비전

电 | 电 电 电 电 电

视 | 视 视 视 视 视 视 视 视

电视	텔레비전				
diànshì					

19 **电影**

diànyǐng

명 영화

电 | 电 电 电 电 电

影 | 影 影 影 影 影 影 影 影 影 影 影 影 影 影 影

电影	영화				
diànyǐng					

20 **东西**

dōngxi

명 물건

东 | 东 东 东 东 东

西 | 西 西 西 西 西 西

东西	물건				
dōngxi					

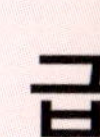
급

21 都
dōu
부 모두, 이미

都 | 都 都 都 都 都 都 都 都 都 都

都	모두, 이미
dōu	

22 读
dú
동 읽다

读 | 读 读 读 读 读 读 读 读 读 读

读	읽다
dú	

23 对不起
duìbuqǐ
상투어 미안합니다

对 | 对 对 对 对 对
不 | 不 不 不 不
起 | 起 起 起 起 起 起 起 起 起 起

对不起	미안합니다
duìbuqǐ	

24 多
duō
형 많다

多 | 多 多 多 多 多 多

多	많다
duō	

25
多少
duōshao
대 얼마, 몇
多 | 多 多 多 多 多 多
少 | 少 少 少 少
多少
얼마, 몇
duōshao
26
儿子
érzi
명 아들
儿 | 儿 儿
子 | 子 子 子
儿子
아들
érzi
27
二
èr
수 둘, 2
二 | 二 二
二
둘, 2
èr
28
饭店
fàndiàn
명 호텔, 식당
饭 | 饭 饭 饭 饭 饭 饭 饭
店 | 店 店 店 店 店 店 店 店
饭店
호텔, 식당
fàndiàn

29 **飞机**

fēijī

명 비행기

飞 | 飞 飞 飞

机 | 机 机 机 机 机 机

飞机	비행기
fēijī	

30 **分钟**

fēnzhōng

명 분

分 | 分 分 分 分

钟 | 钟 钟 钟 钟 钟 钟 钟 钟 钟

分钟	분
fēnzhōng	

31 **高兴**

gāoxìng

형 기쁘다, 즐겁다

高 | 高 高 高 高 高 高 高 高 高 高

兴 | 兴 兴 兴 兴 兴 兴

高兴	기쁘다, 즐겁다
gāoxìng	

32 **个**

gè

양 명, 개 (사람 · 사물 등을 세는 단위)

个 | 个 个 个

个	명, 개
gè	

1 급

33 工作
gōngzuò
명 직업 동 일하다

工 | 工 工 工
作 | 作 作 作 作 作 作 作

工作	직업, 일하다
gōngzuò	

34 狗
gǒu
명 개 (동물)

狗 | 狗 狗 狗 狗 狗 狗 狗 狗

狗	개 (동물)
gǒu	

35 汉语
Hànyǔ
명 중국어

汉 | 汉 汉 汉 汉 汉
语 | 语 语 语 语 语 语 语 语 语

汉语	중국어
Hànyǔ	

36 好
hǎo
형 좋다

好 | 好 好 好 好 好 好

好	좋다
hǎo	

37
号
hào
명 번호, 일 (날짜)
38
喝
hē
동 마시다
39
和
hé
접 ~와(과)
40
很
hěn
부 매우, 대단히

41
后面
hòumiàn
명 뒤, 뒷부분
后 | 后 后 后 后 后 后
面 | 面 面 面 面 面 面 面 面 面
后面
뒤, 뒷부분
hòumiàn
42
回
huí
동 돌아오다
回 | 回 回 回 回 回 回
回
돌아오다
huí
43
会
huì
조동 ~할 줄 안다
会 | 会 会 会 会 会 会
会
~할 줄 안다
huì
44
几
jǐ
수 몇 (10 이하의 숫자)
几 | 几 几
几
몇
jǐ

45 家
jiā
명 집

家 | 家 家 家 家 家 家 家 家 家 家

家	집
jiā	

46 叫
jiào
동 외치다, ~(이)라고 부르다

叫 | 叫 叫 叫 叫 叫

叫	외치다, ~(이)라고 부르다
jiào	

47 今天
jīntiān
명 오늘

今 | 今 今 今 今
天 | 天 天 天 天

今天	오늘
jīntiān	

48 九
jiǔ
수 아홉, 9

九 | 九 九

九	아홉, 9
jiǔ	

49
开
kāi
동 열다, 켜다
开 | 开 开 开 开
开
열다, 켜다
kāi
50
看
kàn
동 보다
看 | 看 看 看 看 看 看 看 看 看
看
보다
kàn
51
看见
kànjiàn
동 보이다, 눈에 띄다
看 | 看 看 看 看 看 看 看 看 看
见 | 见 见 见 见
看见
보이다, 눈에 띄다
kànjiàn
52
块
kuài
명/양 조각, 덩이, 위안 (화폐 단위)
块 | 块 块 块 块 块 块 块
块
조각, 덩이, 위안
kuài

53 来 lái 동 오다

来 | 来 来 来 来 来 来 来

来 오다 lái

54 老师 lǎoshī 명 선생님

老 | 老 老 老 老 老 老

师 | 师 师 师 师 师 师

老师 선생님 lǎoshī

55 了 le 조 변화 · 완료조사

了 | 了 了

了 변화 · 완료조사 le

56 冷 lěng 형 춥다

冷 | 冷 冷 冷 冷 冷 冷 冷

冷 춥다 lěng

1 급

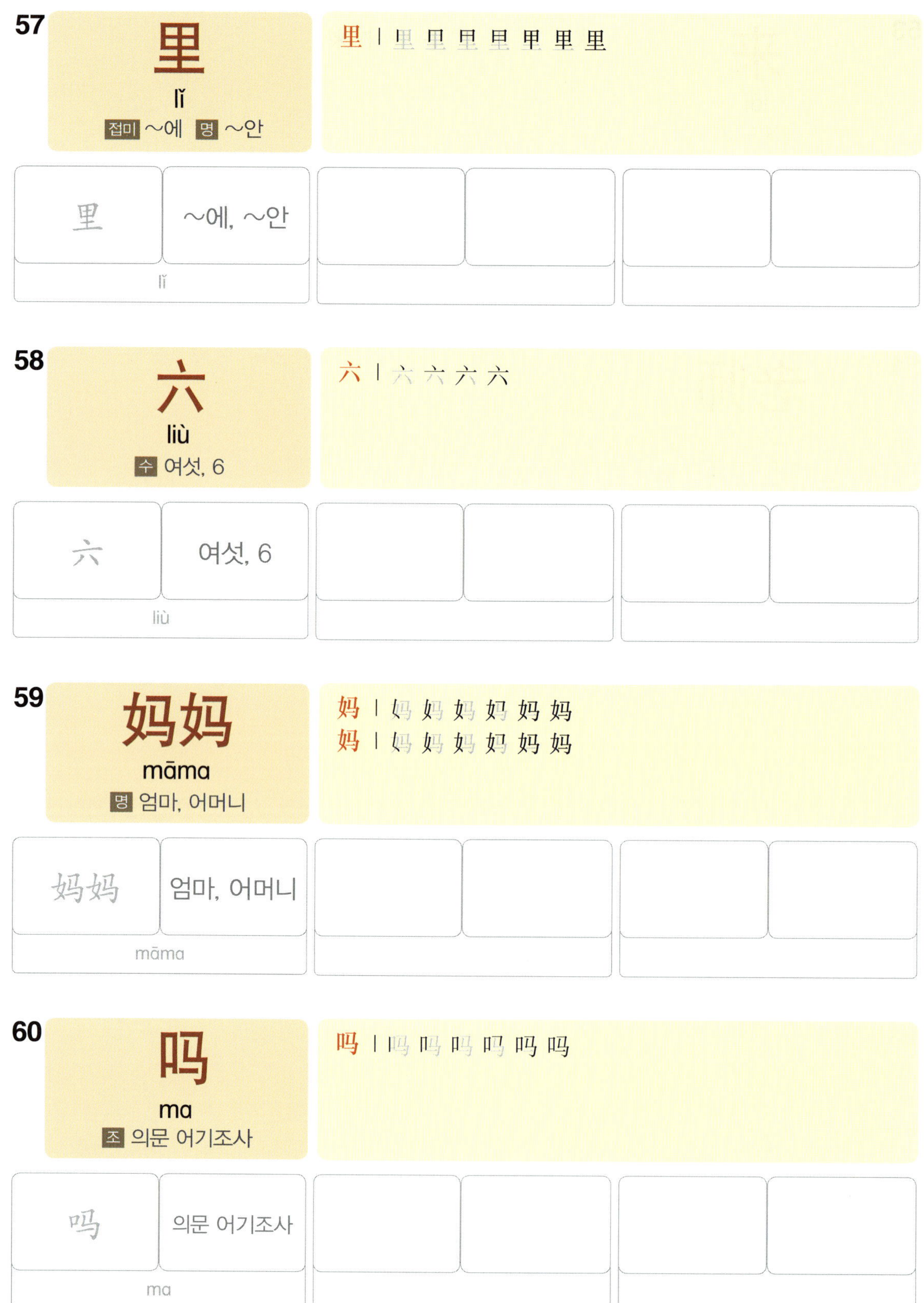

57
里
lǐ
접미 ~에 명 ~안
里
~에, ~안
lǐ
58
六
liù
수 여섯, 6
六
여섯, 6
liù
59
妈妈
māma
명 엄마, 어머니
妈妈
엄마, 어머니
māma
60
吗
ma
조 의문 어기조사
吗
의문 어기조사
ma

61

买

mǎi

동 사다

买 | 买 买 买 买 买 买

买	사다
mǎi	

62

猫

māo

명 고양이

猫 | 猫 猫 猫 猫 猫 猫 猫 猫 猫 猫 猫

猫	고양이
māo	

63

没关系

méiguānxi

괜찮다, 문제없다

没 | 没 没 没 没 没 没 没

关 | 关 关 关 关 关 关

系 | 系 系 系 系 系 系 系

没关系	괜찮다, 문제없다
méiguānxi	

64

没有

méiyǒu

동 없다, 가지고 있지 않다

没 | 没 没 没 没 没 没 没

有 | 有 有 有 有 有 有

没有	없다, 가지고 있지 않다
méiyǒu	

65 **米饭**

mǐfàn

명 쌀밥

米 | 米 米 米 米 米 米

饭 | 饭 饭 饭 饭 饭 饭 饭

米饭	쌀밥
mǐfàn	

66 **明天**

míngtiān

명 내일

明 | 明 明 明 明 明 明 明 明

天 | 天 天 天 天

明天	내일
míngtiān	

67 **名字**

míngzi

명 이름

名 | 名 名 名 名 名 名

字 | 字 字 字 字 字 字

名字	이름
míngzi	

68 **哪**

nǎ

대 어디, 어느, 어느 곳

哪 | 哪 哪 哪 哪 哪 哪 哪 哪 哪

哪	어디, 어느, 어느 곳
nǎ	

69 **哪儿**

nǎr

대 어디, 어느 곳

哪 | 哪 哪 哪 哪 哪 哪 哪 哪 哪

儿 | 儿 儿

哪儿	어디, 어느 곳
nǎr	

70 **那**

nà

대 저, 저것

那 | 那 那 那 那 那 那

那	저, 저것
nà	

71 **呢**

ne

조 의문 · 지속 어기조사

呢 | 呢 呢 呢 呢 呢 呢 呢 呢

呢	의문 · 지속 어기조사
ne	

72 **能**

néng

조동 ~할 수 있다

能 | 能 能 能 能 能 能 能 能 能 能

能	~할 수 있다
néng	

73 你
nǐ
대 너, 당신

你 | 你 你 你 你 你 你 你

你	너, 당신
nǐ	

74 年
nián
명 년, 해

年 | 年 年 年 年 年 年

年	년, 해
nián	

75 女儿
nǚ'ér
명 딸

女 | 女 女 女
儿 | 儿 儿

女儿	딸
nǚ'ér	

76 朋友
péngyou
명 친구

朋 | 朋 朋 朋 朋 朋 朋 朋 朋
友 | 友 友 友 友

朋友	친구
péngyou	

77 漂亮
piàoliang
형 예쁘다

漂 | 漂 漂 漂 漂 漂 漂 漂 漂 漂 漂 漂 漂 漂 漂
亮 | 亮 亮 亮 亮 亮 亮 亮 亮 亮

漂亮	예쁘다				
piàoliang					

78 苹果
píngguǒ
명 사과 (과일)

苹 | 苹 苹 苹 苹 苹 苹 苹 苹
果 | 果 果 果 果 果 果 果 果

苹果	사과				
píngguǒ					

79 七
qī
수 일곱, 7

七 | 七 七

七	일곱, 7				
qī					

80 钱
qián
명 돈

钱 | 钱 钱 钱 钱 钱 钱 钱 钱 钱 钱

钱	돈				
qián					

1급

81 前面
qiánmiàn
명 앞, 앞부분

前 | 前 前 前 前 前 前 前 前 前
面 | 面 面 面 面 面 面 面 面 面

前面 앞, 앞부분
qiánmiàn

82 请
qǐng
동 청하다

请 | 请 请 请 请 请 请 请 请 请 请

请 청하다
qǐng

83 去
qù
동 가다, 떠나다

去 | 去 去 去 去 去

去 가다, 떠나다
qù

84 热
rè
형 덥다, 뜨겁다

热 | 热 热 热 热 热 热 热 热 热 热

热 덥다, 뜨겁다
rè

85 **人**

rén

명 사람

人 | 人 人

人	사람
rén	

86 **认识**

rènshi

동 (사람, 글자)를 알다

认 | 认 认 认 认

识 | 识 识 识 识 识 识 识

认识	(사람, 글자)를 알다
rènshi	

87 **三**

sān

수 셋, 3

三 | 三 三 三

三	셋, 3
sān	

88 **商店**

shāngdiàn

명 상점

商 | 商 商 商 商 商 商 商 商 商 商 商

店 | 店 店 店 店 店 店 店 店

商店	상점
shāngdiàn	

89 上
shàng
명 위

上 | 上 上 上

上 위
shàng

90 上午
shàngwǔ
명 오전

上 | 上 上 上
午 | 午 午 午 午

上午 오전
shàngwǔ

91 少
shǎo
형 적다

少 | 少 少 少 少

少 적다
shǎo

92 谁
shéi
대 누구

谁 | 谁 谁 谁 谁 谁 谁 谁 谁 谁 谁

谁 누구
shéi

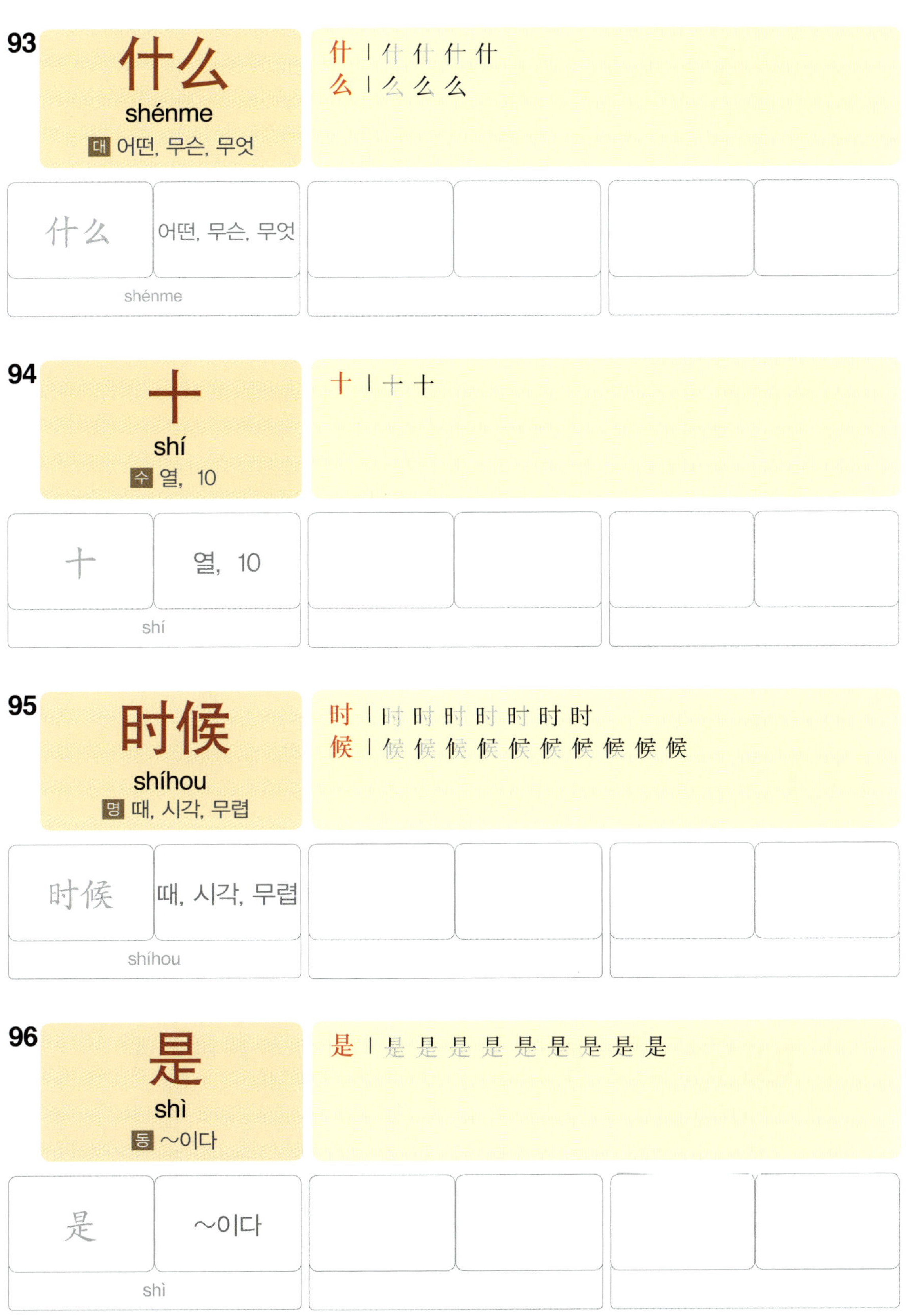

93 什么
shénme
대 어떤, 무슨, 무엇

什 | 什 什 什 什
么 | 么 么 么

什么 | 어떤, 무슨, 무엇
shénme

94 十
shí
수 열, 10

十 | 十 十

十 | 열, 10
shí

95 时候
shíhou
명 때, 시각, 무렵

时 | 时 时 时 时 时 时 时
候 | 候 候 候 候 候 候 候 候 候 候

时候 | 때, 시각, 무렵
shíhou

96 是
shì
동 ~이다

是 | 是 是 是 是 是 是 是 是 是

是 | ~이다
shì

1 급

97 书
shū
명 책

书 | 书 书 书 书

书 책
shū

98 水
shuǐ
명 물

水 | 水 水 水 水

水 물
shuǐ

99 水果
shuǐguǒ
명 과일

水 | 水 水 水 水
果 | 果 果 果 果 果 果 果 果

水果 과일
shuǐguǒ

100 睡觉
shuìjiào
동 잠을 자다

睡 | 睡 睡 睡 睡 睡 睡 睡 睡 睡 睡 睡 睡 睡
觉 | 觉 觉 觉 觉 觉 觉 觉 觉 觉

睡觉 잠을 자다
shuìjiào

101 说 shuō 동 말하다

说 | 说 说 说 说 说 说 说 说 说

说 말하다 shuō

102 四 sì 수 넷, 4

四 | 四 四 四 四 四

四 넷, 4 sì

103 岁 suì 양 살, 세 (나이를 세는 단위)

岁 | 岁 岁 岁 岁 岁 岁

岁 살, 세 suì

104 他 tā 대 그, 그 사람

他 | 他 他 他 他 他

他 그, 그 사람 tā

105
她
tā
대 그녀, 그 여자
她 | 她 她 她 她 她 她
她
그녀, 그 여자
tā
106
太
tài
부 대단히, 매우
太 | 太 太 太 太
太
대단히, 매우
tài
107
天气
tiānqì
명 날씨
天 | 天 天 天 天
气 | 气 气 气 气
天气
날씨
tiānqì
108
听
tīng
동 듣다
听 | 听 听 听 听 听 听 听
听
듣다
tīng

109 **同学**

tóngxué

명 학우

同 | 同 同 同 同 同 同

学 | 学 学 学 学 学 学 学 学

同学	학우
tóngxué	

110 **喂**

wéi

감 여보세요

喂 | 喂 喂 喂 喂 喂 喂 喂 喂 喂 喂 喂 喂

喂	여보세요
wéi	

111 **我**

wǒ

대 나, 저

我 | 我 我 我 我 我 我 我

我	나, 저
wǒ	

112 **我们**

wǒmen

대 우리(들)

我 | 我 我 我 我 我 我 我

们 | 们 们 们 们 们

我们	우리(들)
wǒmen	

1 급

113 五
wǔ
수 다섯, 5

五 | 五 五 五 五

五 다섯, 5
wǔ

114 喜欢
xǐhuan
동 좋아하다

喜 | 喜 喜 喜 喜 喜 喜 喜 喜 喜 喜 喜 喜
欢 | 欢 欢 欢 欢 欢 欢

喜欢 좋아하다
xǐhuan

115 下
xià
명 아래

下 | 下 下 下

下 아래
xià

116 下午
xiàwǔ
명 오후

下 | 下 下 下
午 | 午 午 午 午

下午 오후
xiàwǔ

117 **下雨**

xiàyǔ

동 비가 오다

下 | 下 下 下

雨 | 雨 雨 雨 雨 雨 雨 雨 雨

下雨	비가 오다
xiàyǔ	

118 **先生**

xiānsheng

명 선생님, ~씨

先 | 先 先 先 先 先 先

生 | 生 生 生 生 生

先生	선생님, ~씨
xiānsheng	

119 **现在**

xiànzài

명 현재, 지금, 이제

现 | 现 现 现 现 现 现 现 现

在 | 在 在 在 在 在 在

现在	현재, 지금, 이제
xiànzài	

120 **想**

xiǎng

조동 ~하고 싶다 동 생각하다

想 | 想 想 想 想 想 想 想 想 想 想 想 想 想

想	~하고 싶다, 생각하다
xiǎng	

121 小
xiǎo
형 작다

小 | 小 小 小

小	작다				
xiǎo					

122 小姐
xiǎojiě
명 아가씨

小 | 小 小 小
姐 | 姐 姐 姐 姐 姐 姐 姐 姐

小姐	아가씨				
xiǎojiě					

123 些
xiē
양 조금, 약간, 몇

些 | 些 些 些 些 些 些 些 些

些	조금, 약간, 몇				
xiē					

124 写
xiě
동 (글씨를) 쓰다

写 | 写 写 写 写 写

写	(글씨를) 쓰다				
xiě					

125 **谢谢**

xièxie

동 감사합니다

谢 | 谢 谢 谢 谢 谢 谢 谢 谢 谢 谢 谢 谢

谢 | 谢 谢 谢 谢 谢 谢 谢 谢 谢 谢 谢 谢

谢谢	감사합니다
xièxie	

126 **星期**

xīngqī

명 요일, 주

星 | 星 星 星 星 星 星 星 星 星

期 | 期 期 期 期 期 期 期 期 期 期 期 期

星期	요일, 주
xīngqī	

127 **学生**

xuésheng

명 학생

学 | 学 学 学 学 学 学 学 学

生 | 生 生 生 生 生

学生	학생
xuésheng	

128 **学习**

xuéxí

동 학습하다, 공부하다

学 | 学 学 学 学 学 学 学 学

习 | 习 习 习

学习	학습하다, 공부하다
xuéxí	

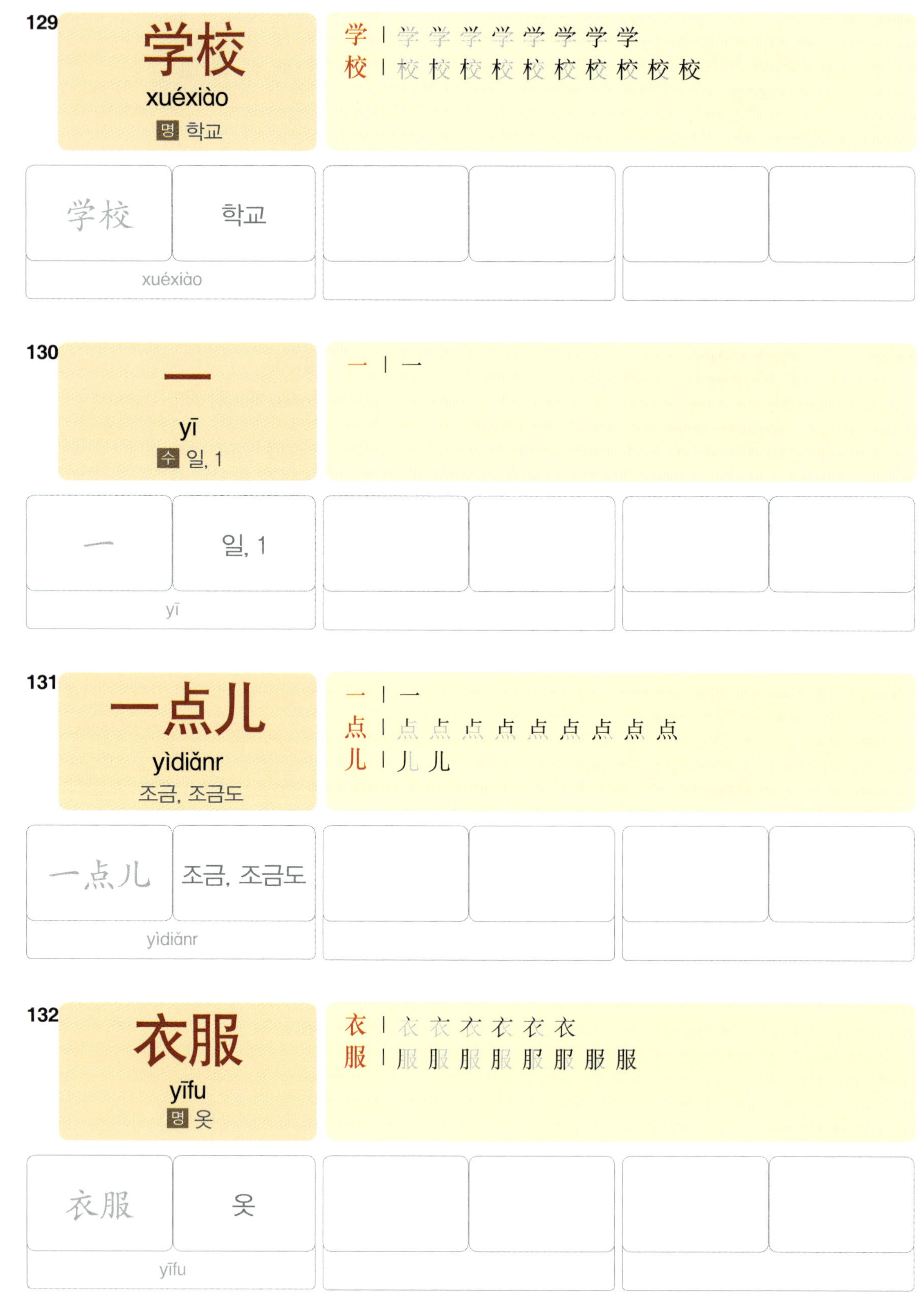

129 学校
xuéxiào
명 학교

学 | 学 学 学 学 学 学 学 学
校 | 校 校 校 校 校 校 校 校 校 校

学校	학교
xuéxiào	

130 一
yī
수 일, 1

一 | 一

一	일, 1
yī	

131 一点儿
yìdiǎnr
조금, 조금도

一 | 一
点 | 点 点 点 点 点 点 点 点 点
儿 | 儿 儿

一点儿	조금, 조금도
yìdiǎnr	

132 衣服
yīfu
명 옷

衣 | 衣 衣 衣 衣 衣 衣
服 | 服 服 服 服 服 服 服 服

衣服	옷
yīfu	

133 **医生**

yīshēng

명 의사

医 | 医 医 医 医 医 医 医

生 | 生 生 生 生 生

医生	의사
yīshēng	

134 **医院**

yīyuàn

명 병원

医 | 医 医 医 医 医 医 医

院 | 院 院 院 院 院 院 院 院 院

医院	병원
yīyuàn	

135 **椅子**

yǐzi

명 의자

椅 | 椅 椅 椅 椅 椅 椅 椅 椅 椅 椅 椅 椅

子 | 子 子 子

椅子	의자
yǐzi	

136 **有**

yǒu

동 있다

有 | 有 有 有 有 有 有

有	있다
yǒu	

137 月
yuè
명 월

月 | 月 月 月 月

月	월
yuè	

138 在
zài
동 ~에 있다

在 | 在 在 在 在 在 在

在	~에 있다
zài	

139 再见
zàijiàn
동 안녕, 또 뵙겠습니다

再 | 再 再 冂 冃 再 再
见 | 见 见 见 见

再见	안녕, 또 뵙겠습니다
zàijiàn	

140 怎么
zěnme
대 어떻게, 어째서

怎 | 怎 怎 怎 怎 怎 怎 怎 怎 怎
么 | 么 么 么

怎么	어떻게, 어째서
zěnme	

141 **怎么样**

zěnmeyàng

대 어떻다, 어떠하다

怎 | 怎 怎 怎 怎 怎 怎 怎 怎 怎

么 | 么 么 么

样 | 样 样 样 样 样 样 样 样 样 样

怎么样	어떻다, 어떠하다				
zěnmeyàng					

142 **这**

zhè

대 이, 이것

这 | 这 这 这 这 这 这 这

这	이, 이것				
zhè					

143 **中国**

Zhōngguó

명 중국

中 | 中 中 中 中

国 | 国 国 国 国 国 国 国 国

中国	중국				
Zhōngguó					

144 **中午**

zhōngwǔ

명 정오

中 | 中 中 中 中

午 | 午 午 午 午

中午	정오				
zhōngwǔ					

1 급

145
住
zhù
동 살다, 숙박하다
住 | 住 住 住 住 住 住 住
住 살다, 숙박하다 zhù

146
桌子
zhuōzi
명 탁자
桌 | 桌 桌 桌 桌 桌 桌 桌 桌 桌 桌
子 | 子 子 子
桌子 탁자 zhuōzi

147
字
zì
명 글자
字 | 字 字 字 字 字 字
字 글자 zì

148
昨天
zuótiān
명 어제
昨 | 昨 昨 昨 昨 昨 昨 昨 昨 昨
天 | 天 天 天 天
昨天 어제 zuótiān

149
坐
zuò
동 앉다
坐 | 坐 坐 坐 坐 坐 坐 坐
坐
앉다
zuò
150
做
zuò
동 하다
做 | 做 做 做 做 做 做 做 做 做 做 做
做
하다
zuò

1급

151 吧
ba
조 청유 · 명령 등의 어기조사

吧 | 吧 吧 吧 吧 吧 吧 吧

吧	청유 · 명령 등의 어기조사
ba	

152 白
bái
형 하얗다

白 | 白 白 白 白 白

白	하얗다
bái	

153 百
bǎi
수 백, 100

百 | 百 百 百 百 百 百

百	백, 100
bǎi	

154 帮助
bāngzhù
동 돕다, 원조하다

帮 | 帮 帮 帮 帮 帮 帮 帮 帮 帮
助 | 助 助 助 助 助 助 助

帮助	돕다, 원조하다
bāngzhù	

155 **报纸**

bàozhǐ

명 신문

报 | 报 报 报 报 报 报 报

纸 | 纸 纸 纸 纸 纸 纸 纸

报纸	신문
bàozhǐ	

156 **比**

bǐ

개 ~보다

比 | 比 比 比 比

比	~보다
bǐ	

157 **别**

bié

부 ~하지 마라

别 | 别 别 别 别 别 别 别

别	~하지 마라
bié	

158 **宾馆**

bīnguǎn

명 호텔

宾 | 宾 宾 宾 宾 宾 宾 宾 宾 宾 宾

馆 | 馆 馆 馆 馆 馆 馆 馆 馆 馆 馆 馆

宾馆	호텔
bīnguǎn	

2 급

159
长
cháng
형 길다
长 | 长 长 长 长
长
길다
cháng
160
唱歌
chànggē
동 노래 부르다
唱 | 唱 唱 唱 唱 唱 唱 唱 唱 唱 唱 唱
歌 | 歌 歌 歌 歌 歌 歌 歌 歌 歌 歌 歌 歌 歌 歌
唱歌
노래 부르다
chànggē
161
出
chū
동 나가다
出 | 出 出 出 出 出
出
나가다
chū
162
穿
chuān
동 입다, 신다
穿 | 穿 穿 穿 穿 穿 穿 穿 穿 穿
穿
입다, 신다
chuān

163 **次**
cì
양 번, 횟수

次 | 次 次 次 次 次 次

次	번, 횟수				
cì					

164 **从**
cóng
개 ~(으)로부터

从 | 从 从 从 从

从	~(으)로부터				
cóng					

165 **错**
cuò
형 틀리다

错 | 错 错 错 错 错 错 错 错 错 错 错 错 错

错	틀리다				
cuò					

166 **打篮球**
dǎ lánqiú
농구를 하다

打 | 打 打 打 打 打
篮 | 篮 篮 篮 篮 篮 篮 篮 篮 篮 篮 篮 篮 篮 篮 篮 篮
球 | 球 球 球 球 球 球 球 球 球 球 球

打篮球	농구를 하다				
dǎ lánqiú					

2 급

167 **大家**

dàjiā

대 모두(들)

大 | 大 大 大

家 | 家 家 家 家 家 家 家 家 家 家

大家	모두(들)				
dàjiā					

168 **到**

dào

동 도착하다, 도달하다

到 | 到 到 到 到 到 到 到 到

到	도착하다, 도달하다				
dào					

169 **得**

de

조 가능 · 정도 구조조사

得 | 得 得 得 得 得 得 得 得 得 得 得

得	가능 · 정도 구조조사				
de					

170 **等**

děng

동 기다리다

等 | 等 等 等 等 等 等 等 等 等 等 等 等

等	기다리다				
děng					

171 弟弟
dìdi
명 남동생

弟 | 弟 弟 弟 弟 弟 弟 弟
弟 | 弟 弟 弟 弟 弟 弟 弟

弟弟	남동생				
dìdi					

172 第一
dì-yī
수 첫 번째 형 제일이다

第 | 第 第 第 第 第 第 第 第 第 第 第
一 | 一

第一	첫 번째, 제일이다				
dì-yī					

173 懂
dǒng
동 알다

懂 | 懂 懂 懂 懂 懂 懂 懂 懂 懂 懂 懂 懂 懂 懂 懂

懂	알다				
dǒng					

174 对
duì
형 맞다, 옳다

对 | 对 对 对 对 对

对	맞다, 옳다				
duì					

2급

175
对
duì
개 ~에 대해(서)
176
房间
fángjiān
명 방
177
非常
fēicháng
부 매우, 대단히
178
服务员
fúwùyuán
명 종업원

179 高
gāo
형 높다

高 | 高 高 高 高 高 高 高 高 高 高

高	높다
gāo	

180 告诉
gàosu
동 알려주다

告 | 告 告 告 告 告 告 告
诉 | 诉 诉 诉 诉 诉 诉 诉

告诉	알려주다
gàosu	

181 哥哥
gēge
명 오빠, 형

哥 | 哥 哥 哥 哥 哥 哥 哥 哥 哥 哥
哥 | 哥 哥 哥 哥 哥 哥 哥 哥 哥 哥

哥哥	오빠, 형
gēge	

182 给
gěi
동 ~에게~을(를) 주다 개 ~에게

给 | 给 给 给 给 给 给 给 给 给

给	~에게~을(를) 주다, ~에게
gěi	

2 급

183 **公共汽车**

gōnggòng qìchē

명 버스

公 | 公 公 公 公
共 | 共 共 共 共 共 共
汽 | 汽 汽 汽 汽 汽 汽 汽
车 | 车 车 车 车

公共汽车	버스
gōnggòng qìchē	

184 **公司**

gōngsī

명 회사

公 | 公 公 公 公
司 | 司 司 司 司 司

公司	회사
gōngsī	

185 **贵**

guì

형 비싸다

贵 | 贵 贵 贵 贵 贵 贵 贵 贵 贵

贵	비싸다
guì	

186 **过**

guo

조 ~한 적이 있다

过 | 过 过 过 过 过 过

过	~한 적이 있다
guo	

187 **还**

hái

부 여전히, 아직

还 | 还 还 还 还 还 还 还

还	여전히, 아직				
hái					

188 **孩子**

háizi

명 아이

孩 | 孩 孩 孩 孩 孩 孩 孩 孩 孩

子 | 子 子 子

孩子	아이				
háizi					

189 **好吃**

hǎochī

형 맛있다

好 | 好 好 好 好 好 好

吃 | 吃 吃 吃 吃 吃 吃

好吃	맛있다				
hǎochī					

190 **黑**

hēi

형 검다

黑 | 黑 黑 黑 黑 黑 黑 黑 黑 黑 黑 黑 黑

黑	검다				
hēi					

191 红
hóng
형 붉다

红 | 红 红 红 红 红 红

红	붉다
hóng	

192 火车站
huǒchēzhàn
명 기차역

火 | 火 火 火 火
车 | 车 车 车 车
站 | 站 站 站 站 站 站 站 站 站 站

火车站	기차역
huǒchēzhàn	

193 机场
jīchǎng
명 공항

机 | 机 机 机 机 机 机
场 | 场 场 场 场 场 场

机场	공항
jīchǎng	

194 鸡蛋
jīdàn
명 달걀

鸡 | 鸡 鸡 鸡 鸡 鸡 鸡 鸡
蛋 | 蛋 蛋 蛋 蛋 蛋 蛋 蛋 蛋 蛋 蛋 蛋

鸡蛋	달걀
jīdàn	

195 **件**

jiàn

양 벌, 건 (옷, 사건 등을 세는 단위)

件 | 件 件 件 件 件 件

件	벌, 건
jiàn	

196 **教室**

jiàoshì

명 교실

教 | 教 教 教 教 教 教 教 教 教 教 教

室 | 室 室 室 室 室 室 室 室 室

教室	교실
jiàoshì	

197 **姐姐**

jiějie

명 누나, 언니

姐 | 姐 姐 姐 姐 姐 姐 姐 姐

姐 | 姐 姐 姐 姐 姐 姐 姐 姐

姐姐	누나, 언니
jiějie	

198 **介绍**

jièshào

동 소개하다

介 | 介 介 介 介

绍 | 绍 绍 绍 绍 绍 绍 绍 绍

介绍	소개하다
jièshào	

199 进
jìn
동 들어가다

进 | 进 进 进 进 进 进 进

进	들어가다
jìn	

200 近
jìn
형 가깝다

近 | 近 近 近 近 近 近 近

近	가깝다
jìn	

201 就
jiù
부 곧, 즉시

就 | 就 就 就 就 就 就 就 就 就 就 就 就

就	곧, 즉시
jiù	

202 觉得
juéde
동 느끼다, 생각하다

觉 | 觉 觉 觉 觉 觉 觉 觉 觉 觉
得 | 得 得 得 得 得 得 得 得 得 得 得

觉得	느끼다, 생각하다
juéde	

203 **咖啡**

kāfēi

명 커피

咖 | 咖 咖 咖 咖 咖 咖 咖 咖

啡 | 啡 啡 啡 啡 啡 啡 啡 啡 啡 啡 啡

咖啡	커피
kāfēi	

204 **开始**

kāishǐ

동 시작하다

开 | 开 开 开 开

始 | 始 始 始 始 始 始 始 始

开始	시작하다
kāishǐ	

205 **考试**

kǎoshì

명 시험 동 시험을 보다

考 | 考 考 考 考 考 考

试 | 试 试 试 试 试 试 试 试

考试	시험, 시험을 보다
kǎoshì	

206 **可能**

kěnéng

조동 아마도 명 가능성 형 가능하다

可 | 可 可 可 可 可

能 | 能 能 能 能 能 能 能 能 能 能

可能	아마도, 가능성, 가능하다
kěnéng	

2급

207 **可以**

kěyǐ

조동 ~할 수 있다 형 좋다, 괜찮다

可 | 可 可 可 可 可

以 | 以 以 以 以

可以	~할 수 있다, 좋다, 괜찮다
kěyǐ	

208 **课**

kè

명 수업

课 | 课 课 课 课 课 课 课 课 课 课

课	수업
kè	

209 **快**

kuài

형 빠르다

快 | 快 快 快 快 快 快 快

快	빠르다
kuài	

210 **快乐**

kuàilè

형 즐겁다, 유쾌하다

快 | 快 快 快 快 快 快 快

乐 | 乐 乐 乐 乐 乐

快乐	즐겁다, 유쾌하다
kuàilè	

211
累
lèi
형 피곤하다
累 | 累 累 累 累 累 累 累 累 累 累 累
累
피곤하다
lèi
212
离
lí
개 ~(으)로부터
离 | 离 离 离 离 离 离 离 离 离 离
离
~(으)로부터
lí
213
两
liǎng
수 둘
两 | 两 两 两 两 两 两 两
两
둘
liǎng
214
零
líng
수 0, 제로
零 | 零 零 零 零 零 零 零 零 零 零 零 零 零
零
0, 제로
líng
2 급

215 **路**

lù

명 길

路 | 路 路 路 路 路 路 路 路 路 路 路 路 路

路	길				
lù					

216 **旅游**

lǚyóu

명 여행 동 여행하다

旅 | 旅 旅 旅 旅 旅 旅 旅 旅 旅 旅

游 | 游 游 游 游 游 游 游 游 游 游 游 游

旅游	여행, 여행하다				
lǚyóu					

217 **卖**

mài

동 팔다

卖 | 卖 卖 卖 卖 卖 卖 卖 卖

卖	팔다				
mài					

218 **慢**

màn

형 느리다

慢 | 慢 慢 慢 慢 慢 慢 慢 慢 慢 慢 慢 慢 慢 慢

慢	느리다				
màn					

219 忙
máng
형 바쁘다

忙 | 忙 忙 忙 忙 忙 忙

忙 바쁘다
máng

220 每
měi
부 늘, 항상

每 | 每 每 每 每 每 每 每

每 늘, 항상
měi

221 妹妹
mèimei
명 여동생

妹 | 妹 妹 妹 妹 妹 妹 妹 妹
妹 | 妹 妹 妹 妹 妹 妹 妹 妹

妹妹 여동생
mèimei

222 门
mén
명 입구, 문

门 | 门 门 门

门 입구, 문
mén

2 급

223 **面条**

miàntiáo

명 국수

面 | 面 面 面 面 面 面 面 面 面

条 | 条 条 条 条 条 条 条

面条 국수

miàntiáo

224 **男**

nán

명 남자

男 | 男 男 男 男 男 男 男

男 남자

nán

225 **您**

nín

대 당신, 귀하

您 | 您 您 您 您 您 您 您 您 您 您 您

您 당신, 귀하

nín

226 **牛奶**

niúnǎi

명 우유

牛 | 牛 牛 牛 牛

奶 | 奶 奶 奶 奶 奶

牛奶 우유

niúnǎi

227 **女**
nǚ
명 여자

女 | 女 女 女

女	여자
nǚ	

228 **旁边**
pángbiān
명 옆

旁 | 旁 旁 旁 旁 旁 旁 旁 旁 旁 旁
边 | 边 边 边 边 边

旁边	옆
pángbiān	

229 **跑步**
pǎobù
동 달리다

跑 | 跑 跑 跑 跑 跑 跑 跑 跑 跑 跑 跑 跑
步 | 步 步 步 步 步 步 步

跑步	달리다
pǎobù	

230 **便宜**
piányi
형 값이 싸다

便 | 便 便 便 便 便 便 便 便 便
宜 | 宜 宜 宜 宜 宜 宜 宜 宜

便宜	값이 싸다
piányi	

2급

231 票
piào
명 표, 티켓

票 | 票 票 票 票 票 票 票 票 票 票 票

票 표, 티켓
piào

232 妻子
qīzi
명 아내

妻 | 妻 妻 妻 妻 妻 妻 妻 妻
子 | 子 子 子

妻子 아내
qīzi

233 起床
qǐchuáng
동 기상하다

起 | 起 起 起 起 起 起 起 起 起 起
床 | 床 床 床 床 床 床 床

起床 기상하다
qǐchuáng

234 千
qiān
수 천, 1000

千 | 千 千 千

千 천, 1000
qiān

235 **铅笔**

qiānbǐ

명 연필

铅 | 铅 铅 铅 铅 铅 铅 铅 铅 铅 铅
笔 | 笔 笔 笔 笔 笔 笔 笔 笔 笔 笔

铅笔	연필				
qiānbǐ					

236 **晴**

qíng

형 (하늘이) 맑다

晴 | 晴 晴 晴 晴 晴 晴 晴 晴 晴 晴 晴 晴

晴	(하늘이) 맑다				
qíng					

237 **去年**

qùnián

명 작년

去 | 去 去 去 去 去
年 | 年 年 年 年 年 年

去年	작년				
qùnián					

238 **让**

ràng

동 ~을(를) 시키다, 양보하다

让 | 让 让 让 让 让

让	~을(를) 시키다, 양보하다				
ràng					

2 급

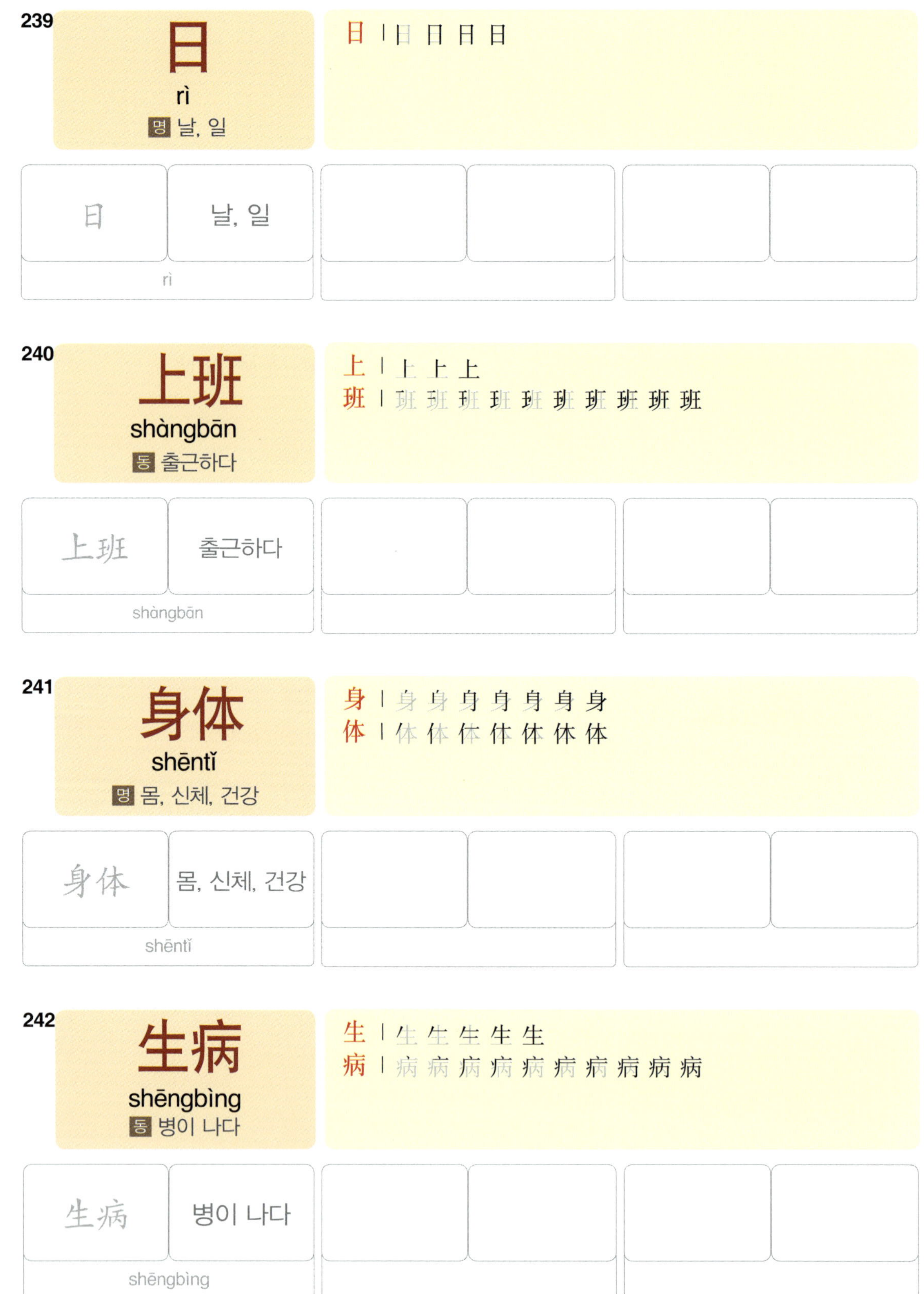

239 日
rì
명 날, 일

日 | 日 日 日 日

日	날, 일
rì	

240 上班
shàngbān
동 출근하다

上 | 上 上 上
班 | 班 班 班 班 班 班 班 班 班 班

上班	출근하다
shàngbān	

241 身体
shēntǐ
명 몸, 신체, 건강

身 | 身 身 身 身 身 身 身
体 | 体 体 体 体 体 体 体

身体	몸, 신체, 건강
shēntǐ	

242 生病
shēngbìng
동 병이 나다

生 | 生 生 生 生 生
病 | 病 病 病 病 病 病 病 病 病 病

生病	병이 나다
shēngbìng	

243 **生日**

shēngrì

명 생일

生 | 生 生 生 生 生
日 | 日 日 日 日

生日	생일
shēngrì	

244 **时间**

shíjiān

명 시간

时 | 时 时 时 时 时 时 时
间 | 间 间 间 间 间 间 间

时间	시간
shíjiān	

245 **事情**

shìqing

명 일, 사건

事 | 事 事 事 事 事 事 事 事
情 | 情 情 情 情 情 情 情 情 情 情 情

事情	일, 사건
shìqing	

246 **手表**

shǒubiǎo

명 손목시계

手 | 手 手 手 手
表 | 表 表 表 表 表 表 表 表

手表	손목시계
shǒubiǎo	

2 급

247 **手机**

shǒujī

명 휴대폰

手 | 手 手 手 手

机 | 机 机 机 机 机 机

手机	휴대폰				
shǒujī					

248 **说话**

shuōhuà

동 말하다

说 | 说 说 说 说 说 说 说 说 说

话 | 话 话 话 话 话 话 话 话

说话	말하다				
shuōhuà					

249 **送**

sòng

동 주다, 보내다

送 | 送 送 送 送 送 送 送 送 送

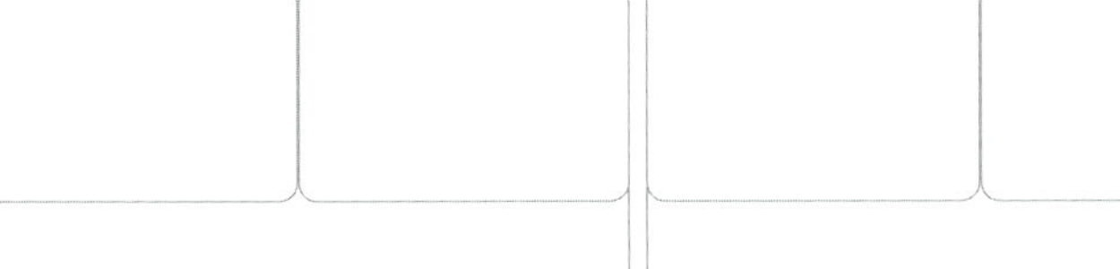

送	주다, 보내다				
sòng					

250 **虽然…但是**

suīrán…dànshì

접 비록 ~일지라도(하지만)

虽 | 虽 虽 虽 虽 虽 虽 虽 虽 虽

然 | 然 然 然 然 然 然 然 然 然 然 然 然

但 | 但 但 但 但 但 但 但

是 | 是 是 是 是 是 是 是 是 是

虽然…但是…	비록 ~일지라도 (하지만)				
suīrán…dànshì…					

251
它
tā
대 (사람 이외의) 그, 저, 그것, 저것

它 | 它 它 它 它 它

它	그, 저 그것, 저것				
tā					

252
踢足球
tī zúqiú
축구를 하다

踢 | 踢 踢 踢 踢 踢 踢 踢 踢 踢 踢 踢 踢 踢 踢 踢
足 | 足 足 足 足 足 足 足
球 | 球 球 球 球 球 球 球 球 球 球 球

踢足球	축구를 하다				
tī zúqiú					

253
题
tí
명 문제

题 | 题 题 题 题 题 题 题 题 题 题 题 题 题 题 题

题	문제				
tí					

254
跳舞
tiàowǔ
동 춤을 추다

跳 | 跳 跳 跳 跳 跳 跳 跳 跳 跳 跳 跳 跳 跳
舞 | 舞 舞 舞 舞 舞 舞 舞 舞 舞 舞 舞 舞 舞 舞

跳舞	춤을 추다				
tiàowǔ					

2 급

255 外
wài
명 겉, 밖

外 | 外 外 外 外 外

外 겉, 밖
wài

256 完
wán
동 끝내다

完 | 完 完 完 完 完 完 完

完 끝내다
wán

257 玩
wán
동 놀다

玩 | 玩 玩 玩 玩 玩 玩 玩 玩

玩 놀다
wán

258 晚上
wǎnshang
명 저녁

晚 | 晚 晚 晚 晚 晚 晚 晚 晚 晚 晚 晚
上 | 上 上 上

晚上 저녁
wǎnshang

259 **往**

wǎng

개 ~쪽으로, ~을(를) 향해 동 가다

往 | 往 往 往 往 往 往 往 往

往	~쪽으로, ~을(를) 향해, 가다
wǎng	

260 **为什么**

wèishénme

부 왜, 어째서

为 | 为 为 为 为
什 | 什 什 什 什
么 | 么 么 么

为什么	왜, 어째서
wèishénme	

2 급

261 **问**

wèn

동 묻다, 질문하다

问 | 问 问 问 问 问 问

问	묻다, 질문하다
wèn	

262 **问题**

wèntí

명 문제

问 | 问 问 问 问 问 问
题 | 题 题 题 题 题 题 题 题 题 题 题 题 题 题 题

问题	문제
wèntí	

263 **西瓜**

xīguā

명 수박

西 | 西 西 西 西 西 西

瓜 | 瓜 瓜 瓜 瓜 瓜

西瓜	수박				
xīguā					

264 **希望**

xīwàng

동 바라다

希 | 希 希 希 希 希 希 希

望 | 望 望 望 望 望 望 望 望 望 望 望

希望	바라다				
xīwàng					

265 **洗**

xǐ

동 씻다, 빨다

洗 | 洗 洗 洗 洗 洗 洗 洗 洗 洗

洗	씻다, 빨다				
xǐ					

266 **小时**

xiǎoshí

명 시간 (시간단위)

小 | 小 小 小

时 | 时 时 时 时 时 时 时

小时	시간				
xiǎoshí					

267 **笑**

xiào

동 웃다

笑 | 笑 笑 笑 笑 笑 笑 笑 笑 笑 笑

笑	웃다
xiào	

268 **新**

xīn

형 새롭다

新 | 新 新 新 新 新 新 新 新 新 新 新 新 新

新	새롭다
xīn	

269 **姓**

xìng

동 성이 ~이다 명 성씨

姓 | 姓 姓 姓 姓 姓 姓 姓 姓

姓	성이 ~이다, 성씨
xìng	

270 **休息**

xiūxi

동 쉬다

休 | 休 休 休 休 休 休

息 | 息 息 息 息 息 息 息 息 息 息

休息	쉬다
xiūxi	

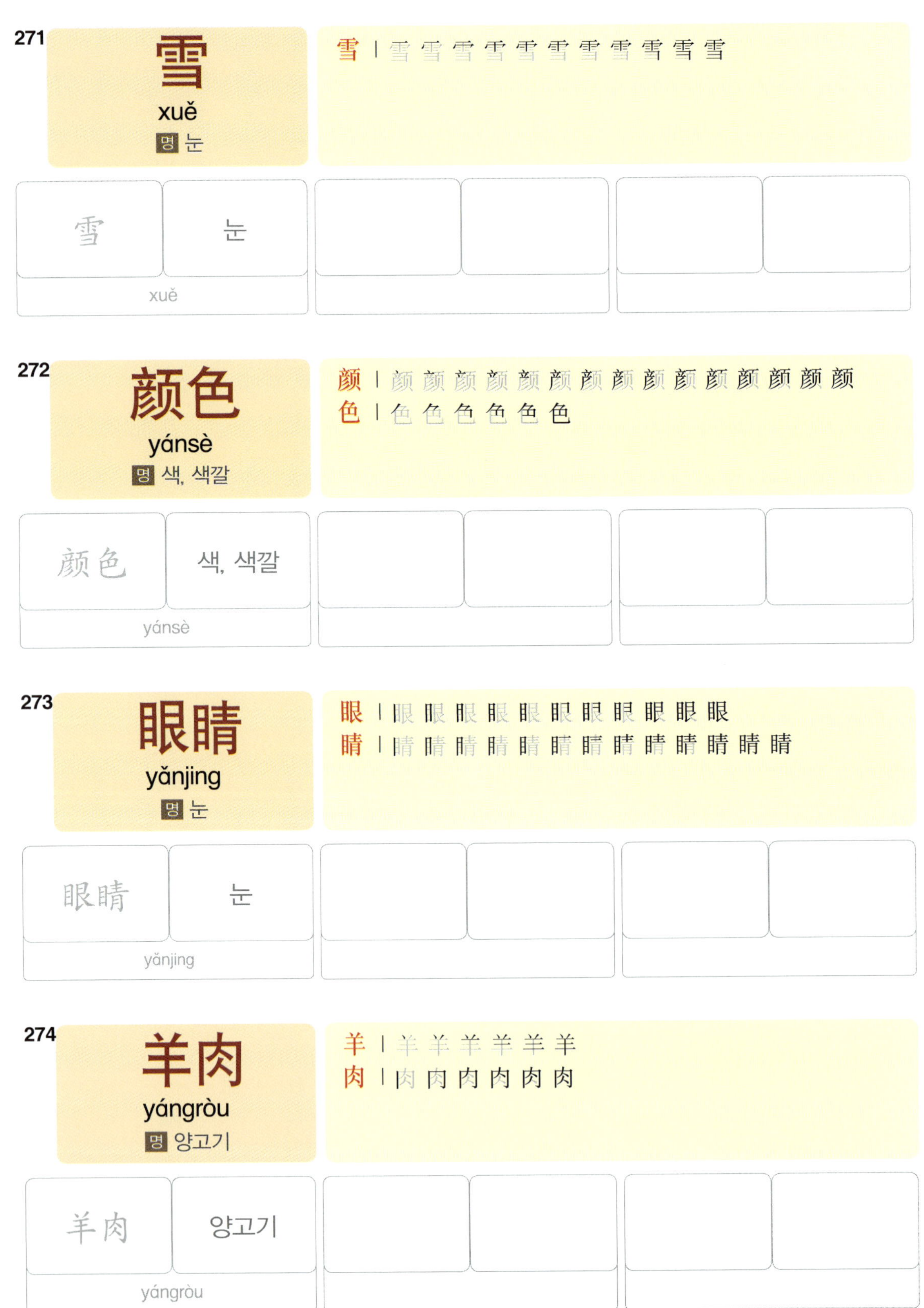

271
雪
xuě
명 눈
雪 | 雪 雪 雪 雪 雪 雪 雪 雪 雪 雪 雪
雪
눈
xuě
272
颜色
yánsè
명 색, 색깔
颜 | 颜 颜 颜 颜 颜 颜 颜 颜 颜 颜 颜 颜 颜 颜 颜
色 | 色 色 色 色 色 色
颜色
색, 색깔
yánsè
273
眼睛
yǎnjing
명 눈
眼 | 眼 眼 眼 眼 眼 眼 眼 眼 眼 眼 眼
睛 | 睛 睛 睛 睛 睛 睛 睛 睛 睛 睛 睛 睛 睛
眼睛
눈
yǎnjing
274
羊肉
yángròu
명 양고기
羊 | 羊 羊 羊 羊 羊 羊
肉 | 肉 肉 肉 肉 肉 肉
羊肉
양고기
yángròu

275
药
yào
명 약

药 | 药 药 药 药 药 药 药 药 药

药	약
yào	

276
要
yào
조동 ~하려고 하다 동 원하다

要 | 要 要 要 要 要 要 要 要 要

要	~하려고 하다, 원하다
yào	

277
也
yě
부 ~도

也 | 也 也 也

也	~도
yě	

278
一起
yìqǐ
부 함께, 같이

一 | 一
起 | 起 起 起 起 起 起 起 起 起 起

一起	함께, 같이
yìqǐ	

2 급

279 一下
yíxià
(동사 뒤에서) 좀 ~해보다 명 한 번, 1회

一 | 一
下 | 下 下 下

一下 | 좀 ~해보다, 한 번, 1회
yíxià

280 已经
yǐjīng
부 이미, 벌써

已 | 已 已 已
经 | 经 经 经 经 经 经 经 经

已经 | 이미, 벌써
yǐjīng

281 意思
yìsi
명 의미, 뜻

意 | 意 意 意 意 意 意 意 意 意 意 意 意 意
思 | 思 思 思 思 思 思 思 思 思

意思 | 의미, 뜻
yìsi

282 阴
yīn
형 흐리다

阴 | 阴 阴 阴 阴 阴 阴

阴 | 흐리다
yīn

283 **因为…所以…**

yīnwèi…suǒyǐ…

접 ~때문에, 그래서~

因 | 因 因 因 因 因 因

为 | 为 为 为 为

所 | 所 所 所 所 所 所 所 所

以 | 以 以 以 以

因为…所以…	~때문에, 그래서~				
yīnwèi…suǒyǐ…					

284 **游泳**

yóuyǒng

명 수영 동 수영하다

游 | 游 游 游 游 游 游 游 游 游 游 游 游

泳 | 泳 泳 泳 泳 泳 泳 泳 泳

游泳	수영, 수영하다				
yóuyǒng					

285 **右边**

yòubian

명 오른쪽, 우측

右 | 右 右 右 右 右

边 | 边 边 边 边 边

右边	오른쪽, 우측				
yòubian					

286 **鱼**

yú

명 물고기

鱼 | 鱼 鱼 鱼 鱼 鱼 鱼 鱼 鱼

鱼	물고기				
yú					

2 급

287 远
yuǎn
형 멀다

远 | 远 远 远 远 远 远 远

远	멀다
yuǎn	

288 运动
yùndòng
명 운동

运 | 运 运 运 运 运 运 运
动 | 动 动 动 动 动 动

运动	운동
yùndòng	

289 再
zài
부 다시

再 | 再 再 再 再 再 再

再	다시
zài	

290 早上
zǎoshang
명 아침

早 | 早 早 早 早 早 早
上 | 上 上 上

早上	아침
zǎoshang	

291 **丈夫**

zhàngfu

명 남편

丈 | 丈 丈 丈

夫 | 夫 夫 夫 夫

丈夫	남편
zhàngfu	

292 **找**

zhǎo

동 찾다

找 | 找 找 找 找 找 找 找

找	찾다
zhǎo	

293 **着**

zhe

조 진행 · 지속조사

着 | 着 着 着 着 着 着 着 着 着 着 着

着	진행 · 지속조사
zhe	

294 **真**

zhēn

부 진짜로, 정말로

真 | 真 真 真 真 真 真 真 真 真 真

真	진짜로, 정말로
zhēn	

2급

295 **正在**

zhèngzài

부 ~하고 있다

正 | 正 正 正 正 正
在 | 在 在 在 在 在 在

正在	~하고 있다
zhèngzài	

296 **知道**

zhīdào

동 알다

知 | 知 知 知 知 知 知 知 知
道 | 道 道 道 道 道 道 道 道 道 道 道 道

知道	알다
zhīdào	

297 **准备**

zhǔnbèi

명 준비 동 준비하다

准 | 准 准 准 准 准 准 准 准 准 准
备 | 备 备 备 备 备 备 备 备

准备	준비, 준비하다
zhǔnbèi	

298 **走**

zǒu

동 걷다

走 | 走 走 走 走 走 走 走

走	걷다
zǒu	

299 **最**

zuì

부 가장, 최고

最 | 最 最 最 最 最 最 最 最 最 最 最 最

最	가장, 최고				
zuì					

300 **左边**

zuǒbian

명 왼쪽, 좌측

左 | 左 左 左 左 左

边 | 边 边 边 边 边

左边	왼쪽, 좌측				
zuǒbian					

2급

301 阿姨

āyí

명 아주머니

阿 | 阿 阿 阿 阿 阿 阿 阿

姨 | 姨 姨 姨 姨 姨 姨 姨 姨 姨

阿姨	아주머니				
āyí					

302 啊

a

조 긍정 어기조사

啊 | 啊 啊 啊 啊 啊 啊 啊 啊 啊 啊

啊	긍정 어기조사				
a					

303 矮

ǎi

형 (키가) 작다

矮 | 矮 矮 矮 矮 矮 矮 矮 矮 矮 矮 矮 矮 矮

矮	(키가) 작다				
ǎi					

304 爱好

àihào

명 취미 동 애호하다

爱 | 爱 爱 爱 爱 爱 爱 爱 爱 爱 爱

好 | 好 好 好 好 好 好

爱好	취미, 애호하다				
àihào					

305 安静
ānjìng
형 조용하다

安 | 安 安 安 安 安 安
静 | 静 静 静 静 静 静 静 静 静 静 静 静 静 静

安静	조용하다
ānjìng	

306 把
bǎ
개 ~을(를)

把 | 把 把 把 把 把 把 把

把	~을(를)
bǎ	

307 班
bān
명 조, 그룹, 반

班 | 班 班 班 班 班 班 班 班 班 班

班	조, 그룹, 반
bān	

308 搬
bān
동 운반하다, 이사하다

搬 | 搬 搬 搬 搬 搬 搬 搬 搬 搬 搬 搬 搬 搬

搬	운반하다, 이사하다
bān	

3급

309 **半**

bàn

수 절반, 2분의1

半 | 半 半 半 半 半

半	절반, 2분의1
bàn	

310 **办法**

bànfǎ

명 방법, 수단

办 | 办 办 办 办

法 | 法 法 法 法 法 法 法 法

办法	방법, 수단
bànfǎ	

311 **办公室**

bàngōngshì

명 사무실

办 | 办 办 办 办

公 | 公 公 公 公

室 | 室 室 室 室 室 室 室 室 室

办公室	사무실
bàngōngshì	

312 **帮忙**

bāngmáng

동 (일손을) 돕다

帮 | 帮 帮 帮 帮 帮 帮 帮 帮 帮

忙 | 忙 忙 忙 忙 忙 忙

帮忙	(일손을) 돕다
bāngmáng	

313 包
bāo
동 (종이나 천으로) 싸다 명 가방

包 | 包 包 包 包 包

包 (종이나 천으로) 싸다, 가방
bāo

314 饱
bǎo
형 배부르다

饱 | 饱 饱 饱 饱 饱 饱 饱 饱

饱 배부르다
bǎo

315 北方
běifāng
명 북쪽, 북방

北 | 北 北 北 北 北
方 | 方 方 方 方

北方 북쪽, 북방
běifāng

316 被
bèi
개 ~에게 ~을(를) 당하다

被 | 被 被 被 被 被 被 被 被 被 被

被 ~에게 ~을(를) 당하다
bèi

3 급

317 **鼻子**

bízi

명 코

鼻 | 鼻 鼻 鼻 鼻 鼻 鼻 鼻 鼻 鼻 鼻 鼻 鼻 鼻 鼻

子 | 子 子 子

鼻子 | 코

bízi

318 **比较**

bǐjiào

부 비교적 동 비교하다

比 | 比 比 比 比

较 | 较 较 较 较 较 较 较 较 较

比较 | 비교적, 비교하다

bǐjiào

319 **比赛**

bǐsài

명 시합 동 시합하다

比 | 比 比 比 比

赛 | 赛 赛 赛 赛 赛 赛 赛 赛 赛 赛 赛 赛 赛 赛

比赛 | 시합, 시합하다

bǐsài

320 **笔记本**

bǐjìběn

명 노트북, 수첩

笔 | 笔 笔 笔 笔 笔 笔 笔 笔 笔 笔

记 | 记 记 记 记 记

本 | 本 本 本 本 本

笔记本 | 노트북, 수첩

bǐjìběn

321 **必须**

bìxū

부 반드시 ~해야 한다

必 | 必 必 必 必 必

须 | 须 须 须 须 须 须 须 须 须

必须	반드시 ~해야 한다				
bìxū					

322 **变化**

biànhuà

명 변화 동 변화하다

变 | 变 变 变 变 变 变 变 变

化 | 化 化 化 化

变化	변화, 변화하다				
biànhuà					

323 **别人**

biéren

대 다른 사람, 타인

别 | 别 别 别 别 别 别 别

人 | 人 人

别人	다른 사람, 타인				
biéren					

324 **冰箱**

bīngxiāng

명 냉장고

冰 | 冰 冰 冰 冰 冰 冰

箱 | 箱 箱 箱 箱 箱 箱 箱 箱 箱 箱 箱 箱 箱 箱 箱

冰箱	냉장고				
bīngxiāng					

3 급

325 **不但…而且…**

búdàn…érqiě…

접 ~뿐만 아니라 아울러

不 | 不 不 不 不
但 | 但 但 但 但 但 但 但
而 | 而 而 而 而 而 而
且 | 且 且 且 且 且

不但…而且…	~뿐만 아니라 아울러
búdàn…érqiě…	

326 **菜单**

càidān

명 식단, 메뉴

菜 | 菜 菜 菜 菜 菜 菜 菜 菜 菜 菜 菜
单 | 单 单 单 单 单 单 单 单

菜单	식단, 메뉴
càidān	

327 **参加**

cānjiā

동 참가하다

参 | 参 参 参 参 参 参 参 参
加 | 加 加 加 加 加

参加	참가하다
cānjiā	

328 **草**

cǎo

명 풀 (식물)

草 | 草 草 草 草 草 草 草 草 草

草	풀 (식물)
cǎo	

329 **层**
céng
양 층, 겹

层 | 层 层 层 层 层 层 层

层	층, 겹				
céng					

330 **差**
chà
형 차이가 나다, 표준에 못 미치다

差 | 差 差 差 差 差 差 差 差 差

差	차이가 나다, 표준에 못 미치다				
chà					

331 **超市**
chāoshì
명 슈퍼마켓

超 | 超 超 超 超 超 超 超 超 超 超 超 超
市 | 市 市 市 市 市

超市	슈퍼마켓				
chāoshì					

332 **衬衫**
chènshān
명 와이셔츠

衬 | 衬 衬 衬 衬 衬 衬 衬 衬
衫 | 衫 衫 衫 衫 衫 衫 衫 衫

衬衫	와이셔츠				
chènshān					

3급

333 **成绩**

chéngjì

명 (일, 학업의) 성적

成 | 成 成 成 成 成 成

绩 | 绩 绩 绩 绩 绩 绩 绩 绩 绩 绩 绩

成绩	(일, 학업의) 성적
chéngjì	

334 **城市**

chéngshì

명 도시

城 | 城 城 城 城 城 城 城 城 城

市 | 市 市 市 市 市

城市	도시
chéngshì	

335 **迟到**

chídào

동 지각하다

迟 | 迟 迟 迟 迟 迟 迟 迟

到 | 到 到 到 到 到 到 到 到

迟到	지각하다
chídào	

336 **除了**

chúle

개 ~을(를) 제외하고

除 | 除 除 除 除 除 除 除 除 除

了 | 了 了

除了	~을(를) 제외하고
chúle	

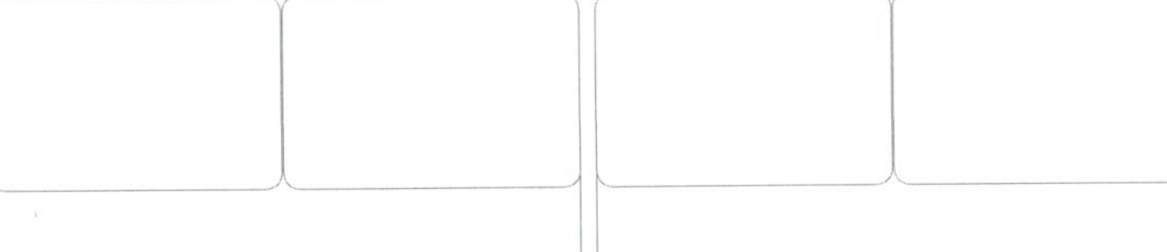

337 **船**

chuán

동 배, 선박

船 | 船 船 船 船 船 船 船 船 船 船 船

船	배, 선박				
chuán					

338 **春**

chūn

명 봄

春 | 春 春 春 春 春 春 春 春 春

春	봄				
chūn					

339 **词典**

cídiǎn

명 사전

词 | 词 词 词 词 词 词 词
典 | 典 典 典 典 典 典 典 典

词典	사전				
cídiǎn					

340 **聪明**

cōngming

형 똑똑하다, 총명하다

聪 | 聪 聪 聪 聪 聪 聪 聪 聪 聪 聪 聪 聪 聪 聪 聪
明 | 明 明 明 明 明 明 明 明

聪明	똑똑하다, 총명하다				
cōngming					

341 **打扫**

dǎsǎo

동 청소하다

打 | 打 打 打 打 打

扫 | 扫 扫 扫 扫 扫 扫

打扫	청소하다
dǎsǎo	

342 **打算**

dǎsuàn

동 ~할 계획이다

打 | 打 打 打 打 打

算 | 算 算 算 算 算 算 算 算 算 算 算 算 算 算

打算	~할 계획이다
dǎsuàn	

343 **带**

dài

명 벨트, 띠 동 지니다, 휴대하다

带 | 带 带 带 带 带 带 带 带 带

带	벨트, 띠, 지니다, 휴대하다
dài	

344 **担心**

dānxīn

동 걱정하다, 염려하다

担 | 担 担 担 担 担 担 担 担

心 | 心 心 心 心

担心	걱정하다, 염려하다
dānxīn	

345 **蛋糕**

dàngāo

명 케이크, 카스텔라

蛋 | 蛋 蛋 蛋 蛋 蛋 蛋 蛋 蛋 蛋 蛋 蛋

糕 | 糕 糕 糕 糕 糕 糕 糕 糕 糕 糕 糕 糕 糕 糕 糕 糕

蛋糕	케이크, 카스텔라				
dàngāo					

346 **当然**

dāngrán

형 당연하다, 물론이다

当 | 当 当 当 当 当 当

然 | 然 然 然 然 然 然 然 然 然 然 然 然

当然	당연하다, 물론이다				
dāngrán					

347 **地**

de

조 ~하게 (상황어 뒤에 쓰이는 조사)

地 | 地 地 地 地 地 地

地	~하게				
de					

348 **灯**

dēng

명 등, 램프, 라이트

灯 | 灯 灯 灯 灯 灯 灯

灯	등, 램프, 라이트				
dēng					

349 **地方**

dìfang

명 곳, 장소

地 | 地 地 地 地 地 地

方 | 方 方 方 方

地方 | 곳, 장소

dìfang

350 **地铁**

dìtiě

명 지하철

地 | 地 地 地 地 地 地

铁 | 铁 铁 铁 铁 铁 铁 铁 铁 铁 铁

地铁 | 지하철

dìtiě

351 **地图**

dìtú

명 지도

地 | 地 地 地 地 地 地

图 | 图 图 图 图 图 图 图 图

地图 | 지도

dìtú

352 **电梯**

diàntī

명 엘리베이터

电 | 电 电 电 电 电

梯 | 梯 梯 梯 梯 梯 梯 梯 梯 梯 梯 梯

电梯 | 엘리베이터

diàntī

353 **电子邮件**

diànzǐyóujiàn

명 전자우편, 이메일

电 | 电 电 电 电 电
子 | 子 子 子
邮 | 邮 邮 邮 邮 邮 邮 邮
件 | 件 件 件 件 件 件

电子邮件 | 전자우편, 이메일

diànzǐyóujiàn

354 **东**

dōng

명 동쪽

东 | 东 东 东 东 东

东 | 동쪽

dōng

355 **冬**

dōng

명 겨울

冬 | 冬 冬 冬 冬 冬

冬 | 겨울

dōng

356 **动物**

dòngwù

명 동물

动 | 动 动 动 动 动 动
物 | 物 物 物 物 物 物 物 物

动物 | 동물

dòngwù

3 급

357 **短**

duǎn

형 (공간, 시간이) 짧다

短 | 短 短 短 短 短 短 短 短 短 短 短 短

短 (공간, 시간이) 짧다

duǎn

358 **段**

duàn

양 단락, 토막

段 | 段 段 段 段 段 段 段 段 段

段 단락, 토막

duàn

359 **锻炼**

duànliàn

동 단련하다

锻 | 锻 锻 锻 锻 锻 锻 锻 锻 锻 锻 锻 锻 锻 锻

炼 | 炼 炼 炼 炼 炼 炼 炼 炼 炼

锻炼 단련하다

duànliàn

360 **多么**

duōme

부 얼마나

多 | 多 多 多 多 多 多

么 | 么 么 么

多么 얼마나

duōme

361 **饿**

è

형 배고프다

饿 | 饿 饿 饿 饿 饿 饿 饿 饿 饿 饿

饿	배고프다				
è					

362 **耳朵**

ěrduo

명 귀

耳 | 耳 耳 耳 耳 耳 耳

朵 | 朵 朵 朵 朵 朵 朵

耳朵	귀				
ěrduo					

363 **发**

fā

동 보내다, 발생하다

发 | 发 发 发 发 发

发	보내다, 발생하다				
fā					

364 **发烧**

fāshāo

동 열이 나다

发 | 发 发 发 发 发

烧 | 烧 烧 烧 烧 烧 烧 烧 烧 烧 烧

发烧	열이 나다				
fāshāo					

365 **发现**

fāxiàn

동 발견하다

发 | 发 发 发 发 发

现 | 现 现 现 现 现 现 现 现

发现	발견하다
fāxiàn	

366 **方便**

fāngbiàn

형 편리하다

方 | 方 方 方 方

便 | 便 便 便 便 便 便 便 便 便

方便	편리하다
fāngbiàn	

367 **放**

fàng

동 놓다, 놓아주다

放 | 放 放 放 放 放 放 放 放

放	놓다, 놓아주다
fàng	

368 **放心**

fàngxīn

동 안심하다

放 | 放 放 放 放 放 放 放 放

心 | 心 心 心 心

放心	안심하다
fàngxīn	

369 **分**

fēn

동 나누다

分 | 分 分 分 分

分	나누다
fēn	

370 **附近**

fùjìn

명 부근, 근처

附 | 附 附 附 附 附 附 附

近 | 近 近 近 近 近 近 近

附近	부근, 근처
fùjìn	

371 **复习**

fùxí

동 복습하다

复 | 复 复 复 复 复 复 复 复 复

习 | 习 习 习

复习	복습하다
fùxí	

372 **干净**

gānjìng

형 깨끗하다

干 | 干 干 干

净 | 净 净 净 净 净 净 净 净

干净	깨끗하다
gānjìng	

373 **感冒**

gǎnmào

명 감기 동 감기에 걸리다

感 | 感 感 感 感 感 感 感 感 感 感 感 感 感
冒 | 冒 冒 冒 冒 冒 冒 冒 冒 冒

感冒	감기, 감기에 걸리다				
gǎnmào					

374 **感兴趣**

gǎnxìngqù

관심을 갖다

感 | 感 感 感 感 感 感 感 感 感 感 感 感 感
兴 | 兴 兴 兴 兴 兴 兴
趣 | 趣 趣 趣 趣 趣 趣 趣 趣 趣 趣 趣 趣 趣 趣 趣

感兴趣	관심을 갖다				
gǎnxìngqù					

375 **刚才**

gāngcái

명 방금, 아까

刚 | 刚 刚 刚 刚 刚 刚
才 | 才 才 才

刚才	방금, 아까				
gāngcái					

376 **个子**

gèzi

명 키, 체격

个 | 个 个 个
子 | 子 子 子

个子	키, 체격				
gèzi					

377
跟
gēn
개 ~와(과) 동 따라가다
跟 | 跟 跟 跟 跟 跟 跟 跟 跟 跟 跟 跟 跟 跟
跟
~와(과), 따라가다
gēn
378
根据
gēnjù
개 ~에 근거하여
根 | 根 根 根 根 根 根 根 根 根 根
据 | 据 据 据 据 据 据 据 据 据 据 据
根据
~에 근거하여
gēnjù
379
更
gèng
부 더, 더욱
更 | 更 更 更 更 更 更 更
更
더, 더욱
gèng
380
公斤
gōngjīn
명 킬로그램 (kg)
公 | 公 公 公 公
斤 | 斤 斤 斤 斤
公斤
킬로그램 (kg)
gōngjīn

3
급

381 **公园**
gōngyuán
명 공원

公园	공원
gōngyuán	

382 **故事**
gùshi
명 이야기

故事	이야기
gùshi	

383 **刮风**
guāfēng
동 바람이 불다

刮风	바람이 불다
guāfēng	

384 **关**
guān
동 닫다, 끄다

关	닫다, 끄다
guān	

385 **关系**

guānxi

명 관계

关 | 关 关 关 关 关 关

系 | 系 系 系 系 系 系 系

关系	관계
guānxi	

386 **关心**

guānxīn

동 관심을 갖다

关 | 关 关 关 关 关 关

心 | 心 心 心 心

关心	관심을 갖다
guānxīn	

387 **关于**

guānyú

개 ~에 관해서

关 | 关 关 关 关 关 关

于 | 于 于 于

关于	~에 관해서
guānyú	

388 **国家**

guójiā

명 국가, 나라

国 | 国 国 国 国 国 国 国 国

家 | 家 家 家 家 家 家 家 家 家 家

国家	국가, 나라
guójiā	

3 급

389

过

guò

동 지나다, 경과하다

过 | 过 过 过 过 过 过

过	지나다, 경과하다
guò	

390

过去

guòqù

명 과거 동 지나가다

过 | 过 过 过 过 过 过

去 | 去 去 去 去 去

过去	과거, 지나가다
guòqù	

391

还是

háishì

부 여전히, 변함없이 접 아니면

还 | 还 还 还 还 还 还 还

是 | 是 是 是 是 是 是 是 是 是

还是	여전히, 변함없이, 아니면
háishì	

392

害怕

hàipà

동 무서워하다

害 | 害 害 害 害 害 害 害 害 害 害

怕 | 怕 怕 怕 怕 怕 怕 怕 怕

害怕	무서워하다
hàipà	

393 **黑板**

hēibǎn

명 칠판

黑 | 黑 黑 黑 黑 黑 黑 黑 黑 黑 黑 黑 黑

板 | 板 板 板 板 板 板 板 板

黑板	칠판
hēibǎn	

394 **后来**

hòulái

명 그 후, 그 뒤에

后 | 后 后 后 后 后 后

来 | 来 来 来 来 来 来 来

后来	그 후, 그 뒤에
hòulái	

395 **护照**

hùzhào

명 여권

护 | 护 护 护 护 护 护 护

照 | 照 照 照 照 照 照 照 照 照 照 照 照 照

护照	여권
hùzhào	

396 **花**

huā

명 (儿) 꽃

花 | 花 花 花 花 花 花 花

花	꽃
huā	

3 급

397 **花**

huā

동 (돈이나 시간 등을) 쓰다, 소비하다

花 | 花 花 花 花 花 花 花

花	쓰다, 소비하다				
huā					

398 **画**

huà

명 그림 동 (그림을) 그리다

画 | 画 画 画 画 画 画 画 画

画	그림, (그림을) 그리다				
huà					

399 **坏**

huài

형 나쁘다

坏 | 坏 坏 坏 坏 坏 坏 坏

坏	나쁘다				
huài					

400 **欢迎**

huānyíng

동 환영하다

欢 | 欢 欢 欢 欢 欢 欢

迎 | 迎 迎 迎 迎 迎 迎 迎

欢迎	환영하다				
huānyíng					

401 **还**

huán

동 돌려주다, 돌아오다

还 | 还 还 还 还 还 还 还

还	돌려주다, 돌아오다				
huán					

402 **环境**

huánjìng

명 환경

环 | 环 环 环 环 环 环 环 环

境 | 境 境 境 境 境 境 境 境 境 境 境 境 境 境

环境	환경				
huánjìng					

403 **换**

huàn

동 교환하다

换 | 换 换 换 换 换 换 换 换 换 换

换	교환하다				
huàn					

404 **黄河**

huánghé

명 황하(강)

黄 | 黄 黄 黄 黄 黄 黄 黄 黄 黄 黄 黄

河 | 河 河 河 河 河 河 河 河

黄河	황하(강)				
huánghé					

405 **回答**
huídá
동 대답하다

回 | 回 回 回 回 回 回
答 | 答 答 答 答 答 答 答 答 答 答 答 答

回答	대답하다				
huídá					

406 **会议**
huìyì
명 회의

会 | 会 会 会 会 会 会
议 | 议 议 议 议 议

会议	회의				
huìyì					

407 **或者**
huòzhě
접 (평서문) 아니면, 혹은

或 | 或 或 或 或 或 或 或 或
者 | 者 者 者 者 者 者 者 者

或者	아니면, 혹은				
huòzhě					

408 **几乎**
jīhū
부 거의

几 | 几 几
乎 | 乎 乎 乎 乎 乎

几乎	거의				
jīhū					

409 **机会**

jīhuì

명 기회

机 | 机 机 机 机 机 机

会 | 会 会 会 会 会 会

机会	기회
jīhuì	

410 **极**

jí

부 지극히 명 정점

极 | 极 极 极 极 极 极 极

极	지극히, 정점
jí	

411 **记得**

jìde

동 기억하고 있다

记 | 记 记 记 记 记

得 | 得 得 得 得 得 得 得 得 得 得 得

记得	기억하고 있다
jìde	

412 **季节**

jìjié

명 계절

季 | 季 季 季 季 季 季 季 季

节 | 节 节 节 节 节

季节	계절
jìjié	

3 급

413 **检查**

jiǎnchá

동 검사하다

检 | 检 检 检 检 检 检 检 检 检 检 检

查 | 查 查 查 查 查 查 查 查 查

检查	검사하다
jiǎnchá	

414 **简单**

jiǎndān

형 간단하다

简 | 简 简 简 简 简 简 简 简 简 简 简 简 简

单 | 单 单 单 单 单 单 单 单

简单	간단하다
jiǎndān	

415 **健康**

jiànkāng

명 건강 형 건강하다

健 | 健 健 健 健 健 健 健 健 健 健

康 | 康 康 康 康 康 康 康 康 康 康 康

健康	건강, 건강하다
jiànkāng	

416 **见面**

jiànmiàn

동 만나다, 대면하다

见 | 见 见 见 见

面 | 面 面 面 面 面 面 面 面 面

见面	만나다, 대면하다
jiànmiàn	

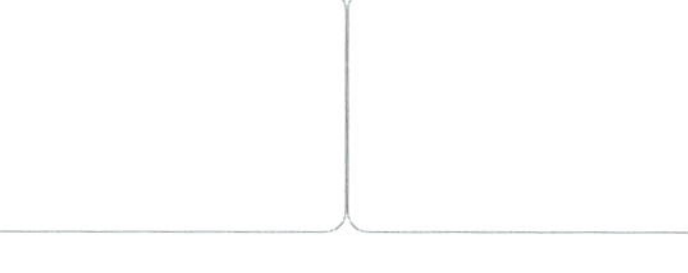

417 **讲**

jiǎng

동 말하다, 이야기하다

讲 | 讠 讠 讠 讠 讲 讲

讲	말하다, 이야기하다
jiǎng	

418 **教**

jiāo

동 가르치다

教 | 一 十 土 耂 耂 孝 孝 孝 教 教 教

教	가르치다
jiāo	

419 **角**

jiǎo

양 자오 (10전을 나타내는 화폐 단위)

角 | ノ ク ⺈ 角 角 角 角

角	자오
jiǎo	

420 **脚**

jiǎo

명 발

脚 | 丿 刀 月 月 月 肚 肚 胠 胠 胠 脚

脚	발
jiǎo	

3 급

421 **接**
jiē
동 잇다, 연결하다

接 | 接 接 接 接 接 接 接 接 接 接 接

接	잇다, 연결하다
jiē	

422 **街道**
jiēdào
명 거리

街 | 街 街 街 街 街 街 街 街 街 街 街 街
道 | 道 道 道 道 道 道 道 道 道 道 道 道

街道	거리
jiēdào	

423 **结婚**
jiéhūn
동 결혼하다

结 | 结 结 结 结 结 结 结 结 结
婚 | 婚 婚 婚 婚 婚 婚 婚 婚 婚 婚 婚

结婚	결혼하다
jiéhūn	

424 **结束**
jiéshù
동 끝나다, 마치다

结 | 结 结 结 结 结 结 结 结 结
束 | 束 束 束 束 束 束 束

结束	끝나다, 마치다
jiéshù	

425 **节目**

jiémù

명 프로그램

节 | 节 节 节 节 节

目 | 目 目 目 目 目

节目	프로그램
jiémù	

426 **节日**

jiérì

명 기념일, 경축일

节 | 节 节 节 节 节

日 | 日 日 日 日

节日	기념일, 경축일
jiérì	

427 **解决**

jiějué

동 해결하다

解 | 解 解 解 解 解 解 解 解 解 解 解 解 解

决 | 决 决 决 决 决 决

解决	해결하다
jiějué	

428 **借**

jiè

동 빌리다

借 | 借 借 借 借 借 借 借 借 借 借

借	빌리다
jiè	

3 급

429 **经常**

jīngcháng

부 자주, 늘, 항상

经 | 经 经 经 经 经 经 经 经

常 | 常 常 常 常 常 常 常 常 常 常 常

经常	자주, 늘, 항상
jīngcháng	

430 **经过**

jīngguò

명 과정, 경과 동 겪다, 경유하다

经 | 经 经 经 经 经 经 经 经

过 | 过 过 过 过 过 过

经过	과정, 경과, 겪다, 경유하다
jīngguò	

431 **经理**

jīnglǐ

명 사장, 매니저

经 | 经 经 经 经 经 经 经 经

理 | 理 理 理 理 理 理 理 理 理 理 理

经理	사장, 매니저
jīnglǐ	

432 **久**

jiǔ

형 오래되다, 낡다

久 | 久 久 久

久	오래되다, 낡다
jiǔ	

433 旧
jiù
형 오래되다, 낡다

旧 | 旧 旧 旧 旧 旧

旧 오래되다, 낡다
jiù

434 句子
jùzi
명 문장

句 | 句 句 句 句 句
子 | 子 子 子

句子 문장
jùzi

435 决定
juédìng
동 결정하다

决 | 决 决 决 决 决 决
定 | 定 定 定 定 定 定 定 定

决定 결정하다
juédìng

436 渴
kě
형 목마르다

渴 | 渴 渴 渴 渴 渴 渴 渴 渴 渴 渴 渴 渴

渴 목마르다
kě

3 급

437 **可爱**

kě'ài

형 귀엽다

可 | 可 可 可 可 可

爱 | 爱 爱 爱 爱 爱 爱 爱 爱 爱 爱

可爱	귀엽다
kě'ài	

438 **刻**

kè

양 15분 동 새기다, 조각하다

刻 | 刻 刻 刻 刻 刻 刻 刻 刻

刻	15분, 새기다, 조각하다
kè	

439 **客人**

kèrén

명 손님

客 | 客 客 客 客 客 客 客 客 客

人 | 人 人

客人	손님
kèrén	

440 **空调**

kōngtiáo

명 에어컨

空 | 空 空 空 空 空 空 空 空

调 | 调 调 调 调 调 调 调 调 调 调

空调	에어컨
kōngtiáo	

441 口
kǒu
명 입 양 식구 (가족을 세는 단위)
口 | 口 口 口
口 입, 식구
kǒu

442 哭
kū
동 (소리내어) 울다
哭 | 哭 哭 哭 哭 哭 哭 哭 哭 哭 哭
哭 (소리내어) 울다
kū

443 裤子
kùzi
명 바지
裤 | 裤 裤 裤 裤 裤 裤 裤 裤 裤 裤 裤 裤
子 | 子 子 子
裤子 바지
kùzi

444 筷子
kuàizi
명 젓가락
筷 | 筷 筷 筷 筷 筷 筷 筷 筷 筷 筷 筷 筷 筷
子 | 子 子 子
筷子 젓가락
kuàizi

3 급

445 **蓝**

lán

형 남색의, 남빛의

蓝 | 蓝 蓝 蓝 蓝 蓝 蓝 蓝 蓝 蓝 蓝 蓝 蓝 蓝

蓝	남색의, 남빛의				
lán					

446 **老**

lǎo

형 늙다, 오래되다

老 | 老 老 老 老 老 老

老	늙다, 오래되다				
lǎo					

447 **离开**

líkāi

동 떠나다

离 | 离 离 离 离 离 离 离 离 离 离

开 | 开 开 开 开

离开	떠나다				
líkāi					

448 **礼物**

lǐwù

명 선물

礼 | 礼 礼 礼 礼 礼

物 | 物 物 物 物 物 物 物 物

礼物	선물				
lǐwù					

449 **历史**

lìshǐ

명 역사

历 | 历 历 历 历
史 | 史 史 史 史 史

历史 역사
lìshǐ

450 **脸**

liǎn

명 얼굴

脸 | 脸 脸 脸 脸 脸 脸 脸 脸 脸 脸 脸

脸 얼굴
liǎn

451 **练习**

liànxí

동 연습하다

练 | 练 练 练 练 练 练 练 练
习 | 习 习 习

练习 연습하다
liànxí

452 **辆**

liàng

양 대 (차량을 세는 단위)

辆 | 辆 辆 辆 辆 辆 辆 辆 辆 辆 辆 辆

辆 대
liàng

3 급

453 **聊天**

liáotiān

동 한담하다, 잡담을 하다

聊 | 聊 聊 聊 聊 聊 聊 聊 聊 聊 聊 聊

天 | 天 天 天 天

聊天	한담하다, 잡담을 하다				
liáotiān					

454 **了解**

liǎojiě

동 알다, 이해하다

了 | 了 了

解 | 解 解 解 解 解 解 解 解 解 解 解 解 解

了解	알다, 이해하다				
liǎojiě					

455 **邻居**

línjū

명 이웃

邻 | 邻 邻 邻 邻 邻 邻 邻

居 | 居 居 居 居 居 居 居 居

邻居	이웃				
línjū					

456 **留学**

liúxué

명 유학 동 유학하다

留 | 留 留 留 留 留 留 留 留 留 留

学 | 学 学 学 学 学 学 学 学

留学	유학, 유학하다
liúxué	

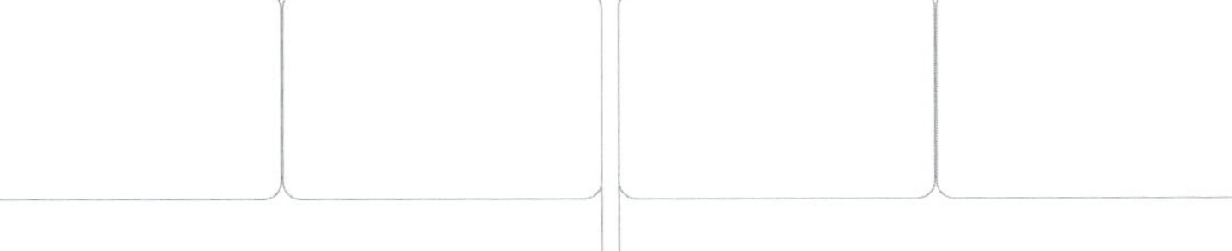

457 楼
lóu
명 건물 양 층

楼 | 楼 楼 楼 楼 楼 楼 楼 楼 楼 楼 楼 楼 楼

楼	건물, 층
lóu	

458 绿
lǜ
형 푸르다

绿 | 绿 绿 绿 绿 绿 绿 绿 绿 绿 绿 绿

绿	푸르다
lǜ	

459 马
mǎ
명 말

马 | 马 马 马

马	말
mǎ	

460 马上
mǎshàng
부 곧, 즉시, 바로

马 | 马 马 马
上 | 上 上 上

马上	곧, 즉시, 바로
mǎshàng	

3급

461 **满意**

mǎnyì

형 만족하다

满 | 满 满 满 满 满 满 满 满 满 满 满 满 满

意 | 意 意 意 意 意 意 意 意 意 意 意 意 意

满意 | 만족하다

mǎnyì

462 **帽子**

màozi

명 모자

帽 | 帽 帽 帽 帽 帽 帽 帽 帽 帽 帽 帽 帽

子 | 子 子 子

帽子 | 모자

màozi

463 **米**

mǐ

양 미터(m) 명 쌀

米 | 米 米 米 米 米 米

米 | 미터(m), 쌀

mǐ

464 **面包**

miànbāo

명 빵

面 | 面 面 面 面 面 面 面 面 面

包 | 包 包 包 包 包

面包 | 빵

miànbāo

465 **明白**
míngbai
동 명백하다, 알다

明 | 明 明 明 明 明 明 明 明
白 | 白 白 白 白 白

明白	명백하다, 알다				
míngbai					

466 **拿**
ná
동 (손으로) 잡다, 쥐다

拿 | 拿 拿 拿 拿 拿 拿 拿 拿 拿 拿

拿	(손으로) 잡다, 쥐다				
ná					

467 **奶奶**
nǎinai
명 할머니

奶 | 奶 奶 奶 奶 奶
奶 | 奶 奶 奶 奶 奶

奶奶	할머니				
nǎinai					

468 **南**
nán
명 남쪽

南 | 南 南 南 南 南 南 南 南 南

南	남쪽				
nán					

469 **难**

nán

형 어렵다, 힘들다

难 | 难 难 难 难 难 难 难 难 难 难

难	어렵다, 힘들다				
nán					

470 **难过**

nánguò

형 괴롭다, 슬프다

难 | 难 难 难 难 难 难 难 难 难 难
过 | 过 过 过 过 过 过

难过	괴롭다, 슬프다				
nánguò					

471 **年级**

niánjí

명 학년

年 | 年 年 年 年 年 年
级 | 级 级 级 级 级 级

年级	학년				
niánjí					

472 **年轻**

niánqīng

형 젊다

年 | 年 年 年 年 年 年
轻 | 轻 轻 轻 轻 轻 轻 轻 轻 轻

年轻	젊다				
niánqīng					

473 **鸟**
niǎo
명 새

鸟 | 鸟 鸟 鸟 鸟 鸟

鸟	새				
niǎo					

474 **努力**
nǔlì
동 노력하다

努 | 努 努 努 努 努 努 努
力 | 力 力

努力	노력하다				
nǔlì					

475 **爬山**
páshān
동 등산하다

爬 | 爬 爬 爬 爬 爬 爬 爬 爬
山 | 山 山 山

爬山	등산하다				
páshān					

476 **盘子**
pánzi
명 쟁반

盘 | 盘 盘 盘 盘 盘 盘 盘 盘 盘 盘 盘
子 | 子 子 子

盘子	쟁반				
pánzi					

3 급

477

胖

pàng

형 뚱뚱하다, 살찌다

胖 | 胖 胖 胖 胖 胖 胖 胖 胖 胖

胖	뚱뚱하다, 살찌다
pàng	

478

啤酒

píjiǔ

명 맥주

啤 | 啤 啤 啤 啤 啤 啤 啤 啤 啤 啤 啤

酒 | 酒 酒 酒 酒 酒 酒 酒 酒 酒 酒

啤酒	맥주
píjiǔ	

479

皮鞋

píxié

명 가죽 구두

皮 | 皮 皮 皮 皮 皮

鞋 | 鞋 鞋 鞋 鞋 鞋 鞋 鞋 鞋 鞋 鞋 鞋 鞋 鞋 鞋 鞋

皮鞋	가죽 구두
píxié	

480

瓶子

píngzi

명 병

瓶 | 瓶 瓶 瓶 瓶 瓶 瓶 瓶 瓶 瓶 瓶

子 | 子 子 子

瓶子	병
píngzi	

481 **其实**

qíshí

부 사실

其 | 其 其 其 其 其 其 其 其

实 | 实 实 实 实 实 实 实 实

其实	사실				
qíshí					

482 **其他**

qítā

대 기타

其 | 其 其 其 其 其 其 其 其

他 | 他 他 他 他 他

其他	기타				
qítā					

483 **骑**

qí

동 (동물, 자전거 등을) 타다

骑 | 骑 骑 骑 骑 骑 骑 骑 骑 骑 骑 骑

骑	(동물, 자전거 등을) 타다				
qí					

484 **奇怪**

qíguài

형 기이하다, 이상하다

奇 | 奇 奇 奇 奇 奇 奇 奇 奇

怪 | 怪 怪 怪 怪 怪 怪 怪 怪

奇怪	기이하다, 이상하다				
qíguài					

3 급

485 **起飞**

qǐfēi

동 (비행기가) 이륙하다

起 | 起 起 起 起 起 起 起 起 起 起

飞 | 飞 飞 飞

起飞 | (비행기가) 이륙하다

qǐfēi

486 **起来**

qǐlái

동 일어서다, 일어나다

起 | 起 起 起 起 起 起 起 起 起 起

来 | 来 来 来 来 来 来 来

起来 | 일어서다, 일어나다

qǐlái

487 **清楚**

qīngchu

형 분명하다

清 | 清 清 清 清 清 清 清 清 清 清 清

楚 | 楚 楚 楚 楚 楚 楚 楚 楚 楚 楚 楚 楚 楚

清楚 | 분명하다

qīngchu

488 **请假**

qǐngjià

동 휴가를 받다(신청하다)

请 | 请 请 请 请 请 请 请 请 请 请 请

假 | 假 假 假 假 假 假 假 假 假 假 假

请假 | 휴가를 받다 (신청하다)

qǐngjià

489 **秋**

qiū

명 가을

秋 | 秋 秋 秋 秋 秋 秋 秋 秋 秋

秋	가을
qiū	

490 **裙子**

qúnzi

명 치마

裙 | 裙 裙 裙 裙 裙 裙 裙 裙 裙 裙 裙 裙

子 | 子 子 子

裙子	치마
qúnzi	

491 **然后**

ránhòu

접 그런 후에, 연후에

然 | 然 然 然 然 然 然 然 然 然 然 然 然

后 | 后 后 后 后 后 后

然后	그런 후에, 연후에
ránhòu	

492 **热情**

rèqíng

형 열정적이다, 친절하다

热 | 热 热 热 热 热 热 热 热 热 热

情 | 情 情 情 情 情 情 情 情 情 情 情

热情	열정적이다, 친절하다
rèqíng	

3급

493

认为

rènwéi

동 ~(이)라고 생각하다

认 | 认 认 认 认

为 | 为 为 为 为

认为	~(이)라고 생각하다
rènwéi	

494

认真

rènzhēn

형 진지하다, 착실하다

认 | 认 认 认 认

真 | 真 真 真 真 真 真 真 真 真 真

认真	진지하다, 착실하다
rènzhēn	

495

容易

róngyì

형 쉽다

容 | 容 容 容 容 容 容 容 容 容 容

易 | 易 易 易 易 易 易 易 易

容易	쉽다
róngyì	

496

如果

rúguǒ

접 만약, 만일

如 | 如 如 如 如 如 如

果 | 果 果 果 果 果 果 果 果

如果	만약, 만일
rúguǒ	

497
伞
sǎn
명 우산
伞 | 伞 伞 伞 伞 伞 伞
伞
우산
sǎn
498
上网
shàngwǎng
동 인터넷을 하다
上 | 上 上 上
网 | 网 网 网 网 网 网
上网
인터넷을 하다
shàngwǎng
499
生气
shēngqì
동 화내다, 성나다
生 | 生 生 生 生 生
气 | 气 气 气 气
生气
화내다, 성나다
shēngqì
500
声音
shēngyīn
명 소리
声 | 声 声 声 声 声 声 声
音 | 音 音 音 音 音 音 音 音 音
声音
소리
shēngyīn
3
급

501 试

shì

동 시험삼아 한번 해보다, 시도하다

试 | 试 试 试 试 试 试 试 试

试	시험삼아 한번 해보다, 시도하다
shì	

502 世界

shìjiè

명 세계

世 | 世 世 世 世 世

界 | 界 界 界 界 界 界 界 界 界

世界	세계
shìjiè	

503 瘦

shòu

형 마르다, 여위다

瘦 | 瘦 瘦 瘦 瘦 瘦 瘦 瘦 瘦 瘦 瘦 瘦 瘦 瘦 瘦

瘦	마르다, 여위다
shòu	

504 舒服

shūfu

형 편안하다

舒 | 舒 舒 舒 舒 舒 舒 舒 舒 舒 舒 舒 舒

服 | 服 服 服 服 服 服 服 服

舒服	편안하다
shūfu	

505 **叔叔**

shūshu

명 숙부, 삼촌

叔 | 丨 卜 上 卡 丰 叔 叔 叔

叔 | 丨 卜 上 卡 丰 叔 叔 叔

叔叔	숙부, 삼촌
shūshu	

506 **树**

shù

명 나무

树 | 一 十 才 木 权 权 权 树 树

树	나무
shù	

507 **数学**

shùxué

명 수학

数 | 丶 丷 半 米 米 娄 娄 娄 数 数 数 数 数

学 | 丶 丷 丷 学 学 学 学 学

数学	수학
shùxué	

508 **刷牙**

shuāyá

동 이를 닦다

刷 | 一 コ 尸 尸 吊 吊 刷 刷

牙 | 一 二 于 牙

刷牙	이를 닦다
shuāyá	

3 급

509 **双**
shuāng
양 짝, 쌍

双	짝, 쌍
shuāng	

510 **水平**
shuǐpíng
명 수준

水平	수준
shuǐpíng	

511 **司机**
sījī
명 운전사, 기사

司机	운전사, 기사
sījī	

512 **太阳**
tàiyáng
명 태양

太阳	태양
tàiyáng	

513

特别

tèbié

부 특별히

特 | 特 特 特 特 特 特 特 特 特 特

别 | 别 别 别 别 别 别 别

特别	특별히
tèbié	

514

疼

téng

형 아프다

疼 | 疼 疼 疼 疼 疼 疼 疼 疼 疼 疼

疼	아프다
téng	

515

提高

tígāo

동 향상시키다

提 | 提 提 提 提 提 提 提 提 提 提 提 提

高 | 高 高 高 高 高 高 高 高 高 高

提高	향상시키다
tígāo	

516

体育

tǐyù

명 체육

体 | 体 体 体 体 体 体 体

育 | 育 育 育 育 育 育 育 育

体育	체육
tǐyù	

517 甜
tián
형 달다

甜 | 甜 甜 甜 甜 甜 甜 甜 甜 甜 甜 甜

甜 달다
tián

518 条
tiáo
양 가늘고 긴 것을 세는 단위

条 | 条 条 条 条 条 条 条

条 가늘고 긴 것을 세는 단위
tiáo

519 同事
tóngshì
명 직장 동료

同 | 同 同 同 同 同 同
事 | 事 事 事 事 事 事 事 事

同事 직장 동료
tóngshì

520 同意
tóngyì
동 동의하다

同 | 同 同 同 同 同 同
意 | 意 意 意 意 意 意 意 意 意 意 意 意 意

同意 동의하다
tóngyì

521 **头发**

tóufa

명 머리카락

头 | 头 头 头 头 头

发 | 发 发 发 发 发

头发	머리카락
tóufa	

522 **突然**

tūrán

부 갑자기

突 | 突 突 突 突 突 突 突 突 突

然 | 然 然 然 然 然 然 然 然 然 然 然 然

突然	갑자기
tūrán	

523 **图书馆**

túshūguǎn

명 도서관

图 | 图 图 图 图 图 图 图 图

书 | 书 书 书 书

馆 | 馆 馆 馆 馆 馆 馆 馆 馆 馆 馆 馆

图书馆	도서관
túshūguǎn	

524 **腿**

tuǐ

명 다리

腿 | 腿 腿 腿 腿 腿 腿 腿 腿 腿 腿 腿 腿 腿

腿	다리
tuǐ	

3 급

525 **完成**

wánchéng

동 완성하다

完 | 完 完 完 完 完 完 完

成 | 成 成 成 成 成 成

完成	완성하다
wánchéng	

526 **碗**

wǎn

명 사발, 공기 양 그릇

碗 | 碗 碗 碗 碗 碗 碗 碗 碗 碗 碗 碗 碗 碗

碗	사발, 공기, 그릇
wǎn	

527 **万**

wàn

수 만, 10000

万 | 万 万 万

万	만
wàn	

528 **忘记**

wàngjì

동 (지난일을) 잊다

忘 | 忘 忘 忘 忘 忘 忘 忘

记 | 记 记 记 记 记

忘记	(지난일을) 잊다
wàngjì	

529 为
wèi
개 ~을(를) 위하여
为 | 为 为 为 为
为 ~을(를) 위하여 wèi

530 为了
wèile
개 ~을(를) 위하여
为 | 为 为 为 为
了 | 了 了
为了 ~을(를) 위하여 wèile

531 位
wèi
명 자리, 위치
位 | 位 位 位 位 位 位 位
位 자리, 위치 wèi

532 文化
wénhuà
명 문화
文 | 文 文 文 文
化 | 化 化 化 化
文化 문화 wénhuà

3급

533 西

xī

명 서쪽

西 | 西 西 西 西 西 西

西	서쪽				
xī					

534 习惯

xíguàn

명 습관 동 습관이 되다

习 | 习 习 习

惯 | 惯 惯 惯 惯 惯 惯 惯 惯 惯 惯 惯

习惯	습관, 습관이 되다				
xíguàn					

535 洗手间

xǐshǒujiān

명 화장실

洗 | 洗 洗 洗 洗 洗 洗 洗 洗 洗

手 | 手 手 手 手

间 | 间 间 间 间 间 间 间

洗手间	화장실				
xǐshǒujiān					

536 洗澡

xǐzǎo

동 목욕하다

洗 | 洗 洗 洗 洗 洗 洗 洗 洗 洗

澡 | 澡 澡 澡 澡 澡 澡 澡 澡 澡 澡 澡 澡 澡 澡 澡 澡

洗澡	목욕하다				
xǐzǎo					

537 **夏**

xià

명 여름

夏 | 夏 夏 夏 夏 夏 夏 夏 夏 夏 夏

夏	여름				
xià					

538 **先**

xiān

부 먼저

先 | 先 先 先 先 先 先

先	먼저				
xiān					

539 **香蕉**

xiāngjiāo

명 바나나

香 | 香 香 香 香 香 香 香 香 香

蕉 | 蕉 蕉 蕉 蕉 蕉 蕉 蕉 蕉 蕉 蕉 蕉 蕉 蕉 蕉 蕉

香蕉	바나나				
xiāngjiāo					

540 **相信**

xiāngxìn

동 믿다, 신임하다

相 | 相 相 相 相 相 相 相 相 相

信 | 信 信 信 信 信 信 信 信 信

相信	믿다, 신임하다				
xiāngxìn					

3 급

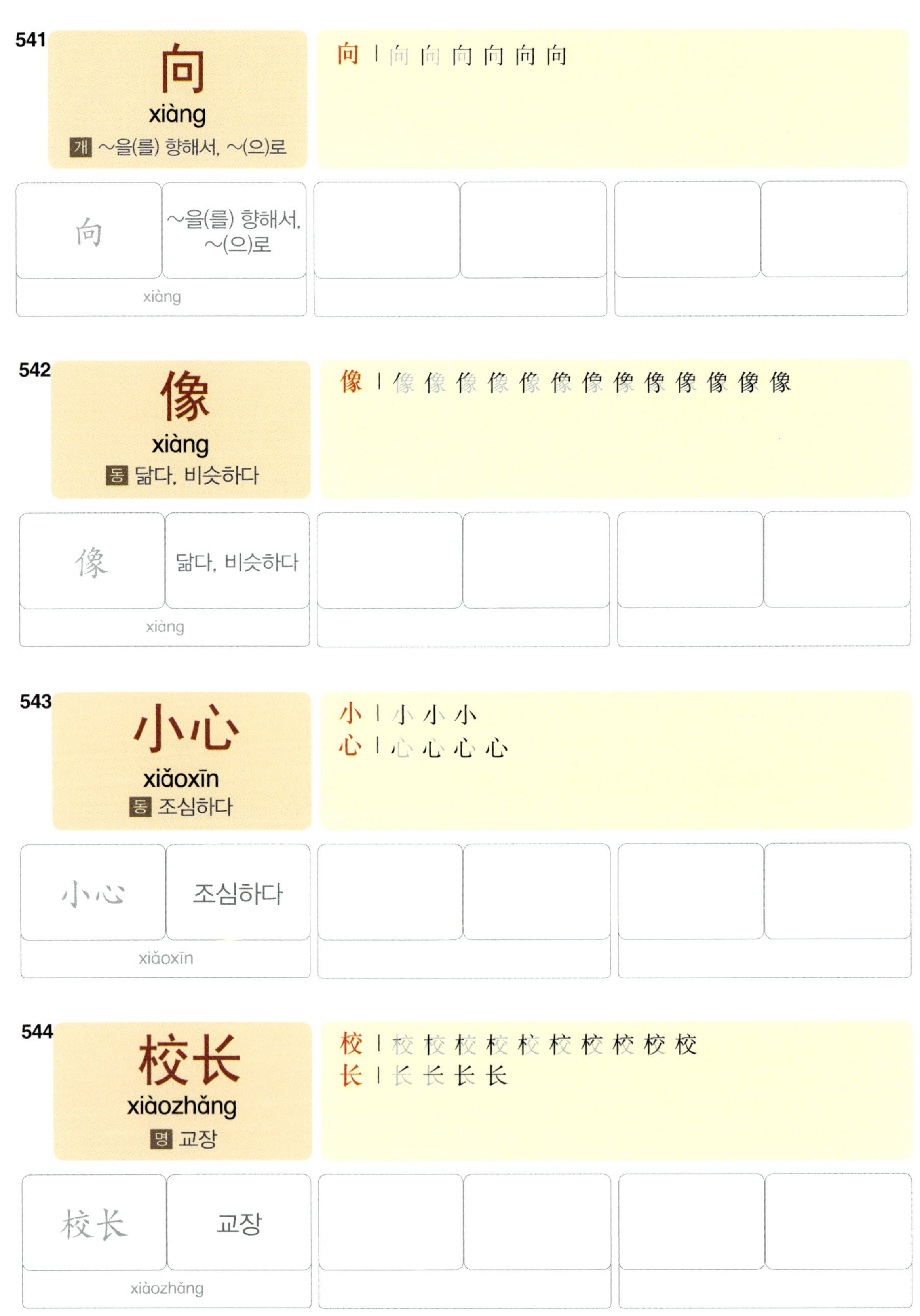

541 向
xiàng
개 ~을(를) 향해서, ~(으)로
向 | 向 向 向 向 向 向

向 ~을(를) 향해서, ~(으)로
xiàng

542 像
xiàng
동 닮다, 비슷하다
像 | 像 像 像 像 像 像 像 像 像 像 像 像 像

像 닮다, 비슷하다
xiàng

543 小心
xiǎoxīn
동 조심하다
小 | 小 小 小
心 | 心 心 心 心

小心 조심하다
xiǎoxīn

544 校长
xiàozhǎng
명 교장
校 | 校 校 校 校 校 校 校 校 校 校
长 | 长 长 长 长

校长 교장
xiàozhǎng

545 **新闻**
xīnwén
명 뉴스

新 | 新 新 新 新 新 新 新 新 新 新 新 新 新
闻 | 闻 闻 闻 闻 闻 闻 闻 闻 闻

新闻	뉴스
xīnwén	

546 **新鲜**
xīnxiān
형 신선하다, 싱싱하다

新 | 新 新 新 新 新 新 新 新 新 新 新 新 新
鲜 | 鲜 鲜 鲜 鲜 鲜 鲜 鲜 鲜 鲜 鲜 鲜 鲜 鲜 鲜

新鲜	신선하다, 싱싱하다
xīnxiān	

547 **信用卡**
xìnyòngkǎ
명 신용카드

信 | 信 信 信 信 信 信 信 信 信
用 | 用 用 用 用 用
卡 | 卡 卡 卡 卡 卡

信用卡	신용카드
xìnyòngkǎ	

548 **行李箱**
xínglǐxiāng
명 짐가방, 트렁크

行 | 行 行 行 行 行 行
李 | 李 李 李 李 李 李 李
箱 | 箱 箱 箱 箱 箱 箱 箱 箱 箱 箱 箱 箱 箱 箱 箱

行李箱	짐가방, 트렁크
xínglǐxiāng	

549 **熊猫**

xióngmāo

명 판다

熊 | 熊 熊 熊 熊 熊 熊 熊 熊 熊 熊 熊 熊 熊 熊

猫 | 猫 猫 猫 猫 猫 猫 猫 猫 猫 猫 猫

熊猫	판다
xióngmāo	

550 **需要**

xūyào

명 요구 동 필요하다, ~해야 한다

需 | 需 需 需 需 需 需 需 需 需 需 需 需 需 需

要 | 要 要 要 要 要 要 要 要 要

需要	요구, 필요하다, ~해야 한다
xūyào	

551 **选择**

xuǎnzé

동 고르다, 선택하다

选 | 选 选 选 选 选 选 选 选 选

择 | 择 择 择 择 择 择 择 择

选择	고르다, 선택하다
xuǎnzé	

552 **要求**

yāoqiú

동 요구하다

要 | 要 要 要 要 要 要 要 要 要

求 | 求 求 求 求 求 求 求

要求	요구하다
yāoqiú	

553 **爷爷**

yéye

명 할아버지

爷 | 爷 爷 爷 爷 爷 爷

爷 | 爷 爷 爷 爷 爷 爷

爷爷	할아버지
yéye	

554 **一般**

yìbān

형 일반적이다 부 일반적으로

一 | 一

般 | 般 般 般 般 般 般 般 般 般 般

一般	일반적이다, 일반적으로
yìbān	

555 **一边**

yìbiān

접 ~하면서 ~하다

一 | 一

边 | 边 边 边 边 边

一边	~하면서 ~하다
yìbiān	

556 **一定**

yídìng

부 반드시

一 | 一

定 | 定 定 定 定 定 定 定 定

一定	반드시
yídìng	

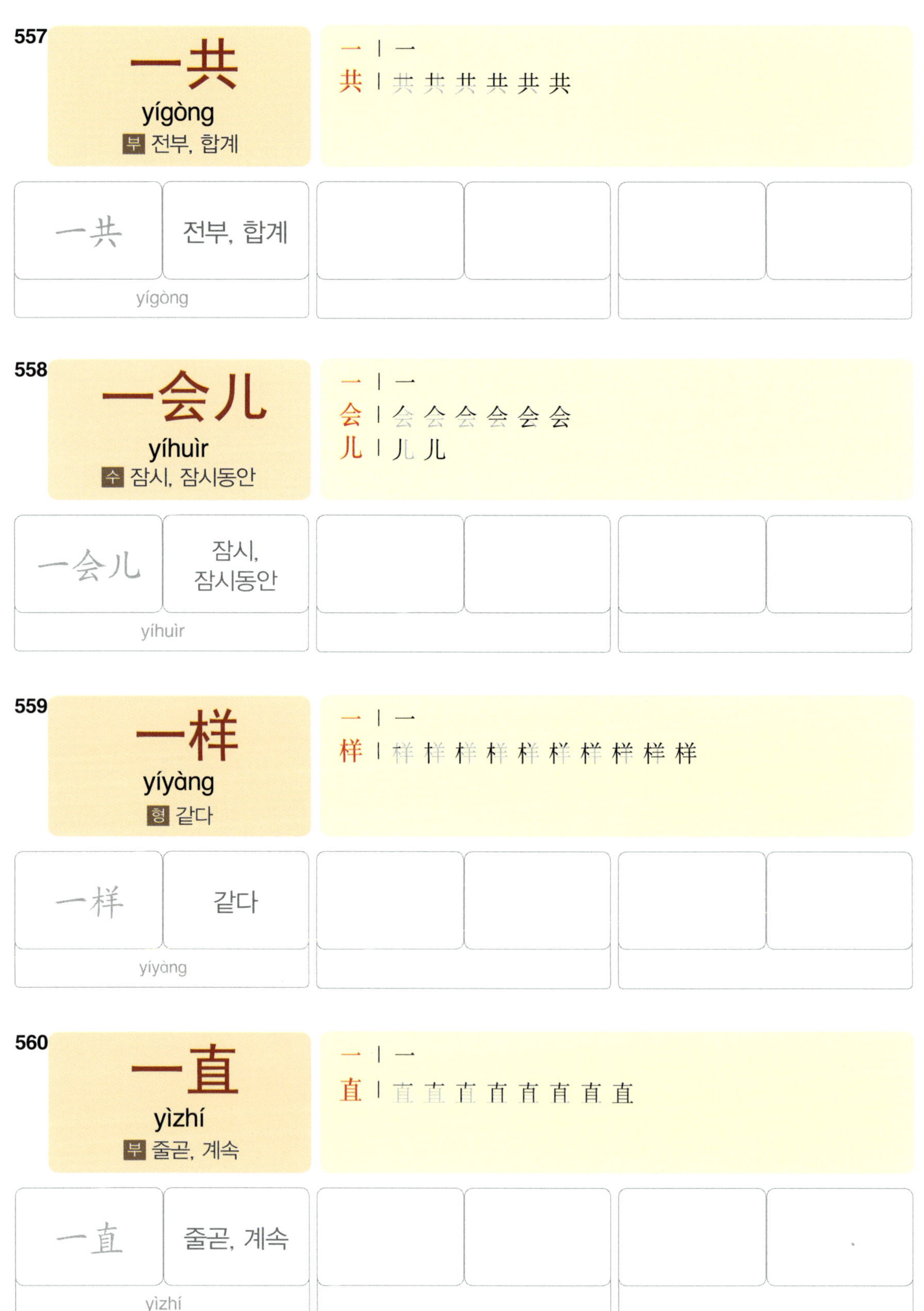

557 **一共**
yígòng
부 전부, 합계

一 | 一
共 | 共 共 共 共 共 共

一共 | 전부, 합계
yígòng

558 **一会儿**
yíhuìr
수 잠시, 잠시동안

一 | 一
会 | 会 会 会 会 会 会
儿 | 儿 儿

一会儿 | 잠시, 잠시동안
yíhuìr

559 **一样**
yíyàng
형 같다

一 | 一
样 | 样 样 样 样 样 样 样 样 样 样

一样 | 같다
yíyàng

560 **一直**
yìzhí
부 줄곧, 계속

一 | 一
直 | 直 直 直 直 直 直 直 直

一直 | 줄곧, 계속
yìzhí

561 **以前**

yǐqián

명 이전, 예전

以 | 以 以 以 以

前 | 前 前 前 前 前 前 前 前 前

以前	이전, 예전				
yǐqián					

562 **音乐**

yīnyuè

명 음악

音 | 音 音 音 音 音 音 音 音 音

乐 | 乐 乐 乐 乐 乐

音乐	음악				
yīnyuè					

563 **银行**

yínháng

명 은행

银 | 银 银 银 银 银 银 银 银 银 银 银

行 | 行 行 行 行 行 行

银行	은행				
yínháng					

564 **饮料**

yǐnliào

명 음료

饮 | 饮 饮 饮 饮 饮 饮 饮

料 | 料 料 料 料 料 料 料 料 料 料

饮料	음료				
yǐnliào					

3 급

565
应该
yīnggāi
조동 ~해야 한다

应 | 应 应 应 应 应 应 应
该 | 该 该 该 该 该 该 该 该

应该	~해야 한다
yīnggāi	

566
影响
yǐngxiǎng
명 영향 동 영향을 끼치다

影 | 影 影 影 影 影 影 影 影 影 影 影 影 影 影 影
响 | 响 响 响 响 响 响 响 响 响

影响	영향, 영향을 끼치다
yǐngxiǎng	

567
用
yòng
동 사용하다, 쓰다

用 | 用 用 用 用 用

用	사용하다, 쓰다
yòng	

568
游戏
yóuxì
명 게임

游 | 游 游 游 游 游 游 游 游 游 游 游 游
戏 | 戏 戏 戏 戏 戏 戏

游戏	게임
yóuxì	

569 **有名**

yǒumíng

형 유명하다

有 | 有 有 有 有 有 有

名 | 名 名 名 名 名 名

有名	유명하다
yǒumíng	

570 **又**

yòu

부 또, 다시

又 | 又 又

又	또, 다시
yòu	

571 **遇到**

yùdào

동 만나다, 마주치다

遇 | 遇 遇 遇 遇 遇 遇 遇 遇 遇 遇 遇 遇

到 | 到 到 到 到 到 到 到 到

遇到	만나다, 마주치다
yùdào	

572 **元**

yuán

양 위안 (화폐 단위)

元 | 元 元 元 元

元	위안
yuán	

3급

573 **愿意**
yuànyì
조동 원하다 동 동의하다

愿 | 愿 愿 愿 愿 愿 愿 愿 愿 愿 愿 愿 愿 愿 愿
意 | 意 意 意 意 意 意 意 意 意 意 意 意 意

愿意	원하다, 동의하다				
yuànyì					

574 **越**
yuè
부 ~할수록

越 | 越 越 越 越 越 越 越 越 越 越 越 越

越	~할수록				
yuè					

575 **月亮**
yuèliang
명 달

月 | 月 月 月 月
亮 | 亮 亮 亮 亮 亮 亮 亮 亮 亮

月亮	달				
yuèliang					

576 **站**
zhàn
동 서다 명 정거장

站 | 站 站 站 站 站 站 站 站 站 站

站	서다, 정거장				
zhàn					

577 **张**

zhāng

양 장 (얇고 평평한 것을 세는 단위)

张 | 张 张 张 张 张 张 张

张 장

zhāng

578 **长**

zhǎng

동 자라다

长 | 长 长 长 长

长 자라다

zhǎng

579 **着急**

zháojí

동 조급해하다

着 | 着 着 着 着 着 着 着 着 着 着 着

急 | 急 急 急 急 急 急 急 急 急

着急 조급해하다

zháojí

580 **照顾**

zhàogù

동 돌보다, 보살피다

照 | 照 照 照 照 照 照 照 照 照 照 照 照 照

顾 | 顾 顾 顾 顾 顾 顾 顾 顾 顾 顾

照顾 돌보다, 보살피다

zhàogù

3급

581 **照片**
zhàopiàn
명 사진

照 | 照 照 照 照 照 照 照 照 照 照 照 照 照
片 | 片 片 片 片

照片 사진
zhàopiàn

582 **照相机**
zhàoxiàngjī
명 카메라

照 | 照 照 照 照 照 照 照 照 照 照 照 照 照
相 | 相 相 相 相 相 相 相 相 相
机 | 机 机 机 机 机 机

照相机 카메라
zhàoxiàngjī

583 **只**
zhī
양 마리

只 | 只 只 只 只 只

只 마리
zhī

584 **只**
zhǐ
부 단지, 다만

只 | 只 只 只 只 只

只 단지, 다만
zhǐ

585 **只有…才**

zhǐyǒu…cái

접 ~해야만 ~이다(하다)

只 | 只 只 只 只 只

有 | 有 有 有 有 有 有

才 | 才 才 才

只有…才 | ~해야만 ~이다(하다)

zhǐyǒu…cái

586 **中间**

zhōngjiān

명 중간

中 | 中 中 中 中

间 | 间 间 间 间 间 间 间

中间 | 중간

zhōngjiān

587 **中文**

Zhōngwén

명 중국어

中 | 中 中 中 中

文 | 文 文 文 文

中文 | 중국어

Zhōngwén

588 **终于**

zhōngyú

부 마침내

终 | 终 终 终 终 终 终 终 终

于 | 于 于 于

终于 | 마침내

zhōngyú

589

种

zhǒng

명/양 종류

种 | 种 种 种 种 种 种 种 种 种

种	종류
zhǒng	

590

重要

zhòngyào

형 중요하다

重 | 重 重 重 重 重 重 重 重 重

要 | 要 要 要 要 要 要 要 要 要

重要	중요하다
zhòngyào	

591

周末

zhōumò

명 주말

周 | 周 周 周 周 周 周 周 周

末 | 末 末 末 末 末

周末	주말
zhōumò	

592

主要

zhǔyào

부 주로 형 주요하다

主 | 主 主 主 主 主

要 | 要 要 要 要 要 要 要 要 要

主要	주로, 주요하다
zhǔyào	

593 **注意**

zhùyì

동 주의하다, 조심하다

注 | 注 注 注 注 注 注 注 注

意 | 意 意 意 意 意 意 意 意 意 意 意 意 意

注意	주의하다, 조심하다
zhùyì	

594 **自己**

zìjǐ

대 자기, 자신 부 스스로

自 | 自 自 自 自 自 自

己 | 己 己 己

自己	자기, 자신, 스스로
zìjǐ	

595 **自行车**

zìxíngchē

명 자전거

自 | 自 自 自 自 自 自

行 | 行 行 行 行 行 行

车 | 车 车 车 车

自行车	자전거
zìxíngchē	

596 **总是**

zǒngshì

부 항상, 늘

总 | 总 总 总 总 总 总 总 总 总

是 | 是 是 是 是 是 是 是 是 是

总是	항상, 늘
zǒngshì	

3 급

597 **嘴**
zuǐ
명 입

嘴 | 嘴 嘴 嘴 嘴 嘴 嘴 嘴 嘴 嘴 嘴 嘴 嘴 嘴 嘴 嘴 嘴

嘴	입				
zuǐ					

598 **最后**
zuìhòu
명 최후, 맨 마지막

最 | 最 最 最 最 最 最 最 最 最 最 最 最
后 | 后 后 后 后 后 后

最后	최후, 맨 마지막				
zuìhòu					

599 **最近**
zuìjìn
명 최근, 요즘

最 | 最 最 最 最 最 最 最 最 最 最 最 最
近 | 近 近 近 近 近 近 近

最近	최근, 요즘				
zuìjìn					

600 **作业**
zuòyè
명 숙제, 과제

作 | 作 作 作 作 作 作 作
业 | 业 业 业 业 业

作业	숙제, 과제				
zuòyè					